史记·菁华

〔西汉〕司马迁 著 袁省吾 译释

【目录一】

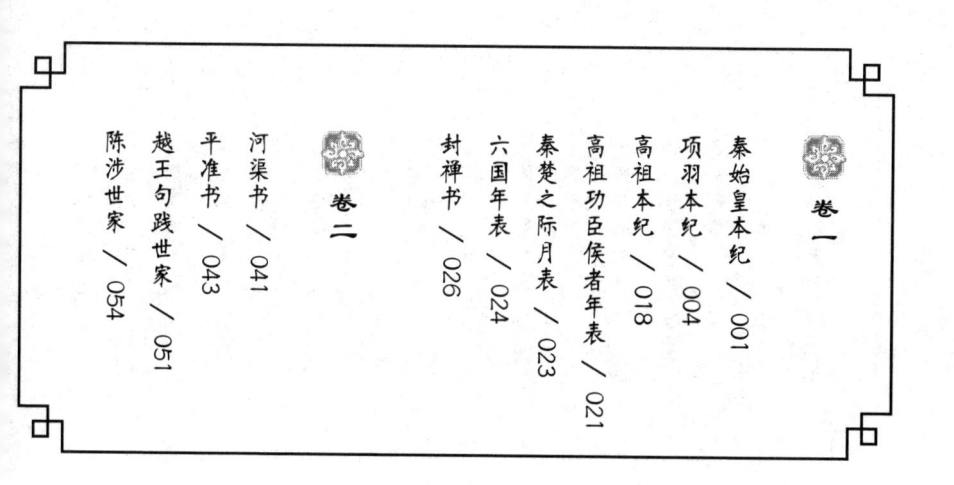

卷一
- 秦始皇本纪 / 001
- 项羽本纪 / 004
- 高祖本纪 / 018
- 高祖功臣侯者年表 / 021
- 秦楚之际月表 / 023
- 六国年表 / 024
- 封禅书 / 026

卷二
- 河渠书 / 041
- 平准书 / 043
- 越王句践世家 / 051
- 陈涉世家 / 054

【目录二】

卷三

外戚世家 / 057

齐悼惠王世家 / 060

萧相国世家 / 063

曹相国世家 / 068

留侯世家 / 071

陈丞相世家 / 076

绛侯周勃世家 / 080

伯夷列传 / 084

老子韩非列传 / 087

司马穰苴列传 / 089

商君列传 / 091

张仪列传 / 093

孟子荀卿列传 / 095

【目录三】

孟尝君列传 / 100

平原君列传 / 102

魏公子列传 / 104

范雎蔡泽列传 / 111

卷四

廉颇蔺相如列传 / 117

鲁仲连邹阳列传 / 122

屈原贾生列传 / 129

刺客列传 / 139

张耳陈馀列传 / 140

淮阴侯列传 / 145

韩王信卢绾列传 / 152

郦生陆贾列传 / 155

【目录四】

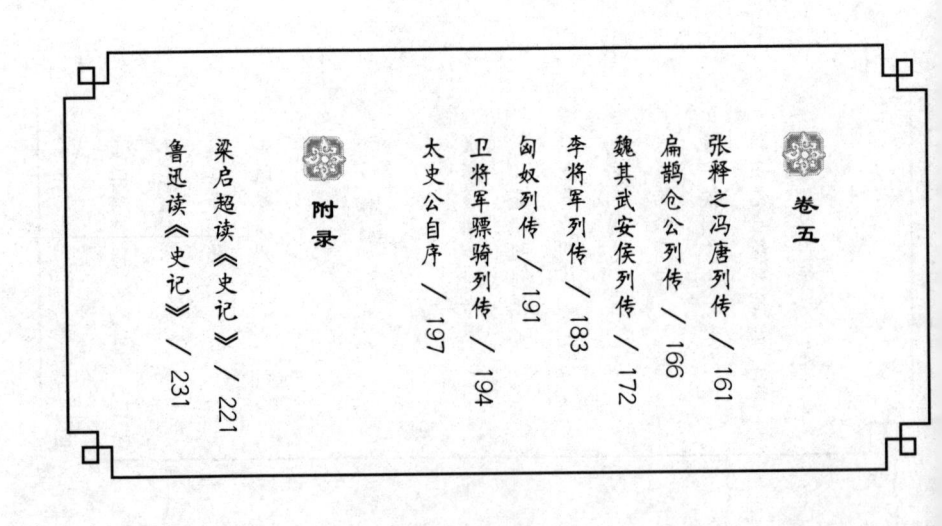

卷五

张释之冯唐列传 / 161

扁鹊仓公列传 / 166

魏其武安侯列传 / 172

李将军列传 / 183

匈奴列传 / 191

卫将军骠骑列传 / 194

太史公自序 / 197

附录

梁启超读《史记》 / 221

鲁迅读《史记》 / 231

卷一

秦始皇本纪

秦王刚刚一统天下，便对丞相、御史下令道："寡人以渺小的身躯，起兵诛灭了暴乱，靠的是祖宗的神灵保佑，六国国王都受到了应得的惩罚，天下太平了。现在如果不改换名号，就无法彰显我的功业，让我名垂青史。请各位议定帝号。"丞相王绾、御史大夫冯劫、廷尉李斯等人都说："从前五帝的土地纵横千里，此外侯服、夷服等地区的各类诸侯有人来朝见，有人不来朝见，天子控制不了他们。现在陛下您兴的是正义之师，讨伐的是四方之残贼，天下平定了，在全国设置郡县，令法令归于一统，这是亘古未有的局面，五帝也比不过您。我们谨与博士商议说：'古代有天皇、地皇和泰皇，其中，泰皇是最尊贵的。'我们这些臣子冒着死罪献上尊号，王称为'泰皇'。命被称为'制书'，令被称为'诏书'，天子自称为'朕'。"秦王道："去掉'泰'，留下'皇'，采用上古'帝'的位号，称'皇帝'，其他就按你们商议的办。"于是下令："可以。"追尊庄襄王为太上皇。又下令道："朕听说上古有号而无谥，中古有号，死后根据生前的品行事迹定谥号。这样做的话，就是儿子评议父亲，臣子评议君主了，非常没有必要，朕不认同这种做法。从今以后，废除谥法。朕就叫做始皇帝，后代就按辈数计算，称二世、三世直到万世，永相传，无穷尽。"

丞相王绾等人进言："诸侯刚刚被击败，而燕国、齐国、楚国又地处偏远，倘若不把他们设为王，就无法镇服那里的百姓。请立诸位皇子为王，希望皇上您能恩准。"始皇让群臣商议此事，众臣子都认为这样做可行。廷尉李斯发表意见道："周文王、周武王分封子弟以及同姓亲属甚多，可是他们的后代日益疏远，互相攻击，像仇人一样誓不两立，诸侯之间彼此讨伐，周天子也无法阻止他们的争斗。现在天下靠陛下您的神灵之威方获得统一，划分了郡县，若用国家的赋税重重地赏赐那些皇子功臣们，很容易就能控制他们了。使天下人没有邪异之心，才是天下太平的好办法啊。设诸侯没有好处。"始皇说："过去天下人都苦于连年战乱无止无休，就是因为那些诸侯王的缘故。现在我依赖祖宗的神灵才使天下初定，如果再设立诸侯国，就等于又挑起战争，想要求得安宁太平，岂不是很难吗？廷尉说得对。"

于是天下分为三十六个郡。每郡都设置了守、尉、监。改称人民为"黔首"。下令特许全国人民聚饮以示欢庆。收集全国的兵器，将其聚集到咸阳，熔化后铸成大钟以及十二个铜人，每个铜人都重达千石，被放置在宫廷内。统一法令和度量衡的标准。统一车辆两轮之间的宽度。使用统一的隶书来书写文字。领土东到大海和朝鲜，西至临洮、羌中，南到北向户，北据守黄河为要塞，沿着阴山直达辽东。迁徙天下十二万富豪之户至咸阳居住。而诸祖庙及章台宫、上林苑均在渭水南岸。

三十四年，秦始皇在咸阳宫摆酒宴，有七十位博士上前敬酒。仆射周青臣走上前去颂扬道："从前秦国的土地不过才千里罢了，全仰仗陛下您的神灵明圣，才能平定天下，驱逐蛮夷，凡是日月能照耀到的地方的百姓，没有不臣服于您的。您把诸侯国改为郡县，使人人都安居乐业，没有战争的祸患，功业则可以万代相传。自上古至今无人能与陛下您的威德相比。"始皇听后十分高兴。博士齐人淳于越上前进言："臣听说殷朝、周朝的君王统治天下一千多年，他们分封子弟功臣,用以辅佐自己。如今陛下您拥有天下,而您的子弟却是平民老百姓,一旦出现像齐国田常、晋国六卿之类的臣子,您没有辅佐之人,靠谁来救援呢?凡是办事不效法古人而能长久的,我还没有听说过。刚刚周青臣又当面对您阿谀奉承,以加重陛下的过失,他不是一个忠臣。"

始皇让群臣议论他的建议。丞相李斯说道:"五帝的制度没有一代重复一代,而夏、商、周的制度也没有一代因袭一代,都是各自凭着各自的制度来治理,并不是他们故意要彼此不同,而是由于时代不一样了,情况也就不同了。现在陛下您开创了大业,建立了万世不朽的功业,这本就不是愚笨的儒生所能理解的。更何况淳于越说的是夏、商、周三代的旧事,哪里值得效法呢?从前诸侯纷争并起,所以才重金招揽游说之士。现在天下太平,法令统一了,百姓在家就努力从事农工生产,读书人就学习法令刑禁。如今儒生们不以今人为师,却要效法古人,还以此来非议当世,惑乱民心。臣丞相李斯冒死进言:古代天下散乱,没有人能统一它,所以诸侯并起,都是在称赞古人,非难当今,粉饰虚言,混淆真假,人人只欣赏自己私下所学的知识,而非议朝廷所建立的制度。如今皇帝已统一天下,辨别是非黑白都取决于至尊皇帝一人。可是私学却群起非议法令,使得人们一听说有命令下达,就根据各自所学加以议论,入朝时就在心里暗自指责,出朝后就去街巷议论,浮言欺主以谋求名利,标新立异以抬高自己,率领民众制造谣言。这样如果还不禁止,那么在上君主的威势就会下降,在下党羽的势力就会形成。臣以为应该禁止这些。我请求让史官将不是写秦国历史的历史典籍全部焚毁。除了博士官所掌管的之外,天下有敢收藏《诗》、《书》、诸子百家著作的,全都交到地方官那里一起烧掉。敢聚在一块儿议论《诗》、《书》的就处死,借古论今的满门抄斩。官吏如果知情而不举报的,以同罪论处。下达命令达三十天仍不烧书的，处以黥刑，并发配去筑城四年。不必烧毁的，是医药、占卜、种树之类的书。如若有人想学习法令，就向官吏学习。"秦始皇下令道："可以。

项羽本纪

项羽是下相人，字羽。他起家时只有二十四岁。而项羽的叔父是项梁，项梁的父亲是楚国大将项燕，他是被秦将王翦杀害的。项氏世世代代为楚国的大将，被封在项地，所以以项为姓。

项羽年少的时候曾学习读书写字，没有学成，又学习剑术，也没有学成。项梁很生他的气。项羽却说："文字，能够用来记姓名就够了；剑术，也只能对付一个人，不值得学，我要学习能抵抗万人的本事。"于是项梁教项羽学兵法，项羽大喜，可是略知道了一点儿兵法的大意后，又不肯学下去了。

项梁杀了人，为躲避仇人，他与项羽一起逃到吴中郡。吴中郡那些有才能的士大夫，本事都不及项梁。每当吴中郡有大规模的徭役或丧事时，人们经常找项梁做主办人，项梁就暗中用兵法来组织宾客和青年，借此了解他们的才能。秦始皇游览会稽郡，过浙江时，项梁和项羽一块儿去观看。项羽说："我可以取代那个人！"项梁忙捂住他的嘴："别胡说，要满门抄斩的！"但从此项梁就觉得项羽很不一般，是个奇才。

项羽身高八尺有余，力能扛鼎，才气过人，连吴中当地的年轻人也都非常惧怕他。秦二世元年七月，陈涉等人在大泽乡起义。同年九月，会稽郡守殷通对项梁说："大江以西的地区全都造反了，这正是上天要灭亡秦朝的时候到了啊。先发制人，落后一步就会被人所控。我打算起事反秦，让您和桓楚担任统领军队的将领。"当时桓楚正在草泽之中逃亡。项梁说："桓楚正逃亡，别人都不知道他去哪了，只有项羽知道。"于是项梁出去，嘱咐项羽持剑守在外面，然后又进来与郡守殷通一起坐下，对他说："请召见项羽，让他奉命去召回桓楚。"郡守说："好吧！"项梁就招呼项羽进来了。不一会儿，项梁给项羽使了个眼色："可以行动了！"于是项羽就拔出剑来砍下了郡守的头。项梁提着郡守的头，挂着郡守的官印出来了。郡守的手下大为惊慌，乱作一团，项羽一连杀了一百来人。整个郡府的人都被吓得趴倒在地上，没有谁敢起身。项梁召集了以前相熟的豪强官吏，向他们讲明了起义反秦是件大事，于是就发动了吴中之兵。项梁派人去吴中部下属各县征集壮丁，共得精兵八千人。又安排郡中豪杰分别做校尉、侯、司马。其中有一人未被任用，就去找项梁评理，项梁说："前些日子某家办丧事时，我让你去办的那件事你没有办成，因此不能任用你。"众人听了后都很服气。

　　于是项梁当了会稽郡守，项羽做副将，巡行下属的各县。广陵人召平此时正为陈王去争夺广陵，没有攻下。召平听说陈王败逃，秦军又快要到了，于是就渡过长江，假托陈王的命令，任命项梁为楚王的上柱国。召平说："江东地区已经平定，赶快带兵向西攻打秦军。"项梁就率八千人渡过长江向西进军。

　　居鄛人范增，七十岁了，一向待在家中没有从政，好出奇计，他游说项梁："陈胜失败是理所当然。秦灭六国，六国中楚国是最无辜的。自从楚怀王被骗入秦后就再也没有返回楚国，楚国人至今仍在同情他；所以楚南公说'即使楚国只剩下三户人家，灭秦的也一定是楚'。如今陈胜最早起事，他不立楚国的后代，却自立为王，所以他的势运一定不会久长。现在您在江东起义，有那么多楚国的将士争相归附您，就是因为您项氏一家世世代代都是楚国大将,一定能重新拥立楚国后代为王。"项梁觉得范增说得有道理,就到民间去找楚怀王的嫡孙熊心。那时熊心正在给人家放羊,项梁找到他后,就立他为楚怀王,顺应了楚国民众的愿望。

项梁自东阿出发向西北前进,等到达定陶时,再次打败秦军,项羽等人又杀了李由,因此越发轻视秦军,渐渐显露出骄傲的意思。于是宋义就规谏项梁说:"打了胜仗后,如果将领骄傲的话,士卒就会怠惰,如此一来军队一定会吃败仗。如今士卒有些怠惰了,而秦军的数量一天天地在增加,我真替您担心啊!"项梁不听,派宋义出使齐国。宋义在路上遇到了齐国使者高陵君显,就问他:"您这是要去见武信君吧?"他回答:"是的。"宋义说:"我觉得武信君的军队必定要败。您还是慢点儿走吧,可以免于一死,要是走快了,就会遭殃的。"秦果然发动了所有兵力来增援章邯,攻打楚军,楚军在定陶大败,项梁战死。

当初宋义在路上碰到的那位齐国使者高陵君显在楚军中,他求见楚王时说道:"宋义曾断言武信君的军队必定会失败,几天的功夫,他们的军队果然战败了。在军队还没有开战的时候,就能预先看出失败的征兆,这可以算得上是懂得兵法了。"楚怀王随即召见宋义,与他商计军中大事,非常器重他,将他任命为上将军,而封项羽为鲁公,让他任次将,范增则任末将,去援救赵国。其他各路将领都归宋义管,宋义号称卿子冠军。

军队向前进发到了安阳后,在那里停留了四十六天而不向前进。项羽说:"我听说秦军将赵王困在钜鹿城之内了,我们应该尽快率兵渡过黄河,楚军从外面攻城,而赵军在里面接应,就一定可以打垮秦军。"宋义说:"我认为并非如此。那些能够叮咬大牛的牛虻不能用来对付小小的虮虱。现如今秦国在攻打赵国,若是秦国打胜了,士卒也会非常疲惫,我们就完全可以乘着他们的疲惫的时候攻其不备;如果秦国打不胜，我们就率领军队大张旗鼓地向西前进，一定能歼灭秦军推翻秦朝。所以，不如现在就先让秦、赵两国相斗吧。若论在前线上披坚执锐作战，我宋义比不上您；若论坐在军帐里运筹决策，您比不上我宋义。"于是宋义通令全军："凶猛如虎者，违逆如羊者，贪婪如狼者，倔强不听指挥者，一律斩首。"又派儿子宋襄去齐国辅助齐王，他亲自把儿子送到无盐，大摆宴席招待宾客。当时天气非常寒冷，还下着大雨，将士们一个个又冷又饿的。项羽对将士们说："我们大家本应该齐心合力去攻打秦军，可是宋义却久久停留在这里不向前进。如今正逢饥荒的年头，百姓个个贫困不堪，将士们吃的都是芋头掺豆子，军中都没有存粮，他竟然还置备酒席，大会宾客，而不率领军队渡过黄河去赵国那里取得粮食，然后与赵国联合起来攻打秦国，却说'要利用秦军的疲惫'。凭着秦国那样强大的力量，去攻打新建起的赵国，那势必是秦国战胜赵国。若赵国被攻占，秦国就会更加强大，到那时，哪里有机会利用秦国的疲惫？再说，我们的军队最近打了败仗，怀王坐立不安，所以集中了全国的兵卒粮饷，都交给了上将军一个人，所以国家的安危，就在此一举了。然而上将军并不体恤士卒，而是派自己的儿子去齐国谋取私利，他不是国家真正的贤良臣子。"项羽在早晨参见上将军宋义的时候，在宋义的军帐中斩下了宋义的头，项羽出来向军中发令："宋义与齐国密谋反楚，因此楚王密令我处死他。"当时，众位将领们都畏服项羽，没有谁敢反抗，大家都说："最初把楚王扶立起来的，就是您项将军家。如今又是将军诛灭了逆反之臣。"于是大家一起拥立项羽为代理上将军。项羽派人去追捕宋义的儿子，追到齐国去把他杀了，又派桓楚向怀王报告这件事。于是楚怀王就让项羽做了上将军，当阳君、蒲将军都归项羽管。

项羽杀了卿子冠军后，威震楚国，名闻诸侯。于是派遣当阳君、蒲将军率领两万人渡过漳河，去援救钜鹿。战事稍有小胜，陈馀又来请求项羽出兵增援。项羽就率领全部人马渡过漳河，沉掉所有船只，砸碎全部锅碗，烧毁整个军营，只带了三天的干粮，以此向士卒们表示一定要决一死战，没有一点退还之心。这样军队抵达钜鹿后，就包围了王离，同秦军交战过多次，截断了秦军所筑的甬道，大败秦军，杀死苏角，俘虏了王离。涉闲拒不向楚国投降，自焚而死。这时，强大的楚军居诸侯各军之首，前来救援钜鹿的诸侯各军有十几处军营，没有一路人敢出兵。待到楚军攻打秦军的时候，其他各军都只在军营中观望。楚军的士兵全都以一当十，一个个杀声震天，诸侯各军则人人胆战心寒。项羽于打败秦军之后召见诸侯将领，当他们进入辕门时，一个个都跪着向前行，没有人敢抬头仰视他。自此后，项羽开始成为诸侯的上将军，各路诸侯都听令于他。

　　楚军在夜里把二十余万秦军击杀后坑埋在新安城南。此后项羽带兵西行去夺取、平定秦国各地。到了函谷关的时候，因关内有士兵把守，所以进不去。项羽又听说沛公已经攻下了咸阳，感到非常生气，就派当阳君等人攻打函谷关。于是项羽才进了关，来到戏水的西面。当时沛公的军队在霸上驻扎，没能同项羽见面。沛公的左司马曹无伤派人对项羽说："沛公打算在关中称王，封秦王子婴为相，把珍奇宝物全部占为己有。"项羽大怒，说道："明天准备丰盛的酒食好好地犒劳战士们，给我把沛公的军队打垮！"那个时候项羽有四十万士兵，驻扎在新丰鸿门；而沛公有十万士兵，驻扎在霸上。范增劝告项羽说："沛公在山东居住的时候，贪图财货和美色。而现在进了关，却不取财物，也不亲近美色，看他这势头，志气可不小啊。我让人观望了他那边的云气，都呈现出龙虎之状，五彩斑斓，这是天子的祥瑞之气呀。希望您赶紧消灭他，莫要错失良机！"

　　楚国左尹项伯是项羽的叔父，一向与留侯张良是好朋友。那时张良正跟随沛公打天下，项伯便连夜策马前往沛公军中，私底下会见了张良，把情况跟他都说了一遍，想让张良随他一起离开。项伯说："别跟着沛公一块儿送死啊。"张良说："我是代替韩王来护送沛公的，如今沛公陷入危难的处境之中，我此时若是逃走就不合道义了，不能不告诉他一声。"于是张良走进军帐里，把项伯所说的全部告诉了沛公。沛公大吃了一惊，说道："该怎么办才是呢？"张良道："是谁给大王出的派兵守关的计策？"沛公说："是一个鄙陋的小人劝说我：'只要守住函谷关不让诸侯各军进来，您就能占据整个秦地而称王了。'所以我就听了他的话。"张良说："您估计您的兵力能与项王匹敌吗？"沛公沉默不语了一会儿，说道："当然是不如项王，那如何是好呢？"张良说："请让我对项伯说沛公您不敢反叛项王。"沛公说："您怎么会与项伯有交情呢？"张良说："在秦朝的时候我们就是朋友，项伯杀了人，我救了他。如今事情危急，幸亏他来告诉我这些情况。"沛公说："你们两人谁的年纪大？"张良说："他比我大。"沛公说："请您把他带进来，我要用对待兄长的礼节来侍奉他。"张良出去邀请项伯。项伯于是进来见沛公。沛公捧着一杯酒向项伯敬去，又请求与其结成儿女亲家。沛公说："我进驻函谷关之后，甚至连秋毫那样微小的东西都不敢动，我们登记了官民的户口，也查封了各类府库，就等着项将军的到来。我之所以派将把守函谷关，就是为了防备其他盗贼进入这里以及一些意外的变故。我们日夜盼望着项将军的到来，哪里敢谋反啊！希望项伯您把这些情况详细地转告项将军，说我绝不敢忘恩负义。"项伯答应了。项伯对沛公说："明天可一定要早点来向项王请罪啊。"沛公说："好。"于是项伯又连夜离开，回到军营中，将沛公的话一一禀告了项王。接着他又说："如果沛公没有先攻破关中，现在您怎么敢进关呢？如今人家立了大功，你反而要攻打他，这是不合道义的，不如好好地对待他。"项王应允了。

  第二天一早，沛公便带着一百多人马来见项王，到鸿门向项王谢罪道:"我和将军合力攻秦,将军您在河北作战,而我在河南作战。未曾料到我能先入关击败秦军,能够又在这里见到您。现在是有小人进了谗言,才使得将军与我之间产生了嫌隙。"项王说:"都是你的左司马曹无伤说的,不然的话,我项羽何必做这样的事!"项王当日就留沛公同他一起喝酒。项王、项伯面向东坐,亚父面向南坐。亚父就是范增。沛公面向北坐,张良面向西陪侍着。范增多次递眼色给项王,又多次举起身上佩戴的玉珏暗示项王,项王只是沉默着,却没有任何反应。范增起身出去,召来项庄,对他说:"大王心太软不够狠,你进去上前敬酒,然后就请求舞剑,趁机把沛公刺死在座席上。不然的话,你们这班人都会成为人家的俘虏。"于是项庄进去敬酒。敬酒完毕,他对项王说:"大王与沛公饮酒,军营中没有可以拿来取乐的,就让我来舞剑助兴吧。"项王说:"好。"项庄便拔剑起舞,项伯也拔剑起舞,项伯常常用身体来掩护沛公,于是项庄就没有办法刺到沛公。

于是张良走到军门,找到樊哙。樊哙问道:"今天有什么状况?"张良说:"情况非常危急!现在项庄正在舞剑,他的用意是刺杀沛公呀!"樊哙说:"这太危险了!请让我进去,我要与沛公同生共死!"樊哙于是手持宝剑和盾牌就往军门里闯。矛戟交叉的卫士想挡住他不让他进去,樊哙侧过盾牌来向前一撞,卫士们就倒在地上,于是樊哙就这样闯进了军门,掀开帷帐面向西站定,瞪眼怒视项王,头发根根竖起,眼睛都要瞪裂了。项王握住宝剑,起身问道:"这位来客有何贵干?"张良说:"他是沛公的护卫樊哙。"项王说:"真是个壮士!赐他一杯酒!"于是手下人递给他一大杯酒。樊哙拜谢,起身站着把酒喝了。项王说:"赐他一只猪肘!"左右的人递给他一只生猪肘。樊哙把盾牌倒扣在地上,将猪肘放在上面,将剑拔出边切边吃。项王说:"壮士!还能再喝一杯吗?"樊哙说:"我连死都不躲避,一杯酒又有什么好推辞的!秦王有虎狼一样凶狠的心肠,杀人无数,好像唯恐杀不完；给人加刑，好像唯恐用不尽，所以天下人都背叛了他。怀王曾经与诸侯约定：'先击败秦军进入咸阳的，就让他在关中称王。'如今沛公先打败秦军进入咸阳，连毫毛那么微小的财物都不敢碰，封闭秦王的宫室，把军队撤回霸上，等待大王您的到来。特地派遣士兵把守函谷关，目的是为了防备其他盗贼的进入和其他意外的变故。沛公是如此劳苦功高，非但没有得到封侯的赏赐，您反而听信了小人的谗言，要诛杀有功之人。这是在继续走秦朝灭亡的老路，我私下觉得大王您不应该采取这种做法！"这番话说得项王无言以对，只是说："坐。"樊哙挨着张良坐了下来。

　　坐了一会儿，沛公起身去上厕所，顺便把樊哙叫了出去。沛公出来后，项王派都尉陈平出去叫沛公。沛公对樊哙说："刚刚我出来，没来得及告辞，怎么办呢？"樊哙说："做大事不必拘泥小的礼节，行大礼无须躲避小的责备，现如今人家好比是屠刀和砧板，而我们好比是鱼肉，还告辞什么！"于是一行人就离开了那里，吩咐张良留下来向项王谢罪。张良问道："大王来的时候给项王带了什么礼物？"沛公说："我带来白璧一双，打算献给项王；玉斗一对，打算献给亚父。恰好赶上他们发怒，不敢进献。您替我献给他们吧。"张良说："遵命。"

　　那个时候，项王的军队驻扎在鸿门一带，而沛公的军队驻扎在霸上，相距四十里远。沛公扔下车马、侍从，独自一人骑马脱身而行，樊哙、夏侯婴、靳强、纪信四人手持剑和盾，跟在他后面徒步快跑，从郦山下去，抄芷阳小路往回赶。沛公临行前吩咐张良："从这条小路到我们军营，不过二十里远。等估计我们回到了军营，您再进去。"沛公一行人离开鸿门，估摸着他们已经抄小路回到了军中，张良才进去致歉，向项王说道："沛公酒量不大，喝得有点多了，不能亲自跟大王告辞了。谨派臣下张良奉上一双白璧，恭敬地进献给大王足下；一对玉斗，恭敬地进献给大将军足下。"项王问道："沛公在何处？"张良答道："听说大王有意要责罚他,他就一个人离开了,现在已经回到军营了。"项王接过了白璧,放在座位上;亚父接过了玉斗,扔在地上,拔剑将其击碎了,说:"唉!项庄这班干不成事的小子,将来同项王夺取天下的,一定是沛公。我们这些人就要变成他的俘虏了!"

沛公回到军中,当即把曹无伤杀了。

项王想要自己称王,就先封手下各将领为王,并对他们说道:"天下刚开始发动起义的时候,暂时立了诸侯的后代为王,目的是讨伐秦朝。然而亲自身披坚甲,手持利器,带头起事,在外三年风餐露宿,灭掉秦朝,平定天下,都是靠诸位将相以及我项羽的力量啊。既然义帝没有立下什么战功,分给我们土地让我们做王,本来就是应该的。"诸将领都说:"好。"于是瓜分天下,立诸将领为侯王。项王、范增怀疑沛公想要据有天下,然而在鸿门之会上已经与之和解了,又有顾忌,所以无法违背当初的约定,还怕诸侯背叛自己,便暗中谋划道:"巴、蜀两郡道路艰险,秦朝时流放的人都是流放到蜀地。"又扬言:"巴、蜀也算关中的地盘。"因此便立沛公为汉王,令他管理巴、蜀、汉中三地,建都南郑。又将关中分成三部分,封秦朝三名降将为王以阻隔汉王的东出之路。项羽自立为西楚霸王,统领九个郡,建都彭城。

汉王于春天率五个诸侯国的人马,共计五十六万人,向东出兵讨伐楚国。项王听到这个消息后,就命令诸将领们攻打齐国,他亲自率领精兵三万人向南前进,从鲁县出胡陵。四月,汉军已经全部进入彭城,不仅掳掠那里的财货、美人,还每天大摆酒席招待宾客。项王率兵向西前行奔往萧县,从早晨开始一面攻打汉军,一面向东推进,打到彭城时已是中午时分,大败汉军。汉军四处逃亡,接连掉进谷水、泗水,楚军杀了约十万多汉军。汉军皆向南逃到山地里,楚军又追击到灵壁以东的睢水边上。汉军向后撤,由于楚军的逼挤,汉军死伤惨重,有十余万人都掉进了睢水,睢水甚至因此被堵塞而不向前流了。楚军将汉王重重包围。正在这个时候，西北方向刮来了狂风，折断树木，掀毁房舍，空中飞沙走石，当即天昏地暗，昼夜不分，狂风向着楚军迎面刮来。楚军大乱，队列当即垮掉，这样，汉王才得以带着几十名骑兵慌忙逃离战场。汉王原本打算经过沛县，接了家眷往西逃，然而楚军也派人追到沛县，要抓汉王的家眷，但汉王的家眷已经逃散，没有能跟汉王见上面。汉王在路上遇到了孝惠帝和鲁元公主，就带他们上车一起往西逃。楚国的骑兵追赶汉王，汉王感到形势危急，就把孝惠帝和鲁元公主推落车下，滕公夏侯婴每次总是下车再把他俩重新扶上车去，这样推下扶上反复好几次。滕公对汉王说："虽然遇到了危急的情况，但马也不能跑得更快了，我们怎么能抛弃他们呢？"就这样，姐弟俩才脱险。又寻找太公、吕后，却没找到。审食其跟随着太公、吕后走小路，也在寻找汉王，却偏偏遇上了楚军。楚军就把他们带回去，报告给项王。项王一直将他们留置在军营中当人质。

汉王逃出荥阳后，往南跑到宛县、叶县后碰到九江王黥布，一面行进，一面征集士兵，又守在成皋。汉高祖四年，项王发兵包围成皋。汉王只带着滕公逃走，从成皋北门出去，渡过黄河逃向修武，改去投奔张耳、韩信的军队。诸将也陆陆续续追随汉王从成皋逃出。因此楚军攻下成皋，想要往西进。汉王就派兵在巩县抵抗楚军，阻断了楚军往西进的去路。

此时，彭越渡过黄河，去东阿攻打楚军，将楚国的将军薛公杀了。于是项王亲自率兵向东进发攻打彭越。汉王得到了淮阴侯的军队，想要渡黄河向南行进。郑忠劝说汉王，汉王才停止向南进，而是停兵在黄河北岸建军营驻扎下来。汉王派刘贾带兵去增援彭越，并烧掉楚军的粮草辎重。项王继续向东进军，将刘贾打败，将彭越赶走。这时汉王就率领军队渡过了黄河，又重新攻占了成皋，并驻军西广武，就近使用敖仓的粮食。项王已经平定了东海，于是又回过头来向西进发，与汉军隔着广武涧在东广武驻扎起来，两军各自坚守，相持了好几个月。

　　就是在这时，彭越多次在梁地反楚，绝断了楚军的粮草，项王为此而深感忧虑，他就做了一张高腿几案，把汉王的父亲太公放在上面，告诉汉王："现在你不赶快投降，我就把你的父亲太公煮了。"汉王说："我曾和你一起以臣子的身份面向北接受了怀王的命令，我们'相约结为兄弟'，如此说来，我的父亲也就是你的父亲，如果你非要煮了你的父亲，那么希望你可以分我一杯肉汤喝。"项王发怒，要把太公杀了。项伯说："天下大事还没有定论，再说要夺取天下的人是不会顾及家庭的，即使杀了他的父亲也没什么好处，只会增添祸患罢了。"项王就听从了项伯的劝告。

　　楚、汉两军长久相持，成败未决。年轻人苦于长期前线行军打仗，老弱者也疲于后勤水陆运输。项王对汉王说："天下纷乱的局面已经有好几年了，都是因为我们二人的缘故。我希望能与汉王挑战，让我们决一雌雄，再不要白白折磨天下百姓老小了。"汉王笑着回绝道："我宁愿斗智，绝不斗力。"项王命令勇士出营挑战，汉军中有一个善于骑射的人叫楼烦，楚国的勇士挑战了他好几次，他们都被楼烦射杀了。项王大怒，于是披甲持戟亲自出营挑战楼烦。楼烦正要向他射箭，项王瞪着眼睛朝他大吼一声，楼烦吓得不敢正视项王，两手拿不起弓箭，于是转身逃回军营，不敢再出来。汉王暗中派人打听，才知道原来挑战的人是项王。汉王大吃一惊。此时项王向汉王靠近，两人隔着广武涧对话。汉王一桩一桩地数落了项王的罪状，项王非常愤怒，要与汉王决一死战。汉王不听，而项王埋伏下的弓箭手将汉王射伤了。汉王受伤后，跑回成皋。

　　那时侯，汉军人马众多，粮草充足，而项王的人马疲惫，粮草告绝。汉王派陆贾去游说项王，希望他将太公放回来，项王没有答应。汉王又派侯公去游说项王，项王这才与汉王订立平分天下的盟约，约定鸿沟以西的地区归汉，而鸿沟以东的地区归楚。项王答应了这个条件之后，当即放回了汉王的家属。汉军官兵都高呼万岁。于是汉王封侯公为平国君，躲起来不肯再与他见面。汉王说："此人是善辩之士，他在哪国，就会使哪国倾覆，所以给他一个平国君的称号。"项王订立盟约后，就撤退东归了。

汉王也想撤退回西边去，但是张良、陈平劝他道："汉现在已经占据了大半个天下，诸侯又都归附于您。楚军已兵疲粮尽了，此时正是上天要亡楚的时候。不如趁此机会把楚军消灭。倘若现在您放走项羽，就是所谓'养虎而给自己留下祸患'。"于是汉王听从了他们的建议。

汉高祖五年，汉王追击项王一直追到阳夏以南，让军队驻扎在那里，并同淮阴侯韩信和建成侯彭越约好会合的日期，共同进攻楚军。汉军到达固陵后，韩信、彭越的军队却没来会合。楚军攻打汉军，汉军大败。汉王又逃回军营，深挖壕沟坚守。汉王问张良道："诸侯不遵守约定，这该如何是好？"张良答道："楚军就快被打垮了，而韩信和彭越还没有分得封地，所以，他们不来是可以理解的。大王如果能与他们共分天下，他们就能立刻前来增援。如果您不能，形势就难以预料了。大王如果将陈县以东至海滨一带的地区都分封给韩信，将睢阳以北至谷城的地区分封给彭越；让他们各自为自己的利益而战，则楚军就容易打败了。"汉王说："好。"于是就派使者告诉韩信、彭越："只要你们与汉王合力攻打楚军，打败楚军之后，自陈县往东至海滨一带的地区分封给齐王，自睢阳以北至谷城的地区分封给彭相国。"使者到后，韩信、彭越都对他说："我们立即就带兵出发。"于是韩信从齐国出发，刘贾的军队从寿春与他同时出发，屠杀了城父，到了垓下。大司马周殷背叛项王，以舒县的兵力屠灭了六县，带领九江的军队，随同刘贾、彭越会师垓下，直逼项王。

项王的军队在垓下修筑了军营，兵少粮尽，汉军及诸侯各军将他们重重包围。到了深夜,能听到汉军在四面八方唱着楚地的歌,项王大惊道:"难道汉军已经完全取得了楚地?为什么有这么多楚国人呢?"项王就连夜起来饮酒于帐中。有一位美人名虞,由于得宠,所以经常跟随在项王身边;有一匹骏马名骓,是项王经常骑的坐骑。此刻,项王不禁自己慷慨地作诗吟唱道:"力量能撼动山脉啊,英雄的气概举世无双,时与运都不济呀,骓马不再往前奔跑!骓马不往前奔跑啊,可如何是好,虞姬呀虞姬,怎样安排你才妥善?"项王唱了几遍歌词,美人虞姬在一旁伴唱。项王的眼泪一道道流下来,左右随从也都跟着落泪,没有一个人忍心抬头看他。

项王骑上马,部下有八百多壮士骑马跟在他后面,趁夜突破重围往南飞驰逃走。天快亮时,汉军才发觉项王逃走,骑将灌婴率五千骑兵去追赶他们。项王渡过淮河,部下壮士骑马能跟上的,只剩一百多人了。

项王到了阴陵后迷了路,问了一个农夫,农夫骗他道:"往左边走。"项王带人往左走,结果陷入大沼泽地里。因此,汉军追上了他们。于是项王又带着骑兵向东逃,到达东城时,只剩下二十八人。追上来的汉军骑兵有几千人。项王估计自己不能脱身了,对他的骑兵说道:"我带兵起义到现在已经八年了,身经七十多次战役,阻挡我的敌人都被我打垮,我攻击的敌人无不降服,从来不曾失败过,因而我才能够称霸天下。可是如今我被困在这个地方,这是天要亡我,决不是用兵的过错。今天一定得下决心战死了,我愿意为诸君打一次痛痛快快的仗,一定接连胜它三回,助诸君冲破重围,斩将,砍旗,让诸君知道这的确是天要亡我,决不是用兵的过错。"于是项王把随从分成四队,向四面突围。汉军把他们重重包围起来。项王对他的骑兵们说:"看我来给你们斩一员汉将!"他命令四面的骑士策马飞奔而下,相约冲到山的东边分三处集合。这时项王高声呼喊着奔驰而下,汉军像草木一般随风倒伏而溃败了,项王斩杀了一员汉将。当时汉军骑将是赤泉侯杨喜,他在后面追赶项王,项王瞪着眼睛呵斥他,赤泉侯连人带马都受到了惊吓,倒退了好几里。项王同他的骑兵分三处会合了。汉军无人知道项王的去向,就兵分三路,再次包围了他们。项王继续驱马冲了上去,又斩了汉军的一名都尉,杀死上百人,又聚拢他的骑兵,他的骑兵仅仅损失了两名。项王就问他的骑兵们:"怎么样?"骑兵们都敬佩地对他说:"正如大王您所说的那样。"

这时项王想要东渡乌江。乌江亭长正停船等在岸边,他对项王说:"江东虽小,但土地纵横千里,民众也有几十万,足以令您称王。希望大王赶快渡江。现在只有我有船,即便汉军到了,他们也没法渡江。"项王笑道:"天要亡我,我何必渡乌江!再说我项羽和八千江东子弟渡江西征,而如今没有一个人生还,纵使江东父老可怜我让我继续做王,我又有何脸面去见他们?纵使他们什么都不说,我项羽心中难道没有愧疚吗?"于是项王对亭长说:"我知道您是一位忠厚长者,我骑的这匹马随我征战五年,所向无敌,也曾日行千里,我不忍心杀它,就把它送给您吧。"于是项王命令骑兵都下马,让他们手持短兵器与追来的汉兵交战。光是项羽一人就杀死汉军几百人。项王的身上也有十几处伤。项王回头看到汉军的骑司马吕马童,对他说:"这不是我的老相识吗?"吕马童这时才与项王打了个照面,于是他指给王翳说:"这个人就是项王。"项王就对他说:"我听说,汉王用黄金千斤、封邑万户的悬赏来要我的脑袋,我就把这个好处给你吧!"说完这些,项王便自刎而死。

项王死后,楚地都投降了汉王,只有鲁县一地不降服。汉王率领军队想要屠灭鲁城,考虑到这些人恪守礼义,愿意为君主守节而不惜一死,于是拿着项王的头给鲁地人看,鲁地人这才投降。当初,楚怀王最先封项羽为鲁公,待到他死后,鲁地人又是最后投降的,所以,用鲁公这一封号的礼仪将项王安葬在谷城。汉王为他发丧，洒泪后方才离去。汉王对项氏宗族的亲属们都不加以杀戮。又封项伯为射阳侯。还有桃侯、平皋侯、玄武侯也都属于项氏，汉王赐他们姓刘。

太史公说：我听周生说"舜可能有两个瞳孔"。又听说项羽也是有两个瞳孔。难道项羽是舜的后代吗？不然他为什么那么突然就兴起了啊！秦朝的政令失误，陈涉首先起来发难，各路豪杰均蜂拥而起，大家你争我夺，争战数不胜数。然而项羽没有权柄可以凭借，他趁着秦末大乱的时机于民间兴起，只用了三年的时间，就率领着齐、赵、韩、魏、燕五国诸侯把秦朝灭掉了，瓜分天下，封王封侯，全都是由项羽发布的政令，他还自号为"霸王"，尽管他没能将权势保持长久，却也是近古以来不曾出现过的人。等到项羽舍弃关中之地，怀念楚国而建都彭城，放逐义帝而自立为王，又埋怨诸侯们背叛自己，这时想成就大事可就艰难了。他自夸战功，逞个人之智，又不肯效法古人，他认为霸王的功业就是要靠武力来征伐诸侯，他治理天下，结果五年的时间里就丢了国家，身死东城，还不觉悟也不自责，这是他错误的地方。而他竟然用"天要亡我，不是用兵的过错"这种话来自我开脱，不是太荒谬吗！

高祖本纪

汉高祖这个人，鼻子很高，额头凸起，有一脸漂亮的胡须，左腿上长着七十二颗黑痣。他仁厚爱人，乐善好施，胸怀豁达。他平素怀有干大事业的志向，不肯从事平常百姓生产劳动方面的工作。到了壮年以后，他尝试去做官，就担任了泗水亭的亭长，他捉弄了官府中几乎所有的官吏。他喜欢喝酒，喜好女色。常常去王媪、武负那里赊酒喝，喝醉了就睡，武负、王媪看到他身体上常有龙盘绕，就觉得这个人很奇怪。每当高祖去买酒，就会留在店中畅饮，这时买酒的人也会变多，售出去的酒也是平日的几倍。等到看到了有龙出现的怪事之后，到了年终，这两家总是折断记帐的简札，不再向高祖追讨他赊欠的酒帐。高祖曾经去咸阳服徭役，有一次秦始皇出巡，允许人们随意观看，他看后长叹一声："啊，大丈夫就应该这样啊！"

单父人吕公和沛县县令关系要好，吕公为躲避仇人而投奔到县令家里暂住，后来就在沛县安了家。沛中当地的豪杰和官吏们听说县令家有贵客，都前来祝贺。萧何当时是县衙的主吏，负责收贺礼，他对送礼的宾客们说道："送礼不满一千钱的，请坐到堂下。"高祖做亭长时，平素一向看不起这帮官吏，于是就在进见的礼帖上谎写"贺钱一万"，实际上他一个钱也没带。礼帖递进去了，吕公大为惊讶，连忙起身到门口去迎接高祖。吕公这个人好给人相面，看到高祖的相貌后就非常敬重他，请他到堂上坐。萧何说："刘季这个人一向好说大话，很少能干成什么事。"高祖就趁机戏弄各位宾客，他干脆坐到上座，毫不谦让。酒宴快结束的时候，吕公给高祖递了个眼色，请他一定留下来，高祖喝完了酒后，就留在后面。吕公对他说："我从年轻的时候就爱给人相面，我相过的人多了，没有谁能比得上您刘季的面相，希望您好自珍爱。我的亲生女儿，愿意许配给您。"酒宴散后，吕媪气愤地对吕公说："起初你总是想让我们的女儿出人头地，嫁给贵人。沛县县令与你要好，想娶女儿你不同意，你今天为什么随随便便地就要把女儿许配给刘季了呢？"吕公说："你们女人家不懂得这些事。"终于把女儿许配给刘季了。吕公的女儿就是日后的吕后，生了孝惠帝及鲁元公主。

高祖当亭长的时候，曾经请假回家种田。有一次吕后和两个孩子正在田中除草,有一个老汉路过这里讨水喝,吕后给他喝了水,还给他一些吃的东西。老汉在给吕后相面后说道:"夫人您真是天下的贵人。"吕后让他给两个孩子相面,他看了孝惠帝后说:"夫人之所以显贵,正是由于这个孩子的缘故。"他又给鲁元相面,同样也是富贵面相。老汉刚走不久,高祖刚巧从旁边的房舍走过来,吕后就把方才那老人路过此地,给她们看相的事都告诉了高祖,说他们母子都是大贵之相。高祖问那老人在哪,吕后说:"还没走远。"于是高祖就追上了老汉,问他刚刚的事,老人说:"贵夫人以及子女的面相都非常像您,您的面相简直就是贵不可言。"于是高祖谢道:"果真如您老人家所言,我绝不会忘记你的恩德。"待到高祖显贵的时候,始终找不到那老汉的去处。

十二年十月,高祖在会甄打败了黥布的军队,黥布逃走后,高祖令其他将领继续追击他。高祖撤军,在回京途中,他路过沛县时停下来待了几天。高祖在沛宫摆酒宴,把老朋友和父老乡亲都请来纵情开怀地畅饮。找到一百二十名沛中儿童,教他们唱歌。酒兴正浓之时,高祖自己敲击着筑琴,唱起自己写的歌:"大风席卷起来啊云彩飞扬,声威传遍海内啊回到故乡,怎样能得到勇士啊守卫四方!"他让孩子们跟着学唱。高祖又跳起舞来,情绪激动而内心感伤,流下行行热泪来。高祖对沛县的父老乡亲们说:"远游的赤子总是在思念着故乡。尽管我建都关中,但是将来等我死后,我的魂魄还是会喜欢和思念沛县。况且我一开始就是以沛公的身份来起兵征讨暴逆,终于取得了天下,我要将沛县当作我的汤沐邑,并免除沛县百姓的赋税徭役,让你们世世代代不必纳税和服役。"沛县的父老乡亲及亲戚朋友天天畅快饮酒,谈起往事来取笑作乐。十多天之后,高祖想离去了,沛县父老坚决要留高祖多待几日。高祖说:"我的随从人马太多,父兄们供养不起。"于是他离开沛县。这天,沛县全城百姓都赶到城西来敬献酒食给高祖。高祖又留下来,搭起帐篷来痛饮了三天。沛县父老都叩头请求道:"沛县有幸能够免除赋税和徭役，然而丰邑却没有得到免除，希望陛下您也可怜可怜他们。"高祖说道："丰邑是我生长的地方，是我最不能忘的地方，只是因为当初丰邑人在雍齿的带领下背叛我而帮助魏王，我才这样做的。"沛县父老仍旧坚决地请求高祖，高祖才答应也免除丰邑的赋税和徭役，与沛县一样。

太史公说：夏朝的政治忠厚质朴。忠厚质朴的弊端就在于使得百姓们粗野少礼，所以殷朝代之以威严恭敬。而威严恭敬的弊端是使得百姓们迷信鬼神，所以周朝代之以讲究礼仪。讲究礼仪的弊端是使得百姓们不诚恳。而要救治不诚恳的弊病，就莫过于提倡忠厚质朴。由此看来，夏、殷、周三代开国君王的治国之道好像是循环往复，终而复始。到了周朝至秦朝之间，可以说其弊端就在于过于破坏礼仪了。秦朝的政治不但没有加以改变，反而加重刑法，这难道不荒谬吗？所以汉朝的兴起，承继了秦朝残败的政局却加以改变，使老百姓不至于感到倦怠，这是符合上天的规律的。

高祖功臣侯者年表

太史公说：古时候将大臣的功劳分为五等，用德行来为建立宗庙、安定社稷的，称为"勋"，用言论来为江山奠基的称为"劳"，用武力建功立业的称为"功"，明确功劳等级的称为"伐"，有深的资历的称为"阅"。封爵的誓词是这样说的："即便黄河变得像衣带那般窄，泰山变得像磨刀石那般小，封国也会永远安宁，一直承传给子孙后代。"看起来起初未尝不想巩固功臣们的根本，但是到了后来，他们的子孙旁支却没有好好继承先辈的基业，日益衰落了。

我研读了高祖时被封为侯的那些功臣的资料，考察他们最初被封和最终失去爵位的原因以后，有了这样的感想：这与我前面所听到的誓词有别了！《尚书》说道："唐尧以前的许多国家都是和睦相处的。"到了夏、商的时候，有的封国已经有几千年的历史了。周朝时封了八百个诸侯，到了周幽王、周厉王以后，这八百个诸侯的后代在《春秋》上仍有记载。《尚书》上记载着唐尧、虞舜的后代子孙为侯、为伯的，历经了三个朝代一千多年，封国仍然能保全，承担着守护天子的任务，这难道不是由于他们坚定地捍卫着仁义之道，遵守天子制定的法令吗？汉朝建国的时候，受封的功臣有一百多个人。当时天下刚刚平定下来，所以大城市以及著名的都会的人口都处于流亡的状态，记载中可寻的户口只有十分之二三，也就是说当时大侯的食邑不过只有万户，而小侯的食邑只有五六百户。后来几代过后，百姓都回到故乡，户口也就日益增多，萧何、曹参、周勃、灌婴等人的封邑，有的能达到四万户，小侯的户数也比起初受封时增加了一倍，他们的财富也有所增加。这样，他们的子孙便越来越骄横无度，渐渐忘却了祖先创业的艰难，其行为也越来越淫乱邪恶。从汉初到太初的百年之间，只剩下五个侯了，其他的侯全都因为犯罪而丧命，封国也被废除了，都完了！国家的法律的确对他们管得严密了一些，但是他们也并没有小心翼翼地去遵守当时的法律。

处在当今的时代，要记住古代的道理，这是为了给自己一个借鉴，但不一定要和古代人做事的方式相同。各朝帝王的礼法从来都各不相同，所致力的方面也都不一样，主旨是要以成功为最终的目标，怎么可以要求礼法完全相同呢？通过观察臣子之所以能够得到尊宠或是遭到贬弃的原因，就可以发现，当代也存在着许多或得或失的例子，何必一定要去回顾过去的情况呢？由此，我谨慎地记录下这些功臣的经历始末，用表格来将文字记载下来，但有一些地方还是不能将故事的本末讲述得非常详尽，我只记录清楚显著的那些部分，有疑惑的部分就空下来。今后如果有人想要详细地记载他们的故事，可以参阅这张表格。

秦楚之际月表

太史公研读了有关秦、楚之间的史书记载，说道：最早起兵发难的人是陈涉，残酷而暴戾地灭掉秦朝的人是项羽，而平定暴乱，赢得天下，最终登上帝位的是汉家。五年之间，变更号令达三次之多，自从有了人类以来，帝王受天命的变更还不曾有这么急促的。

起初虞舜、夏禹刚兴起的时候，他们用于积累善行和功劳的时间长达几十年，百姓们都沐浴到了他们的恩泽，他们都曾代行过君主的政事，还要经受上天的考验，然后才能即位。商汤、周武的称王，是由契、后稷讲求仁义、施行德政而开始的，经历了十几代后，到了周武王伐纣的时候，竟然没有经过事先约定，就有八百诸侯到孟津来相会，不过当时他们认为还不到改朝换代的时候，从那时以后，才将夏桀放逐，将殷纣王杀死。秦国是自襄公时开始兴起，在文公、秦穆公时显现出了强大的实力，到了献公、孝公以后，开始逐步侵占六国的领土，经历了一百多年，到了秦始皇的时候，才兼并了六国。要像虞、夏、汤、武那样施行德治，像秦那样使用武力，才能取得成功，一统天下竟是如此艰难！

秦始皇称帝以后，出于担心之所以过去战事不断是因为有诸侯的缘故，因此，连一尺土地都没有封给功臣和宗室，而且还将名城毁坏，将刀箭销毁，将各地的豪强恶霸铲除，想要维持万世的安定。然而帝王的功业是兴起于民间的，天下的英雄豪杰都联合起来讨伐残暴的秦朝，其气势超过了三代的气势，从前秦朝发布的禁令，恰好可以用来资助贤能的人来排除创业时的艰难。因此，发愤图强、有所作为而成为天下之英雄的人，怎么能因为没有封地就不能成为帝王呢？这就是上天要将帝位传给所谓的大圣人吧！这难道不是上天的旨意吗，这难道不是吗？如果不是大圣人，又有谁能够在这乱世之中承受天命而建立起帝业呢！

六国年表

　　太史公阅读《秦记》时，读到犬戎打败幽王，周朝将都城东迁到洛邑，秦襄公是秦国列为诸侯的第一代君主，他建西畤以祭祀白帝，自此僭越的迹象就开始出现了。《礼记》上说："天子祭祀天地，而诸侯祭祀的是其领地内的名山大川。"那时秦国风俗还混杂着戎、翟等少数民族的风俗，以暴戾为首要的手段，把仁义放在次要的位置，秦国论地位算是藩臣，但却陈列着天子的郊祭，君子都为此而感到恐慌。到了文公时，越过陇地，将夷狄驱除，尊奉陈宝为神物，在岐、雍两地之间经营，而到了秦穆公执掌政事的时候，秦国东方的边境已经到达黄河附近，已经与齐桓公、晋文公等中原诸侯的地位并驾齐驱了。自此后，陪臣开始执掌国政，大夫世世代代享受俸禄，而六卿也独揽了晋国的政权，各地征伐并会盟诸侯，其威望逐渐超过了其他诸侯。到了田常杀掉齐简公而自立为齐相国时，诸侯们也迟延着不去讨伐他，海内外都争着打仗了。最终三国分掉了晋国，田和也灭掉了齐国而自己霸占了齐国，从这时起，六国开始强盛。各诸侯国专门以增强自己的兵力和兼并敌国为营生,无处不用阴谋诡计,纵横短长之说开始兴起。谎称奉行王命的人蜂拥而起,天下人对所立的盟约都不讲信用,尽管各国都设有人质,剖析符契,但也不能起到约束的作用。秦国最初只是一个偏僻弱小的国家,中原的诸侯国都排斥它,将它与戎、翟之族视为同类,到了献公以后,秦国却在诸侯中崛起。论及秦国最讲道义的行为,也还是不如鲁、卫最暴戾的行为更合乎仁义,估量着秦国的兵力是比不上三晋强大的,然而最终秦国还是兼并了天下,这未必是因为秦国借助着地势险固之便利的缘故,好像是由于上天在帮助它吧。

有人说:"东方是事物始发的地方,西方是事物成熟的地方。"开始起事的一定开始于东南,而收获实际功效的往往是在西北,因而夏禹兴起于西羌,商汤兴起于亳,周朝得以称王也是因为凭借了丰、镐之地讨伐殷的缘故,秦国成就帝业是依雍州而起,汉家的兴起是从蜀汉开始的。

秦国兼并天下以后,烧毁了天下的《诗》、《书》,对诸侯国史记的损害尤为严重,那是由于书中含有讽刺秦国的言论。之所以现在还能看到《诗》、《书》,多因为这些书藏于民间,而唯独史记藏在周室,所以就被烧毁了。可惜啊,真是可惜啊!只留下了《秦记》,又没有载录下日月,文辞也简略不全。然而战国时代的那些权变之术有许多还是值得借鉴的,不一定非要遵循上古。秦大多是靠着暴力的手段取得天下的,然而社会在不断地变化,秦能随着时代的变化而变法创新,所以取得了很大的成就。经传上说"效法后王",这是为什么呢?因为后王所采用的方法与我们这个时代是相近的,风俗演变也与我们这个时代相类似,虽然他们的议论较为卑下,但却是易于施行的。读书人拘泥于自己的所见所闻,不敢对其有称道之语,这与用耳朵进食没有什么区别。真是可悲啊!

于是我按照《秦记》，接在《春秋》的后面，从周元王开始，为六国的时事列一个表格，截止到秦二世，共计二百七十年，记录下我听说的那些有关治乱兴衰的缘由，以供后世人阅览。

封禅书

自古以来承受天命为帝王的人，哪有不封禅的？大概有很多帝王在上天没有显示吉兆、祥瑞的时候就忙着举行封禅的典礼，从来没有哪个帝王看到已经出现的吉兆、祥瑞而不去泰山举行封禅的。有的帝王虽然已经承受天命当了帝王，但治世的大功业未能成就，有的帝王功业够了但是德行没有普化，有的德行已经普化而又没有时间行封禅大礼，所以行封禅大礼的人很少。《传》说："三年不举行封禅大礼，礼制一定会废弃；三年不施行乐教，乐教一定会毁坏。"每逢兴盛之世，帝王就会举行封禅大礼来报答上天的功德，遇到世道衰微的时候则停礼不行。这种情况远至千余年，近则数百年，所以封禅的仪式已经空缺以至湮灭，其详细情形已经无法记录下来流传后世了。

自从周朝战胜殷朝以后，过了十四代，世道更加衰微，礼与乐都已废弃，诸侯恣意横行，而周幽王又被犬戎打败，周朝的都城向东迁移到洛邑。秦襄公攻打犬戎以援救周朝，才因他的功劳而开始被列为诸侯。秦襄公封为诸侯后，居住在西部边陲，自认为应该主持大典来祭祀少皥的神灵，建西畤以祭祀白帝，祭祀用的牺牲为赤身黑鬣的马驹、黄牛、公羊各一头。过了十六年后，秦文公向东到汧、渭二水之间打猎，想留居在此地，占卜后得到吉兆。文公梦见有一条黄蛇的身子自天上垂降到地面,它的嘴巴一直伸到鄜城一带的山坡上。文公请史敦为他解梦,史敦说道:"这是上帝的象征,请您赶快祭祀它吧。"于是文公建立了鄜畤,用牛、羊、猪三牲来祭祀白帝。

在建立鄜畤之前,雍城旁原本有一个吴阳武畤,雍城东边有一个好畤,都已荒废无人祭祀了。有人说:"自古以来,大家都认为雍州地势高,是神明聚居的地方,所以在这里立畤祭祀上帝,其他众神的祠庙也都聚集于此地。黄帝曾在这里祭祀神灵,直到周朝末年的时候还在这里举行过祭祀呢。"这些话没有在经典书籍里收藏,士大夫们也不提及这些。建成鄜畤以后九年,秦文公获得了一块质似玉石的东西,于是在陈仓山北面山坡的城邑中祭祀它。这位神灵有时好几年都不来,有时一年之中数次光临,它常在夜晚降临,发出似流星般的光辉,从东南方而来,汇集到祠城中,像雄鸡一样发出"殷、殷"的叫声,引得野鸡也在夜里纷纷啼叫。用牲畜一头来祭祀它,名为陈宝。

齐桓公已经成为诸侯的霸主,召集诸侯在葵丘会盟,想要举行封禅的典礼。管仲说:"古时候在泰山祭天,在梁父山祭地的总共有七十二家,而我所记得的只有十二家。以往无怀氏在泰山祭天,在云云祭地;虙羲在泰山祭天,在云云祭地;神农在泰山祭天,在云云祭地;炎帝在泰山祭天,在云云祭地;黄帝在泰山祭天,在亭亭祭地;颛顼在泰山祭天,在云云祭地;帝喾在泰山祭天,在云云祭地;尧在泰山祭天,在云云祭地;舜在泰山祭天,在云云祭地;禹在泰山祭天,在会稽祭地;汤在泰山祭天,在云云祭地;周成王在泰山祭天,在社首祭地。他们都是受天命所托成为帝王以后才能够封禅。"齐桓公说:"寡人往北面征伐山戎,经过孤竹;往西面讨伐大夏,远涉流沙,束紧马缰,挂牢车辆,登上卑耳山;往南面征伐到召陵,登上熊耳山眺望长江、汉水。为战争召集诸侯会兵有三次,为和平集会了六次,前后与诸侯集会九次,一统天下,诸侯中没有一个人敢违背我的命令。这与以往夏、商、殷三代受天命为帝王相比，又有什么两样？"这时管仲看出不可能用言辞来说服桓公了，就用一些具体的事例来劝阻他，说道："古时候举行封禅大礼时，需要用鄗上地区产的黍和北里地区产的禾，做祭天用的粢盛；需要用江淮之间产的三脊茅，编织荐神的垫席。从东海找到比目鱼，从西海找到比翼鸟，然后还要有其他不召而自至的吉祥物达十五种之多出现，而现在什么祥瑞都没有，凤凰、麒麟都没有降临，嘉谷没有生长，而且田野中的蓬蒿、藜、莠茂盛，鸱枭等恶鸟数次飞到朝堂，想要在这种情况下举行封禅大礼，恐怕有点儿不太合适吧！"这样，桓公才取消了封禅的计划。这一年，秦穆公将晋公子夷吾送回晋国，立为晋君。此后又先后三次为晋国安排君主，并平定了晋国的内乱。秦穆公在位三十九年后去世。这之后过了一百多年，有孔子论述"六艺"，当中曾简略地提到古代改朝换姓的新王，在泰山祭天和到梁父山祭地的有七十多位，孔子的论述中却看不到有关封禅的祭器、祭品的礼制，大约是由于难以说清楚的缘故吧。

秦始皇统一天下当了皇帝以后，有人说："黄帝于五行中得土德，有黄龙和大蚯蚓这样的祥瑞出现。夏朝于五行中得木德，有青龙停留在都城郊外，草木长得茁壮茂盛。殷朝于五行中得金德，银子从山中流出来。周朝于五行中得火德，有红色乌鸦这种符瑞出现。如今秦朝取代了周朝天下，正是得水德的时代，过去秦文公出外打猎，曾捉到一条黑龙，这就是水德的祥瑞。"于是秦朝人改称黄河为"德水"，以冬季十月作为每一年的开端，崇尚黑色，以六为尺度的单位，音律崇尚大吕，政事崇尚法治。

秦始皇登上帝位后的第三年，向东方巡察各郡县，在驺县的峄山立祠祭祀，以歌颂秦朝的功业。这时他征召齐、鲁的儒生、博士七十人，随他来到泰山下。有的儒生建议道："古时候举行封禅大礼时，乘坐的车子的车轮要用蒲草包裹好，是怕损害山上的土石草木；只要打扫干净地面这里就能作为祭祀场地，用茎秆来编垫席即可，这说明古礼是很容易办到、易于遵行的。"秦始皇听到他们的议论各不相同，而且怪异离奇，难以实行，由此罢黜了这些儒生。于是又修车道，自泰山的南坡登上顶峰，立石碑来颂扬秦始皇的功德，表明他到过泰山祭天。从北坡下山，在梁父山祭地。始皇封禅的仪式多采用太祝在雍城祭祀上帝时所用的仪式，这些礼仪都秘而不宣，使得后世人无法知晓也无从记载。秦始皇上泰山的时候，在山腰上遇到暴风雨，只好在大树下避雨。诸儒生已经被始皇贬退，不能参与封禅大礼，听说始皇遇到风雨，就纷纷讥笑他。封禅既毕，秦始皇又继续向东行到海边巡游，一路举行仪式祭祀名山、大川以及八神，访问羡门等仙人以祈求福佑。

从齐威王、齐宣王的时候起，驺衍等人著书论述五德相生相克、周而复始的道理。到秦始皇称帝后，有齐人向始皇奏明了这套理论，秦始皇便采用了。而宋毋忌、正伯侨、充尚、羡门高都是燕人，讲求神仙道家的法术，宣扬人的肉体消亡而灵魂不灭、依托鬼神等事。驺衍靠着阴阳交替主宰运数的理论而闻名于诸侯，而燕、齐地区沿海一带的方士传习他的理论又不能融会贯通，于是一些荒诞怪异、阿谀奉迎、因循苟且的人从此多了起来，其人数多得数不清。

从齐威王、齐宣王、燕昭王时代起，他们就派人去海上寻找蓬莱、方丈、瀛州这三座神山。相传这三座神山在勃海之中，离人间的路程并不算远，困难在于，当船将要到达山侧的时候，就会有海风将船只吹开。据说可能曾经真的有人到过那里，那里有众位仙人以及长生不老药。那里的物产、禽兽都是白色的，宫阙是由黄金和白银制成的。没到山上以前，远望那里如同一片云海；到了那里，就发现三座神山反而在海水的下面。一靠近那里，则船只每每被风吹走，终究是不能到达。世间的君主帝王无不对此处念念不忘。等到秦始皇统一天下以后，到海边游览,来与始皇谈及这些事的方士数不胜数。始皇自以为亲自到海上也不见得就能找到三座神山,于是便派人带着童男童女去海上寻找。船从海上回来,都说遇到风不能到达,但确实看到了三座神山。第二年,始皇又巡游海上,到了琅邪,经过恒山,取道上党回京。三年后,始皇巡游碣石山,查问被派遣到海上寻找三座神山的方士,从上郡返回京城。过了五年,始皇向南巡游到湘山,又登上会稽山,并沿海而上,希望能得到海中三座神山上的长生不老药,结果没能如愿,在回京的路上途经沙丘时病死。

二世元年,秦二世向东巡行到碣石,沿海南下,路过泰山,到达会稽,到达每处都按礼仪来祭祀神祇,并在始皇所立的石碑上勒文记事,以颂扬始皇的功德。这年秋天,诸侯发兵反叛秦朝,三年后,二世被人杀死。始皇举行封禅大礼以后十二年,秦朝灭亡。儒生们都痛恨秦皇焚毁诗书,屠杀和侮辱读书人的行为,百姓们都怨恨秦朝的严刑酷法,天下人都背叛了秦朝,因而都谣传道:"始皇上泰山时,因被暴风雨所阻,所以没能行封禅大礼。"这难道就是方士们所谓的无封禅之德却勉强行封禅之礼的君王吗?

汉朝兴起,汉高祖贫贱时,曾杀死一条大蛇,有神物说:"这条蛇是白帝的儿子,而杀它的,是赤帝的儿子。"高祖刚开始起兵时,曾在丰县的枌榆社祭祀。带兵攻下沛县后,当了沛公,就祭祀蚩尤,用牲畜的血将战鼓和战旗染成红色。终于在十月发兵至霸上,与诸侯各军共同平定了咸阳,自立为汉王。所以以十月作为一年的开端,颜色则崇尚赤色。

汉二年,高祖向东攻打项羽后带兵回关中,问道:"以前秦朝祭祀的上帝是哪位天帝呢?"左右人回答说:"共四位天帝,有白帝、青帝、黄帝、赤帝的祠庙。"高祖说:"我听说天上有五位天帝,现在只有四座祠庙,是为什么呢?"谁也不知道其中的原因。这时高祖说:"我知道了，是等我来凑足五帝之数的。"于是建立黑帝祠，命名为北畤。由相关机构来主持祭祀，皇帝不亲自前往祭祀。全部召集原来秦朝时的祝官，恢复了太祝、太宰的职位，礼仪也与过去相同。因此令各县设置公社，并下诏书说："我非常重视祠庙，敬重祭祀。现在对上帝的祭祀以及山川众神应当祭祀的，要各州县及相关机构按时依照旧礼像往常一样祭祀。"

鲁人公孙臣上书说道："当初秦朝得水德，如今汉取代了它。若按照五德终始来推算的话，汉朝应得土德，受土德的感应是黄龙出现。所以应该更改岁正和月朔，更换服色，崇尚黄色。"当时的丞相张苍喜好律历的学问，他认为汉朝是水德的开始，所以河水在金堤决口，这便是水德的符兆。一年以十月为开端，颜色崇尚外黑内赤，能与水德相适应。像公孙臣所说的那样是错误的。于是公孙臣的上书没有被采纳。此后三年，黄龙在成纪地区出现。于是文帝召见公孙臣，将他拜为博士，与众位儒生一起来草拟更改历法和服色的事。那年夏天，下诏书说："方今有奇异的神灵在成纪出现，没有伤害百姓，且因为它而得到好收成。朕想要在郊外祭祀上帝和众神，请礼官商议具体事宜，不要因为怕我劳累就不说。"主管官员都说："古时候天子于夏季亲自去郊外祭祀上帝，所以称为郊。"于是在夏季四月的时候，文帝首次亲自去雍城的五畤祭祀，由于那时崇尚赤色，所以祭祀时穿的礼服也是赤色。

第二年，赵人新垣平因擅长望云气而得以朝见皇帝，他说道："长安城的东北处有神气，这股神气色呈五彩，形状与人的帽子相同。有人说东北方是神明的住处；西方是神明的坟墓。如今东北方出现了神气，是上天降下来的祥瑞，应该立祠庙祭祀上帝，与这天降的祥瑞相称。"于是在渭阳设立五帝庙，五帝同在一庙而居，每帝分设一殿，分别面对着一扇门，门的颜色各按殿内所祭的天帝的本色涂色。祭祀时使用的祭器以及各种仪式也都与雍城的五畤相同。

夏季四月之时，文帝亲自在霸、渭二水的汇合处，郊祭渭阳五帝。五帝庙南临渭水，北面凿出沟引入蒲池水，点燃烽火开始祭祀，光辉好像与上天相连。于是封新垣平担任上大夫，给他的赏赐累计千金。命令博士和儒生们搜罗六经中相关资料撰成《王制》，商讨巡狩、封禅的事宜。文帝出游到长门，仿佛看见有五人站在道路的北面，于是就在道路以北其所立处建五帝坛，以五种牲畜来祭祀。

第二年，新垣平派人带着玉杯，到天子的阙下上书进献。新垣平事先对皇帝说："天子阙下有宝玉瑞气来临。"隔了一会儿，检查各处进献给皇帝的物品，果然有玉杯献上，杯子上面刻着"人主延寿"四个字。新垣平又对皇帝说："我观测到在一日之内将会出现两个中午。"过了不久，太阳果然又重新回到当空，又出现了一个中午。于是才将文帝十七年改为元年，命令天下人聚饮庆贺。新垣平对皇帝说："周鼎淹没在泗水之中，如今河水溢出，使其与泗水相通，臣望见东北方的汾阴地区一带有金宝之气，难道是周鼎要出现了？虽然祥瑞已经出现，但如果不去争取，它还是不会来到人间。"于是皇上派人在汾阴南面修了一座祠庙，临河而立，希望借助祭祀以迎出周鼎。

有人上书告发新垣平，说他所说的种种关于云气和神灵的事情都是骗局，皇上就把新垣平交给司法官员来处治，结果族灭了新垣平。自此以后，文帝对于更改历法、服色以及祭祀神明等事不再感兴趣了，让祠官按时祭祀渭阳、长门的五帝庙，他自己不再亲自前去行礼了。

本朝天子初次到雍城，郊祭五畤的神灵。以后通常是每隔三年郊祭一次。当时皇帝访求到一位神君，在上林苑中的蹏氏观里供奉她。神君，原本是长陵的一个女子，因难产而死，显神灵于她的妯娌宛若身上。宛若就把她供奉在自己家里，百姓多到她家里祭祀。平原君曾去那里祭祀，他的后代因此而位尊名显。到了本朝天子即位后，就以丰厚的祭礼在宫中立祠祭祀。人们能听到神君讲话的声音,但看不到她的形象。

当时李少君也凭着祭灶、避谷、长生不老等法术求见皇帝,皇帝很尊重他。李少君原本是深泽侯的门客,主管方术。他隐瞒了自己的年龄以及经历,经常自称七十岁,能驱使鬼物,长生不老。他凭着自己的方术游遍各个诸侯国,无妻无子。人们听说他能役使鬼物而且还能长生不死,就纷纷赠送一些礼物给他,因此他的金钱衣食时常有剩余,不知情的人都以为他没有任何产业却很富裕,又不知道他的出身来历,因此更为信奉他,争相尊崇他。少君天性爱好法术,善于适时地发表意见,事后往往证明他说的都是灵验的。他曾经陪同武安侯赴宴,席上坐着一位九十多岁的老人,少君说早先自己曾与这位老人的祖父在某处一起游玩射猎,这位老人年幼时跟随自己的祖父,还记得这些地方,满座人都感到十分惊讶。少君拜见皇帝,皇帝拿出一件古铜器,问少君是否认得,少君说:"这件铜器于齐桓公十年时陈列在柏寝台上。"随即考察铜器上的铭文,发现其果真是齐桓公时的器物,于是举宫上下无人不惊骇,认为少君是活神仙,是活了数百岁的人了。少君对皇帝说:"祭灶能招致神异之物,有了神异之物后丹沙就能炼成黄金,使用黄金制成的饮食器皿后能延年益寿。延年益寿才能见到蓬莱山的仙人,见到仙人后再举行封禅大礼就能长生不老了。黄帝就是例证。我曾经在海上游历,见到安期生,他吃一种像瓜一样大的巨枣。安期生是仙人,往来于蓬莱山中,与他缘分契合就与人相见,不投合就隐而不见。"于是天子开始亲自祭灶,并派遣方士到海上去寻找安期生等仙人,从事炼丹沙等各种药剂化为黄金的事情。

过了很久后,李少君病死。天子认为他是化为仙了,并没有死,还指命黄锤、史宽舒等人继续学习他的方术。黄锤、史宽舒找不到蓬莱的安期生,而沿海的燕、齐两地的许多怪诞、迂腐的方士们却相继前来谈论神仙一类的事。

文成将军死后的第二年，天子在鼎湖病得非常厉害，巫医们想尽一切办法治疗，始终没有好转。游水发根推荐上郡的一个巫师，当这个巫师有病的时候，鬼神会附在他身上。皇帝把巫师召来，在甘泉为附在他身上的鬼神建了祠庙，将其称为神君。等到皇上生病的时候，就派人去问神君。神君说道："天子不要为您的病担忧，等您的病稍好一点的时候，要支撑着与我在甘泉相会。"等皇上的病稍好一点的时候，就起身驾临甘泉，病就完全好了。因此大赦天下，为神君建寿宫。在寿宫供奉的神君之中，太一神是最尊贵的，他的辅佐是大禁、司命之类的神，都跟随着太一神。人们看不见他的模样，但能听到他的声音，与人的声音一样。他的声音时去时来，来的时候有飒飒的风声。他住在室内的帷帐中，有时白天说话，然而通常是在夜里说话。天子祓祭以后才进入庙中。让巫为主人，由他关照、领取神君的饮食。神君的话都由巫传达到下面。又派人建造了寿宫的北宫，在里面张挂羽旗，摆设供具，以礼敬神君。神君所说的话，皇帝都派人记录下来，称为"画法"。他说的话，都是世间人所知道的，没有什么特别的地方，然而独有天子心中暗暗喜爱这些。这种隐秘的事情，一般人是无法知道的。

天子杀了文成将军后，后悔他死得太早，为他的法术没有全部传授出来而感到惋惜，直到天子见到栾大后，才非常高兴。栾大这个人生得高大俊美，言谈之中有许多机巧，而且又敢于说大话，说得跟真事似的。栾大曾自吹说："我经常往来于海中，看到安期、羡门这些仙人。但他们认为我的地位低贱，不愿意相信我的话。又认为康王只不过是一个诸侯，不值得把神仙方术传授给他。我曾数次向康王进言，康王又不听从我的劝告。我的老师说过：'黄金可以炼成，河水决口可以堵塞，长生不死药可以获得，仙人可以请来。'但是我恐怕落得文成将军的下场，所以方士人人掩口不言，哪里还敢再谈论方术！"皇帝说："文成将军是吃马肝死的,你倘若真的能够修成神仙的方术,我有什么可吝啬的呢!"栾大说:"我的师父从不有求于人,都是人们有求于他。陛下如果一定要请他来,就要让使者的地位更尊贵,让他做您的亲属,对待他像客人一样,不要轻视他,让他佩带各种印信,才可让他传话给神人。即便这样,神人也不一定肯来。总之只有尊敬访神人的使者,之后才有可能迎来神人的降临。"这时皇帝要他演示几个小方术,栾大演示了斗棋,棋子能自相撞击。

　　那时,皇帝正为河水决口而忧心,而又没有炼成黄金,便封栾大为五利将军。过了一个多月,栾大得到四颗官印,除了五利将军的印之外,还佩有天士将军、地士将军、大通将军的印。皇帝下诏书给御史:"当初大禹能够疏通九江,挖开四条水道。近年来河水泛滥,为筑堤而徭役不息。朕在位二十八年,如果上天委派贤才给我,那栾大就是其中之一。《乾》卦称'飞龙升上天空',又有所谓'鸿雁渐近涯岸',朕以为栾大的境遇差不多就是这样。用二千户的租税,将地士将军栾大封为乐通侯。"又赐给栾大一座列侯住的上等宅第,僮仆千人。还从皇帝的乘骑用物中分出一些车马帷帐等器物来布置他的新居。又把卫长公主许配给他,送给他黄金万斤,改称她的封号为当利公主。天子亲自到五利将军的府第做客。去他家里慰问、供应物品的天子使者络绎不绝。官职在大主、将相以下的官员,都在他家中摆酒宴庆贺,进献物品。这时天子又刻了一枚"天道将军"的玉印,令使者穿着羽衣,于夜晚站在白茅上,五利将军也穿上羽衣,夜晚站在白茅上受印,以此表示不将他当作天子的臣子来看待。所以才要佩戴"天道"印,是要为天子引导天神。于是五利将军时常夜间在家中祭祀,想要请来神仙降临。神仙没有降临,而各种鬼却都来了,然而五利将军很会驱使诸鬼。此后他整装上路,东行到海上,说是要去寻找他的师父。栾大在被引见给皇帝的几个月里,佩戴六颗大印,其尊贵震动天下，而沿海的燕、齐众方士，无不摩拳擦掌表示振奋，并自称有方术，能够修炼成神仙。

到海上寻找蓬莱山的人说，蓬莱山并不遥远，而总不能到达的原因，大约是没有看到仙山岛上的云气。于是皇上便派遣善于望气的人帮助他们观察云气。

这年秋天，皇上驾临雍城，将要在那里行郊祭五帝礼。有人说："五帝是太一神的辅佐，应该建太一庙，由皇上亲自郊祭。"皇上犹豫不决。齐人公孙卿说："今年得到宝鼎，这个冬季的辛巳日初一早晨交冬至，与黄帝时完全相同。"公孙卿有一本木简，上面写道："黄帝在宛朐得到宝鼎，问鬼臾区，鬼臾区答道：'您得到了宝鼎和神策，这一年已酉日初一早晨交冬至，掌握了天道运行的规律，终而复始，循环不止。'于是黄帝按着日影用神策推算，以后大约每二十年就有一次初一早晨交冬至，推算了二十次，共三百八十年，黄帝成仙上天去了。"公孙卿想通过所忠向皇上上奏这件事，所忠看他的札书荒诞不经，怀疑是他胡乱捏造的假书，推辞道："宝鼎的事已定，还要这文章做什么？"公孙卿又通过皇帝的亲信臣子上奏，皇上很高兴，就召公孙卿来询问这件事，公孙卿回答道："是申公传授给我的这本书，如今申公已经去世了。"皇上问："申公是个怎样的人？"公孙卿说："申公是齐人。与安期生有交往，亲自接受黄帝的言论，关于他没有其他记载，只有这鼎上的字。上面说'汉朝兴盛于黄帝时的历法重新出现的时候'，又说'汉朝的圣主出现在高祖皇帝的孙子或曾孙之中。宝鼎出现之后就能与神交流，并行封禅大礼。古来行封禅大礼的共七十二个帝王，唯有黄帝一人得以登上泰山顶祭天'。申公说：'汉朝皇帝也应当登上泰山祭天，登上泰山祭天就能成仙登天了。黄帝时有上万个诸侯，其中有七千诸侯能够主持祭祀大礼。天下有名山八座，其中蛮夷境内有三座，中原有五座。中原有华山、首山、太室山、泰山、东莱山，这五座山是黄帝经常游历、与神交会的地方。黄帝一边作战,一边学习修仙,他担心有百姓非议仙道,就断然把诽谤鬼神的人杀掉。经过百余年的修炼,才能与神仙往来了。黄帝在雍城郊外祭祀上帝,在那里住了三个月。鬼臾区号为大鸿,死后葬在雍城,所以那里才有一个叫鸿冢的地方。此后黄帝在明廷迎接万千神灵。明廷就是甘泉。黄帝升仙的地方是寒门,即今天的谷口。黄帝开采首山的铜矿,于荆山脚下铸鼎。鼎铸成后,天上有一条垂下长长胡须的龙迎接黄帝。黄帝攀缘而上,骑在龙背上,随他登上龙背的群臣以及后宫妃嫔们有七十多个人,龙就朝天上飞去了。其余小臣上不去,都抓住龙须不肯放手,结果龙须被拉断,小臣们从空中落下,黄帝的弓也落下来了。百姓仰望黄帝慢慢登天以后,就抱着他的弓以及被拉断的龙须哭号,因此后世人将这个地方称为鼎湖,将这张弓称为乌号。'"于是天子说:"啊!要是能像黄帝那样,那我将会把离开妻子儿女看得像扔掉一只鞋子那样容易。"就任命公孙卿为郎官,让他去东面的太室山迎候神仙。

自从得到宝鼎后,皇上就和众位公卿以及儒生们商议封禅的事。由于以往很少举行封禅之礼,相关资料早已佚失,没有人知道礼仪的细节,而众儒生主张采用《尚书》、《周官》、《王制》等书中摘引的封禅时望祀和射牛的礼仪。齐人丁公已经九十多岁了,他说:"封禅,就是迎合不死的盛名。秦始皇没有能够登上泰山顶行祭天之礼。陛下若一定要上泰山,上到一定高度时趁着无风雨的时候,即刻行礼就可以了。"于是皇上命诸儒生们演习射牛,草拟封禅礼仪。数年后,终于等到了可以封禅的时候。而后天子听了公孙卿以及方士的议论,说黄帝以前的帝王封禅时,都招来了异类与神相通,就想仿照黄帝以前的帝王,接待神仙的使者蓬莱方士,向世人抬高自己的身价,以此与九皇的德行相媲美,然后稍微采用了儒家的一套学说加以文饰。众儒生既不能搞明白封禅的仪式,又拘泥于《诗》、《书》等古文的记载,不能变通想象。皇上亲自做好了封禅用的祭器让众儒观看,儒生们有的说"与古时候的不同",一个名叫徐偃的儒生又说"太常诸生们演习的礼不及鲁礼好",周霸嘱咐他另绘关于封禅礼的图。于是皇上罢免了徐偃、周霸,所有儒生也被罢黜。

三月,皇上又东行驾临缑氏,登上中岳太室山举行祭礼。随行的官员在山下听到好像有呼喊"万岁"的声音。问山上的人,山上的人不答;问山下的人,也没有人言语。于是皇上将三百户人家的赋税划来作为太室山祭祀之用,把他们的居住地命名为崇高邑。皇上继续东行前往泰山。那时候泰山的草木还没有长出叶子,于是皇上乘机派人将大石碑运上泰山绝顶。

皇上随即又向东巡游到海上,行礼祭祀八神。齐人纷纷上奏疏谈论神怪和奇异方术,然而数以万计的这些例子,没有一个能得到证实。于是皇上增派船只,让那些谈到海中神山的数千人下海去找蓬莱山的仙人。天子出行的时候,常常是公孙卿带着天子符节先行到达,然后在名山胜地迎候天子的车驾。他到东莱后,说在夜间看到一个巨人,身长数丈,靠近他后却看不到他了,只留下一个很大的脚印,形状像是禽兽的足印。群臣中还有人说,看到一个老人牵着一条狗,说"我想见一见巨公",说完后转眼就不见踪影。皇上亲自去看了大脚印,还不肯相信,等到又听到群臣讲述牵狗老人的事后,才深信那一定就是仙人了。特意在海上留宿以等待仙人,并赐给方士们专用的车辆,陆陆续续派出去的访仙人的使者已有千数以上。

公孙卿说:"本来可以看到仙人,而皇上去求仙时往往匆匆忙忙,因此才看不到。现在陛下可以建一座高大的楼台,建得像缑氏城楼一样,供上干肉、枣,理应可以请到仙人。而且仙人喜欢在楼上住。"于是皇上命令在长安建蜚廉观和桂观,在甘泉则建益寿观和延寿观,让公孙卿拿着天子符节在上面设好贡品,迎候神人。天子为了堵住黄河的决口,又建了通天台，在台下摆设祭祀礼具，用来招请仙人、神人之类。这时在甘泉又建了前殿，并开始扩建各处的宫室。夏季，有灵芝草生长在甘泉的殿房之内。天子认为这是祥瑞的兆头，于是就下诏书说："甘泉殿房中长出一株九茎长的灵芝，为此大赦天下，免去所有劳役。"

十一月乙酉日，柏梁发生火灾。十二月甲午初一日，皇上亲自去高里禅祭，祭祀后土。皇上驾临勃海岸边，想要遥望祭祀蓬莱山的诸位仙人，希望自己终有一天能到达仙境。

皇上回到京都后，由于柏梁发生火灾的缘故，于是改在甘泉朝见天下各郡国的上计吏，并接受他们献上的报表。公孙卿说："黄帝建成青灵台，才十二天就被火烧掉，于是黄帝就又建了明廷。明廷就是甘泉。"方士们大都说古时候是有帝王建都于甘泉的。之后天子又在甘泉朝见诸侯，并在那里建诸侯的邸舍。于是勇之说："越地的风俗，是发生火灾后再盖屋时，屋子必须比原来的大，用以镇服原屋，以避灾害。"于是建了建章宫，能容下千门万户。建章宫的前殿比未央宫还高。其东面建有凤阙，高二十多丈。西面则是唐中，方圆几十里为虎圈。北面开凿了一个大池沼，在其中建造渐台，高二十多丈，叫做太液池，池里有蓬莱、方丈、瀛洲、壶梁等假山，还有模仿海中的神山、龟鱼之类的东西。南面有玉堂、璧门、大鸟等建筑。又建了神明台、井干楼，高五十丈，楼台之间以辇道彼此相连接。

本朝天子自举行封禅大礼开始，其后十二年间，遍祭五岳、四渎的神灵。而方士们迎候并祭祀神人，到海上寻找蓬莱山，始终没有效验。如公孙卿那样的迎候神仙的人，还能用看见巨人的脚印来辩解，除此之外，再没有其他效验。所以天子越来越厌倦方士们怪诞、迂阔的话了，可是仍对他们加以笼络，来往不断，希望有一天真能遇到有方术的人。自此后，方士们对神仙和祭祀的事谈论得更多了，而其效果也可想而知了。

太史公说：我跟从天子巡视，祭祀天地诸神和名山大川，还参加了封禅大礼。进入寿宫陪祭并听到了祝辞，认真体察了方士们、祠官们的心态和意向，于是静下心来论述自古以来祭祀鬼神的事情，将其形式和内容都记述下来。使后世君子可以稍加翻阅。关于祭祀中像俎豆、珪币等祭品的详细规定，献酬的礼仪流程，有主管机构保存着详细的档案，本文就不再赘述了。

卷二

河渠书

《夏书》中记载：大禹用十三年的时间治理洪水，在此期间路过家门口也不回家看望家人。他行陆路乘车，行水路乘船，行泥路踏橇，行山路坐轿。为的是划分九州边界，顺着山势地形，来疏浚淤积的河道，根据土地的贫瘠来确定赋税的等级。他开通了九州道路，筑起了九州的湖泊的堤防，度量了九州的山势。可是黄河泛滥成灾，给中原造成极大危害。于是治理黄河成为当务之急。所以他疏导河水，自积石山经过龙门，向南行到达华阴县，东下经砥柱山，直到孟津、洛汭，最后到达大邳山。大禹以为，黄河从地势高的地区流下来，水流湍急，难以流经大邳以东的平地，所以时常会造成水灾，于是将黄河分成两支以疏导水势，并引黄河之水向北行，经过降水到大陆泽，分支为九条大河，又汇在一起流入勃海。九州的河川都已疏通，九州的大泽也都筑了堤，中原在他的治理下平安无事，大禹的功绩使夏、商、周三代受益不尽。

西门豹引了漳水来灌溉邺地的农田，使得魏国的河内地区变得富裕了。韩国听说秦国喜好兴办工役，想借此消耗秦国的国力，使它不能对韩国用兵，于是派水利工匠郑国游说秦国，要它把从中山以西到瓠口一段凿穿，修一条水渠，使泾水沿着北山向东流入洛水，长三百余里，用此水来灌溉农田。水渠还未竣工的时候，郑国的动机被秦人发觉，秦国人要杀了他，郑国说："我开始的确是为了韩国而做奸细的，但水渠修成以后,确实对秦国有利。"秦王认为他说得对,终于命令他继续把渠修成。渠修成后,引了带有淤泥的泾河水,来灌溉两岸的盐碱地达四万多顷,每亩收成都达到了六石四斗。从此关中变成沃野,再也没有荒年,秦国因此而富强起来,最后吞并了诸侯各国,所以把此渠命名为郑国渠。

  自从黄河在瓠子决口以后二十多年来,每年都没有好收成,梁、楚地区更为严重。天子这时已行了封禅大礼,并巡祭了天下的名山大川,第二年,大旱,传说是由于要晒干泰山封土,因而少雨。于是皇帝派汲仁、郭昌调发士兵数万人堵塞瓠子决口,这时天子已经从万里沙祭祀完了,就在回来时亲临黄河决口处,将白马、玉璧沉入河中以祭奠河神,命令自将军以下的群臣及随从官员,都背负柴薪去填塞决口。当时东郡百姓皆以草为炊,很少使用柴薪,因而运来淇园的竹子作为堵塞决口的楗。

  天子已经亲临黄河决口处,痛惜塞河没有奏效,于是作歌道:"瓠子决口啊有什么办法,水势浩大啊民居已变成河。都成了河啊地方不得安宁,工程无休止啊吾山快要凿平。吾山已平啊钜野泽洪水四溢,到处都是鱼啊又快到冬天了。河道废弛啊河水横流,蛟龙奔腾啊恣意远游。水若能归旧道啊河神功德无限,若不行封禅大礼啊怎知关外河水泛滥!替我问问河伯啊他因何不仁,河水泛滥不止啊愁煞人。啮桑此地被水淹没啊淮水、泗水都满了,河水长久不返回故道啊只愿水流稍缓。"另一首是:"河水浩荡啊水流急,北面河道迂曲啊疏浚难。取长茭堵决口啊沉美玉来祭河神,河伯已然答应了啊奈何柴草不足。柴草不足啊卫人获罪,人民烧柴尚且不足啊如何防御水灾!运来淇园的竹子作楗啊再用石柱打桩,宣房堵水成功啊万福就会到来。"这时终于堵上了瓠子决口,在决口上面建了一座宫殿,叫做宣房宫。并修两条渠引导河水向北流,恢复了大禹治水时的旧迹,梁、楚地区又获得安宁，没有水灾了。

太史公说：我曾往南走登上了庐山，观看大禹疏导九江的遗迹，随后又到了会稽太湟，登上姑苏台，眺望五湖；向东考察了洛汭、大邳，逆黄河而上，走过淮水、泗水、济水、漯水、洛水的渠道；向西瞻望了蜀地的岷山和离碓；向北从龙门走到朔方。我深切感受到：水与人类的利害关系实在太大了！我曾随从皇帝参加了背柴草堵塞宣房决口那件事，被皇帝所作的《瓠子》一诗打动，因而写下《河渠书》。

平准书

汉朝兴起后，继承的是秦朝的衰败局面，壮年男子加入军队，老弱人士运送粮饷，战争频繁而财政越来越匮乏，天子甚至也不能拥有一辆由四匹同样颜色的马拉的车子，有的将相只能乘坐牛车，老百姓家中没有半点积蓄。当时因为秦朝的钱太重，流通不便，就命令老百姓另铸轻钱，规定黄金一锭一斤重，简化法令，放宽禁条。而却有一些商人无视法令、唯利是图，他们囤积居奇以致物价飞涨，每石米买到一万钱，每匹马都价值百金。

天下已经太平后，高祖就命令商人不许穿丝织衣服，不许乘车，加重他们的租税，在经济上抑制他们，在人格上侮辱他们。孝惠帝、吕后时期，因为天下刚刚获得安定，又放宽了限制商人的法律，然而商人的子孙仍不许做官。国家计算官吏的俸禄，估量政府的开支，向百姓征收赋税。而山林、河川、园囿、池塘、市井的租税收入，以及从天子至各诸侯的汤沐邑的收入，都是各主管官员的经费，因此这些经费将不再从国库中支出。为供给京都的官员而从水路运输的山东的粮食，每年不过几十万石。

到孝文帝统治时期，荚钱越来越多，而且越来越轻，于是改铸四铢钱，钱面上铸的面值是"半两"，让百姓可以随意铸钱。所以虽然吴国是个诸侯国，但它凭着产铜之山铸钱，其富有程度可与天子相比拟，后来终于叛乱。邓通只是个大夫，凭着自己铸钱，财产超过了诸侯王。所以吴国、邓氏的钱遍布天下，因此便产生了禁止私自铸钱的法令。

匈奴多次侵掠北部边境，边境上屯驻了很多士兵，边境的屯粮供给难以自足。于是招募能纳粮给官府，或是运送粮食到边境的百姓为爵，爵位最高的可至大庶长。

孝景帝时，上郡以西的地区发生旱灾，又重新修订了卖爵令，降低爵位的价格以招徕百姓；对于由刑徒被赦而减刑为官役的人，可以向官府捐粮以免罪。更增拓苑囿多养厩马以使军用宽裕，而宫殿、台榭、车马等也修得越来越多了。

到当今皇帝即位几年后，自汉朝建国以来七十多年之间，国家太平无大事发生，如果没有遇到水旱灾害，老百姓就可以人人自足，家家富裕，各郡县的粮仓都堆得满满的，府仓中还贮存着许多布帛等货物。京城积聚的钱币累积达到千千万万，以致穿钱的绳子烂了，无法数清。太仓中的粮食大囷小囷陈粮加陈粮，满满地露在外面，以致腐烂得不能食用。普通百姓也有马匹，田野中更是马匹成群，骑母马的人受排斥，不得加入骑马的行列。看守里巷大门的普通人也能吃到膏粱肥肉，做官的久任其职，在任期就能把子孙养大，以官名做自己的姓氏和名号。因此人人自爱，轻易不敢犯法，崇尚行义，鄙视可耻的行为。而现在，法律宽疏，百姓富实，因而产生了凭借财物而骄奢放纵的人，有人甚至兼并土地，富豪之徒横行霸道于乡里。有封地的宗室以至公卿大夫以下的人，争相比看谁更奢侈，住宅、车马、服饰超过了自身等级，没有一个限度。凡事盛极而衰，这种变化是必然的。

自此以后，严助、朱买臣等招徕东瓯，对两越用兵，从此江淮一带变得萧条，经济大受打击。唐蒙、司马相如开通了去西南夷的道路，凿山劈岭修路一千多里，以开拓巴蜀地区与外界的联系，巴蜀的百姓现在是疲惫不堪的。彭吴为了灭掉朝鲜，设置了沧海郡，燕齐一带纷纷动乱了起来。等到王恢在马邑设计袭击匈奴后，匈奴与汉朝断绝了和亲关系，常常侵扰北部边境，战争接连不断，无法和解，天下百姓苦于繁重的劳役，而战事却还是日甚一日。出征的人要自备物资，留下的人则要忙于运送物资，中央和地方骚动不安，都在为战争而忙碌，百姓贫穷，就钻法律的空子来逃避法令，财物匮乏不足。向官府缴物的人可以做官，出钱的人可以除罪，结果选官制度被破坏，人们不顾廉耻，仅仅只是勇武有力的人就可以得到重用，法令越来越严酷烦琐，善于谋利的官员从此出现了。

天子为了讨伐胡人，就大量养马，在长安就食的马有数万匹，而关中地区的养马人不够，就从附近诸郡征调。投降的胡人都靠官府供给衣食，如果官府财力不足无力供应，天子就减少膳食的费用，除去自己的车马，拿出国库中的钱财来养活他们。

第二年，山东地区遭受水灾，大多数百姓陷于饥饿困乏之中，于是天子派使者取出各郡国仓库中的物资来赈济贫民，但还是不够用，只得又征募富豪人家借粮给贫民，还是不能让灾民脱离困境，于是把贫民迁徙到函谷关以西，或充实到朔方以南的新秦中，大约有七十余万人，衣食全靠官府供给。数年之内，政府给他们置办产业，派使者分成各个机构来管理他们，一批批的天子使者，驾车往返络绎不绝。花费以亿计，多到数不清。

当时官府的仓库一无所剩。然而有些富商大贾积蓄财物，奴役贫民；运货的车子达百余辆；囤积居奇，封侯王也都对他们低眉顺眼，仰仗他们供给物资。有的富商铸铁煮盐，家财累积达万金，却不救国家于急难之中，老百姓更加贫困。于是天子与公卿们商议，改铸新的钱币以补充平日所用，并打击那些浮华荒淫、侵吞兼并的商人。那时天子的苑囿中有白鹿，少府有诸多银锡。自从孝文帝改铸四铢钱以来，到现在已经有四十多年了，从建元年间以来，由于钱财的用度不足，政府往往在产铜多的山边冶铜铸钱，百姓也乘机偷铸铜钱，多到数不清。钱越来越多，越来越不值钱，货物越来越少，也越来越贵。有关机构的官员说道："古时候有皮币，是诸侯用来行骋享之礼的。金分三等，黄金是上等，白金是中等，赤金是下等。如今，半两钱的标准重量是四铢，而有些不法之徒偷偷地磨钱的背面以取铜屑再铸钱，钱更轻薄而物价更高，远方虽然使用的是烦琐的皮币，但却不易偷省。"于是以白鹿皮一尺见方，皮的四周有彩色刺绣，制成皮币，价值四十万钱，王侯宗室来朝觐聘享时，都必须以皮币做衬垫来进献玉璧，然后才能行礼。

又用银锡制成白金，当时认为天上飞的最重要的是龙，地上跑的最重要的是马，人所用的最重要的是龟，所以把白金分作三等，第一等重八两，圆形，花纹是龙，名为"白选"，价值为三千钱；第二等重量稍轻，方形，花纹是马，价值为五百钱；第三等更轻一点，椭圆形，花纹是龟，价值为三百钱。命令各地官府销毁半两钱，另铸三铢钱，钱的面值与重量相同。盗铸各种金属钱币的人一律被处以死罪，但是盗铸白金的官吏和百姓仍是不可胜数。当时任命东郭咸阳、孔仅做大农丞，管理有关盐铁的事；桑弘羊以擅长于计算而被任命为侍中。咸阳，原先是齐地大盐商；孔仅是南阳地区冶铁首户，都善于生财，家产累积达到千金以上，所以当时郑才向皇上推荐他们。桑弘羊，是洛阳商人的儿子，因擅长心算，十三岁就当了侍中。这三人讲求谋利真可算是精细入微了。

天子这时想起了卜式的话，就任命他为中郎，封爵左庶长，赐给他农田十顷，还布告天下，让每个人都知道他的事迹。卜式是河南人，以种田和畜牧为生。卜式的父母去世后，留下他和一个年少的弟弟。等弟弟长大后，卜式与他分了家，自己只要了家中的一百多只羊，而田地、房屋等全都留给了弟弟。从此卜式上山放羊十多年，羊繁育到了一千多只，于是他买了田地和宅舍。而他的弟弟却把家产都挥霍了，卜式总是每每将他的家产再分给他弟弟一些。这时候，汉朝正数次派遣将领出兵匈奴，卜式上书给天子，说他愿意将一半家产捐给国家以作为边防费用。天子派使者问卜式："你是想做官吗？"卜式说："我自幼放牧，不熟悉官场的事，我不愿做官。"使者问："莫非是家中有冤屈，有什么要向天子申诉？"卜式道："我平生与人无争，我会借贷给贫穷的同乡人，我会劝导品行不好的人，使他驯良，邻里人都对我很顺从，我怎会被人冤屈！我没有要向天子申诉什么。"使者说："果真这样，你为什么要捐这么多的家产？"卜式道："天子要讨伐匈奴，我认为有才能的人应该在沙场打拼，而有钱的人应该出钱支援，这样才能消灭匈奴。"使者把他的话全部向天子报告了。天子又把这件事告诉了丞相公孙弘。公孙弘说："这不合人情。这种意图不轨的人，不可以当天下人的榜样而扰乱正常的法纪，希望陛下不要搭理他。"于是皇上很久没有给卜式答复，数年以后才打发他离开京城。卜式回去后，依旧耕田放牧。过了一年多，正赶上朝廷屡次出兵，浑邪王等人投降，官府花费很大，仓廪府库空虚。第二年，贫民大迁徙，都靠官府供养，官府没有力量全部供给。卜式交给河南太守二十万钱，用来作为给被迁百姓的费用。河南奏上富人资助贫人的名册，天子看到卜式的名字，还记得这个人，说道："这是以前要献一半家产来补助边防费用的那个人。"于是赐给卜式减免四百人戍边徭役的权力。卜式又全部将此事交给官员处理。那时富豪人家都争相隐匿家产，唯有卜式想要捐钱补助边防费用。于是天子认为卜式的确是位有德行的人，才给他尊荣的官职以教化百姓。

最初，卜式不愿做郎官。皇上说："我在上林苑中有羊，想请你去放牧。"卜式于是做了郎官，却只是穿着布衣草鞋放羊。一年多后，羊群肥壮并且繁育了很多。皇上路过这里时看到羊群，夸奖了他一番。卜式道："不只是牧羊，治理百姓也是同一道理：让他们按时起居，不断把不好的羊赶走，不要让他危害了一群羊。"天子听了他的话之后很是惊奇，于是封他做缑氏令，试一试他的本事，果然缑氏百姓认为他治理得很好。于是他升任为成皋令，主管漕运的政迹又被评为最优。皇上觉得卜式为人朴实忠厚，就任命他为齐王太傅。

齐相卜式上书说道："我曾听说让天子忧愁是臣子的耻辱。如今南越反叛，我父子情愿一起率领齐国发来的善于驾船的人战死在南越战场。"天子下诏说道："虽然卜式以前是个耕田放牧的人，但他并不以此谋利，每有盈余就帮助官府缓解经费的困难。如今国家不幸有了危急的事发生，卜式奋起请求父子为此死战，虽还没有参加战斗，但心中的意念都已表现出来了。特赐关内侯的爵位给他，以及六十斤黄金，十顷农田。"通告天下后，但天下人没有响应。上百名诸侯也没有一人请命与羌、越作战。于是至九月诸侯朝见献酎金的时候，少府检查酎金的成色，诸侯由于酎金分量不足而被削夺侯位的，有一百多人。于是卜式当上了御史大夫。

卜式上任以后，看到许多郡国都在反映县官做盐铁生意的不利之处，如铁器粗陋，价钱昂贵，还有的地方强迫百姓购买。而在官府经营下用船也要算税，所以以船来运货的商人很少，这使得商品很贵，于是卜式托孔仅上书反映了官办盐铁生意以及船只征收赋税的事。皇上因此对卜式很不满意。

第二年，也就是元封元年，卜式被贬为太子太傅。而桑弘羊担任治粟都尉，兼任大农令，完全取代孔仅来管理天下盐铁。由于各地官员们各自做买卖，互相竞争，所以物价上涨得很快，而各地所缴的赋税，有的还不够雇工运输的费用，于是桑弘羊奏请设立数十名大农部丞官，分别主管各郡国的大农事务，各郡国一般在主要的县设置均输盐铁官，命令边远地区的郡县各自以物价贵时商人从该地向外地贩运的物品的买价来缴纳赋税，而货物则由均输官统一运输。在京师设立平准机构，总管全国各地运输来的物品。召来工官制造车辆等各种器物，费用都由大农支出。大农所属各个机构完全垄断了天下的货物，物贵时则卖出，贱则买进。这样，富商大贾无法从中牟取大利，就会返本为农，物价也不会忽涨忽落。由于天下的物价都受到抑制的缘故，所以称其为"平准"。天子认为桑弘羊说得有道理，便答应了他的请求。这时，天子向北巡游到朔方郡，向东到泰山，又巡行沿海地区以及北部边郡，然后返回京师。天子所过之处的百姓都得到赏赐，用去了一百多万匹帛，数以亿计的钱，全由大农来支出。

桑弘羊又奏请允许官员可通过捐粮食来补授官职，以及罪人可以通过捐粮来赎罪。下令百姓可以向甘泉的仓库捐粮食，根据捐粮的多少各有等级，甚至可以免除终身徭役，不缴纳缗钱。其他各郡县则各自把粮食向急需处运送，而各郡的农官都向朝廷捐粮，山东漕运到京城的粮食每年增加六百万石。一年内，太仓、甘泉仓就堆满了粮食，边境地区的余粮等物品按均输法折为五百万匹帛。不用向百姓增收赋税，天下的财用就能得到满足。于是桑弘羊被赐爵为左庶长，赏黄金二百斤。

这一年有小旱，天子命令官员求雨。卜式说："县官应该以租税来维持用度，如今桑弘羊派官吏置身于市井之中买卖货物，谋取利润，将桑弘羊下锅烹了，天才会下雨。"

太史公说：农、工、商之间相互贸易的渠道畅通之后，龟、贝、金、钱、刀、布等货币就产生了。这是由来已久的事情了，而高辛氏以前的事太遥远了，无从记述。因此《尚书》最早讲到唐虞时期的事，《诗经》最早讲到殷周时期的事，世道太平就重视学校教育，农为本而商为末，以礼义来防范贪利；世道动乱时就会与此相反。所以事物发展太兴盛时就会转向衰落，时代达到极点时就会转变，时而讲求质朴，时而崇尚文采，周而复始地变化着。《禹贡》里的九州，各自根据其土地所适宜种植的作物、人民所得多少来缴纳贡赋。商汤和周武王接手前朝弊政之后而加以改变，使百姓不至于疲弊困乏，各自都兢兢业业地致力于自己所从事的事业，却也稍微有缓慢衰亡的气象了。齐桓公采用管仲的计谋，平衡稳定物价，从开采山海的盐铁资源中寻求财富，以朝会诸侯，让小小的齐国成就霸主的威名。魏国任用了李克，充分利用地力来发展农业生产，后来魏国成了强国。从此以后，天下各国互相争夺，崇尚诡诈武力，轻视仁义道德，以力求富有为要务，以礼仪谦让为末节。所以百姓中间富有者积蓄上亿计，而贫穷者连糟糠之食也不嫌弃；诸侯国中有的强国吞并小国而使诸侯称臣，有的弱国断绝祭祀而亡国。直到秦国，终于使四海统一。虞、夏时的货币，金分三种，黄、白、赤；此外有的用钱，有的用布、有的用刀，有的用龟贝。及至秦朝，货币分为二等：黄金以镒为单位，属于上等货币；铜钱上的面值为"半两"，重量与标明的面值相同，属于下等货币。而珠玉、龟贝、银锡之类，只能作为器物装饰或是珍贵的收藏品，不作为货币使用。这些货币的重量随时代的不同而轻重无常。当时对外与夷狄作战，在内部兴利除弊，天下男子努力耕种，依然不够供给粮饷，女子尽心纺织，依然不足供给衣物。古时候天下人曾经耗尽天下的资财以供奉给官府，但仍不够用。这没有其他缘故，主要是当时各种事物发展流变，互相影响，共同作用而造成的，有什么可奇怪的呢。

越王句践世家

　　范蠡为越王句践（即勾践）做事，劳神劳力、勤奋不懈，与句践深入谋划二十多年，终于将吴国灭了，洗雪了会稽山的耻辱。越军向北进军，渡过淮河，兵临齐国、晋国边境，号令中原各国，尊崇周王室，句践因此称霸，范蠡做了上将军。回国之后，范蠡认为在盛名之下，难以久居，况且句践这个人，可与之同患难，难与之共安乐，于是他写信辞别句践："我听说若君王忧愁，臣子就应该劳苦，若君王受辱，臣子就应该去死。过去您在会稽山上受辱，我之所以没有去死，是为了报仇雪恨。如今既然已经雪耻，我请求您给予我会稽受辱时应得的死罪。"句践说："我要把越国的一半分给你，让我们共同享有。否则，我就要加罪于你。"范蠡说："君主可以执行您的命令，臣子仍实行自己的志趣。"于是范蠡装上细软珠宝，与随从乘船浮海离去，始终没有再回越国，于是句践为表彰范蠡，将会稽山当作封邑封给他。

　　范蠡乘船过海到了齐国，改姓更名，自称鸱夷子皮，在海边耕种，辛勤劳作，努力生产，父子合力整治产业。住在那里不久，就获得财产达几十万。齐国人听说他有才能，就请他做了国相。范蠡叹息道："待在家里就赚得千金，做官就能位居卿相，这是平民老百姓能达到的顶点了。长久地享受尊贵的名号，是不吉祥的。"于是将相印归还，将自己的家产全部散尽了，分给知音好友、邻里同乡，携带着贵重财宝，悄悄地离去，到陶地住了下来。他认为陶地是天下的中心，是货物集散贸易往来的枢纽,在这里做生意肯定能发财。于是自称为陶朱公。又约定父子都要耕种放牧,买进卖出货物时都要等待时机,以求得十分之一的利润。不久后,又积累了数亿的家产。陶朱公的名气传遍天下。

朱公在陶地有了小儿子。小儿子长大成人的时候,朱公的二儿子杀了人,被拘禁在楚国。朱公说:"杀人偿命,这是天经地义。可是我听说有钱人家的儿子不会被杀死在闹市中。"于是告诉小儿子去探望二儿子。他打点好一千镒黄金,装进麻袋中,用一辆牛车拉过去。将要打发小儿子去办事时,朱公的大儿子坚决要去,朱公不同意。大儿子说:"家中的大儿子是一切家务的主管,现在弟弟犯了罪,父亲不派我去,却派小弟弟去,这说明我是不肖之子。"大儿子说完后想自杀。他的母亲又替他说情:"现在派小儿子去,未必能救得了二儿子的命,却先白白让大儿子死了,怎么办才好?"朱公不得已就改派大儿子去,写了一封信让大儿子送给他的旧日好友庄生,并对大儿子说:"一到楚国后,就把千金送到庄生家里,一切听从他的安排,千万不要与他争执。"大儿子私自带了几百镒黄金走了。

朱公的大儿子到楚国后,找到庄生家,原来庄生家靠着楚都的外城,拨开野草才能走到庄生的家门,庄生的家境非常差。然而大儿子还是呈上书信,向庄生进献了千金,完全遵照他父亲所嘱去做。庄生说:"你可要赶快离去了,千万别留在这里!就是你弟弟放出来了,也不要问他是怎么出来的。"大儿子离去后,不再去探望庄生,但却私自留在楚国,用自己私带的黄金去贿赂楚国执政的达官显贵。

虽然庄生住在穷乡陋巷,可是他的廉洁正直在楚国无人不知,上至楚王下至百姓无不尊奉他为老师。他并非真要收下朱公献上的黄金,只是想等事成之后,再归还朱公以示自己讲信用。所以等到黄金送来后,他就对妻子说:"这是朱公的钱财,没想到他突然送给我们,我们以后一定会还给朱公,所以千万不要动用。"但朱公大儿子不明白庄生的意思,以为把黄金送给庄生没什么用。

庄生选择适当的时机入宫会见楚王,说:"我观察到某星宿正移到某处,这将对楚国不利。"楚王一向非常信任庄生,就问他:"那现在该怎么办?"庄生说:"只有施恩于人才可以免除灾害。"楚王说:"先生您去休息吧,我会施行仁政的。"楚王于是派使者去查封钱库。楚国的那些接受贿赂的达官贵人吃惊地告诉朱公大儿子:"楚王将要实行大赦了。"大儿子问:"何以见得呢?"权贵说:"每当楚王大赦的时候,常常会先查封钱库。昨晚大王已派使者去查封了。"朱公大儿子认为既然楚王大赦,二弟自然在被释之列,一千镒黄金等于白白送给庄生了,并没有起到什么作用,于是他又去见庄生。庄生惊奇地问道:"你不是离开了吗?"大儿子说:"我始终没离开。当初我为二弟的事情来拜访您,今天听说楚国要大赦,我二弟自然会被放出来,所以我特意来向先生您辞行。"庄生明白他的意思是想取回黄金,说:"你自己进房间里去取回黄金吧。"大儿子便进屋取走黄金离开了庄生的家,暗自庆幸那些黄金失而复得。

庄生为被晚辈戏弄而深感羞耻,就又入宫拜见楚王说:"我前几日对您所说的某星宿移位的事,您说想用施行仁德来回报它。今天我出门,在外面听路人都议论着陶地富翁朱公的儿子杀人后被囚禁在楚国,他家拿出很多钱来贿赂大王的亲信,所以君王您并不是体恤楚国人而实行大赦的,却是为了朱公的儿子才大赦的。"楚王大怒道:"即便我德行不高,但怎么会是因为朱公的儿子的缘故才施恩惠呢!"就下令先处决朱公的儿子,第二天再下达赦免令。朱公的大儿子最后带着弟弟的尸体回家了。

回到家后,他的母亲和乡邻们都极为悲痛,只有朱公一人笑着说道:"我本来就料到大儿子一定救不了他弟弟!他不是不爱自己的弟弟,只是他有不忍心放弃的东西。他自幼就与我经历过各种辛苦,知道生存的艰难,所以把钱看得很重。至于小儿子呢,一生下来就看到我的富贵,乘上等车,驾千里马,去郊外打猎,他哪里知道财富从何处来,所以把钱看得极轻,舍弃掉也毫不吝惜。原先我打算让小儿子去,就是因为他舍得花钱,而大儿子不能弃财,所以最终断送了自己弟弟的性命,这是一种定数,没有什么值得悲伤的。我本来日夜盼着的就是二儿子的尸首回家。"

所以范蠡搬了三次家,驰名天下,他不会随意迁移,走到哪里都必然在那里成就功名。最后在陶地老死,所以世人都称他为陶朱公。

陈涉世家

陈胜是阳城人,字涉。吴广是阳夏人,字叔。陈涉年轻时,曾经与别人一起当雇工耕田,有一次累了,走到田埂上休息时,陈胜愤愤不平了好一会儿,对同伴们说:"假如谁日后富贵了,可不要忘记现在的穷哥们儿。"别的长工笑话他道:"你是被人家雇来耕田的,哪有富贵的一天呢?"陈涉长叹着说道:"唉!燕子、麻雀这一类小鸟怎么会知道鸿鹄一飞冲天的远大志向呢!"

秦二世元年七月,征调住在里巷左边的贫民去守卫渔阳,共有九百人中途在大泽乡驻扎。陈胜、吴广都被编入这一行人中,还当了屯长。正好遇到天降大雨,道路不通,他们计算了日程,肯定不能如期到达渔阳了。过了规定的期限,按照秦朝法律的规定,都是要被杀头的。陈胜、吴广就谋划道:"如今如果逃走,被抓回来是死,如果举事起义,失败了也是死,同样都是死,为自己打天下而死怎么样?"陈胜说:"天下百姓忍受秦朝残暴的统治之苦已经很久了。我听说二世是始皇的小儿子,不应该由他来继位,应当做皇帝的人是公子扶苏。扶苏因为屡次劝谏皇上的缘故,皇上不喜欢他,所以派他领兵到外地驻守。如今有的人听说他并没有罪,竟然被二世杀害了。老百姓大都听说他是一个很贤德的人,还不知道他已经死了。项燕原本是楚国的名将,曾多次立功,对士兵很爱护,楚国人都非常爱戴他。有的人认为他已经死了,有的人认为他逃亡在外。现在如果我们以公子扶苏和项燕的名义,号召天下人民起义,我觉得应该会有很多人响应我们。"吴广认为他说的很对。于是他们就去找人占卜吉凶,占卜的人明白他们的意图,就说道:"你们的事都能办成,一定能够建功立业。可是你们向鬼神问卜了吗?"陈胜和吴广听后很高兴,揣摩占卜人的意思,说:"这是教导我们先在众人中树立起威望啊。"于是就用朱砂写了"陈胜王"这三个红字在一块白绸子上,将绸子偷偷塞进捕鱼人捕来的一条鱼的肚子里。那些戍卒们买鱼回来煮着吃,发现了鱼肚子中的帛书,自然感觉很奇怪。陈胜又暗地里派吴广到驻地附近的一处草木丛生的古庙里,夜间燃起篝火,模仿狐狸的声音叫唤道:"大楚兴,陈胜王。"戍卒们深更半夜里听到这种声音,都吓得没有睡好觉。第二天早晨,戍卒们议论纷纷,都对陈胜指指点点,十分关注。

　　吴广平素就爱护别人,大多数戍卒都愿意为他出力。一天,押送戍卒的将尉喝醉了酒,吴广故意多次当着他们的面扬言要逃跑,为的是激怒将尉,惹他当众来侮辱自己,借以挑起众戍卒的义愤。将尉果然鞭打吴广,将尉拔出佩剑,吴广奋起,夺过剑来杀死了将尉。陈胜在一旁帮助他,一起杀死了两个将尉。随即他们召集了所有戍卒说道:"大家都在这里遇上大雨,误了期限,按规定是要杀头的。即使不被杀头,将来肯定也有十之六七为守边而死去。何况大丈夫不豁出命来便罢了，要豁出命就应该名扬后世，王侯将相难道只有贵族才能当吗！"众戍卒听了后都异口同声地说："我们甘愿听凭您差遣。"于是他们就冒充公子扶苏和项燕的名义举事起义，以顺应民众的意愿。大家都袒露右臂宣誓，号称大楚。他们筑起高台，用将尉的头做祭品来祭天。陈胜自命为将军，吴广为都尉。首先攻打大泽乡，攻克大泽乡后又攻打蕲县。攻克蕲县后，就让符离人葛婴率兵去攻取蕲县以东的地盘。而他和吴广则西进一连攻克了铚、酂、苦、柘、谯几个地方。他们一边进军，一边不断扩大队伍。等行进到了陈县之时，已拥有六七百辆兵车，一千多骑兵，好几万士兵了。攻打陈县的时候，正好那里的郡守、县令都不在城内，只有留守的郡丞率领军队与陈胜的起义军在城门下作战。结果起义军赢了，郡丞兵败身死，于是起义军就占领了陈县。过了几天，陈胜下令召集德高望重的掌管教化的三老和当地豪杰开会议事。三老、豪杰都说："将军您身披铠甲，手执利刃，为民众讨伐并诛灭了无道暴虐的秦朝，重新建立起楚国的政权，论功劳您应该称王。"于是陈涉自立为王，国号为张楚。

就在这个时候，各郡县不堪忍受秦朝暴政之苦的人，都逮捕他们的官吏，宣判官吏们的罪状，杀死他们以响应陈涉。

陈胜称王前后共六个月的时间。称王之后，便建都陈县。过去一位曾经与他一起扛长活的老朋友听说他做了王，就来陈县找他，敲着宫门说："我想见陈涉。"守宫门的官吏见他如此无礼，要把他绑起来。经他反复解说自己是陈涉的老朋友后，才放开他，但还是不肯为他通报。等陈王出来时，他过去拦路大声呼喊陈涉的名子。被陈王听到了，才召见他，并与他同乘一辆车子回宫。进了宫门，看见宫殿陈设之后，客人说："夥颐！陈涉你这个大王当得真是阔气啊！"楚人方言里在惊讶时把"多"称为"夥"，所以天下人流传着将草头王称为"夥涉为王"的俗语,就是源自这个故事。这位客人在宫里宫外讲话越来越随便放肆,常常逢人就讲陈涉的一些不体面的旧事。有人就劝告陈王说:"您的客人愚昧无知,专门胡言乱语,这有损您的威严。"陈王就把那个客人杀死了。从此之后,陈王的老朋友都纷纷主动离去,没有再来亲近陈王的人了。陈王任命朱房为中正官,胡武为司过官,专门考核群臣的修为,纠察群臣的过失。诸位将领攻占了土地后回到陈县来,稍不服从朱房、胡武的命令,就抓起来治罪,以对群臣吹毛求疵来向陈王表达忠心。凡是他俩不喜欢的人,根本不交给下面负责司法的官吏审理,而是自己擅自治罪。陈王却偏偏很信任他们。因为这些缘故,众位将领们就不再亲近依附陈王了。这就是陈王失败的原因。

虽然陈胜已经死了,但他所封立派遣的众位侯王将相终于灭了秦王朝,这是陈涉首先起义来反秦的结果。汉高祖统治时,为陈涉在砀县安置了三十户人家守墓,到现在仍按时杀牲畜来祭祀他。

外戚世家

窦太后是赵国清河观津人。吕太后尚在世时,窦姬以良家女子的身份被选入宫中服侍太后。后来太后将一些宫女遣送出宫,赐给各位侯王,每王五人,窦姬就在这批出宫的宫女之列。窦姬家在清河,想到赵国离家比较近,就请求主管遣送这些宫女的宦官:"拜托您一定把我的名册放进派往赵国的宫女队伍里。"宦官忘了这件事,错将她的名册放进派往代国的队伍里了。名册呈上去后,吕后下诏说可以,应当起程了。窦姬痛哭流涕,怨恨那个宦官糊涂,不想去代国,经过逼迫，没有办法了她才肯动身。到了代国后，偏偏代王特别宠爱窦姬，先是生下女儿名嫖，后来又生了两个儿子。代王的王后生了四个儿子。在代王尚未登基做皇帝之前，王后就死了，等到代王做了皇帝之后，王后所生的四个儿子都接连病死。在孝文帝即位几个月后，公卿大臣请求孝文帝立太子的时候，窦姬的大儿子就成了所有公子中年龄最大的了，于是被立为太子。窦姬被立为皇后，女儿刘嫖为长公主。第二年，又立窦姬的小儿子刘武为代王，不久后又改封到梁国，这就是梁孝王。

窦皇后的双亲早亡，安葬在观津。这时薄太后就向有关官员下诏，追封窦皇后的父亲为安成侯，母亲为安成夫人。在清河设置园邑二百户，由长丞侍奉看守陵墓，一切都按照灵文园（薄太后父亲的陵园）的规格和礼仪办。

窦皇后的哥哥是窦长君，弟弟叫窦广国，字少君。少君在四五岁的时候，家境贫寒，被人拐走后卖了，家里人都不知道他被卖到哪里。他被转卖了十几家，最后被卖到宜阳。少君为他的主人进山烧炭，晚上共有一百多人睡在山崖下，结果山崖崩塌了，其他人全都压死了，只有少君一人脱险。他为自己算了一卦，算出几天之内他将要被封侯，就找了个机会跟从主人去了长安。听说刚被封立的皇后姓窦，她的家乡在观津。虽然广国离家时年龄还小，也还记得自己老家的县名和自家的姓，还记得曾与姐姐一起采桑时从树上掉下来，把这些记忆当作证据，广国上书陈述了自己的经历，说自己是皇后的弟弟。窦皇后向文帝禀告了这件事，广国即被召见，问了他一些问题，他一一详细地说明了情况，果然是他。又问他还能提供什么证据，广国回答说："姐姐离开我往西去的时候，我们是在驿站的屋子里诀别的，姐姐乞来米汤给我洗头，又讨来食物给我吃，然后我们才分别的。"于是窦皇后就抱住弟弟痛哭了起来，泪如雨下。左右侍从的太监、宫女们也都伏在地上哭泣，一起陪着皇后悲伤。于是皇上赏赐给他很多田地、房舍和金钱，给窦氏兄弟以封赏，让他们迁居长安。

绛侯周勃、将军灌婴等人都说："我们这些人还活着，可是我们的命都悬在窦氏兄弟的手里。他们两人出身低微，不可以不给他们选择好的师傅和宾客，否则，他们又会再次效法吕氏闹出大事来。"于是就让年长而又品行端正的先生和他俩在一起。由此窦长君、窦少君都成为谦恭礼让的君子，不敢凭借他们尊贵的地位而对人傲慢骄横。

卫皇后字子夫，出身微贱。可能是她家号称卫氏，她的家位于平阳侯的封邑里。子夫是平阳公主的歌姬。武帝刚刚即位的时候，好几年都没有儿子。平阳公主找到了十几个良家女子，精心地打扮她们并把她们都安置在自己家里。武帝在霸上举行除灾求福的祭祀礼仪回来时，顺便去看望平阳公主。公主让美人都出来见武帝，这些美人武帝都不喜欢。饮完酒之后，歌姬进来了，武帝看见这些歌姬后，只相中了卫子夫。这天，武帝起身换衣服，子夫侍奉他，于是她在皇帝的衣车中得到亲幸。武帝回到座位后，非常高兴，赐黄金千斤给平阳公主。公主顺势奏请皇上把卫子夫带入宫中。子夫上车前，平阳公主抚着她的背说道："走吧，好好吃饭！努力吧！如果哪天尊贵了，别忘了我。"子夫入宫一年多，竟然没有再次得到皇上的亲幸。武帝挑出一些不中用的宫人，打发她们出宫回家。因而卫子夫得以再次见到武帝，她哭泣着请求皇上让她出宫。皇上对她产生怜爱之情，就再次亲幸她，于是子夫有了身孕，受到的尊宠一天比一天多。武帝召见了她的哥哥卫长君以及弟弟卫青，让他们担任侍中。后来卫子夫长期得到皇上的亲幸，备受宠爱，她共生了三个女儿，一个儿子。儿子名叫据。

当初，当今皇上还是太子的时候，娶了大长公主的女儿为妃，他登基为皇帝，妃子就立为皇后了，姓陈，一直没有生孩子。皇上之所以能够继承帝位，有大长公主的功劳，所以陈皇后骄横高傲。听说卫子夫经常得到皇上的亲幸,陈皇后非常气愤,好几次要去寻死。皇上也因此而更生气。陈皇后施用妇人惑人取悦的邪术,此事后来被武帝觉察,于是便废了陈皇后,立卫子夫为皇后。

陈皇后的母亲大长公主是孝景帝的姐姐,她曾多次责备汉武帝的姐姐平阳公主道:"没有我的功劳,皇帝就登不了基,即位以后竟然就抛弃了我的女儿,他怎么能这样不自爱而忘本了呢!"平阳公主道:"是陈皇后没有生儿子的缘故才被废的。"陈皇后非常渴望能生个孩子,请医生所花费的钱达到九千万之多,然而终究未能生子。

卫子夫当上皇后的时候,卫长君已经死了,皇上就让卫青当将军,因他抗击胡人立下战功,所以封他为长平侯。卫青的三个儿子尚在襁褓之中,都被封为列侯。至于卫皇后的姐姐卫少儿的儿子霍去病,也因立下战功而被封为冠军侯,号称骠骑将军。卫青则号称大将军。立卫皇后的儿子刘据为太子。卫氏家族以军功起家,有五人被封为侯。

齐悼惠王世家

朱虚侯刘章二十岁的时候,充满了年轻人的血气魄力,他因刘氏得不到职位而感到愤愤不平。刘章曾侍奉吕后宴饮,吕后让他当酒吏。刘章亲自请求吕后道:"我是武将的后代,请您允许我按军法行酒令吧。"吕后说:"可以。"酒兴正浓的时候,刘章献上歌舞以助兴。过了一会儿又说:"请让我为太后唱首耕田歌吧。"吕后把他当作小孩子一样看待,笑着对他说:"想来应该是你的父亲知道种田的事,你生下来就是一个王子,怎么会知道有关种田的事呢?"刘章对吕后说:"我知道种田的事。"太后说:"那你试着跟我说说种田的事吧。"刘章说:"深耕密种,留苗要稀疏,不是同类,坚决要铲锄。"吕后听了他的话之后,默默不语。又过了一会儿,吕氏家族中有一人喝醉了,就逃离了酒席,刘章追上前去,拔剑将他杀了,然后回来向太后禀报说:"有一个人擅自逃离酒席,我谨按军法把他给杀了。"太后和左右大臣都感到大大地惊愕,既然已经允许他按军法行酒令,也就没有办法治他的罪。酒宴也因此而结束了。自此以后,吕氏家族的人都十分惧怕朱虚侯,即使是同朝的大臣,也都依从朱虚侯。刘氏的声势又逐渐强盛了起来。

齐厉王的母亲是纪太后。纪太后把她弟弟的女儿嫁给厉王为后,厉王不喜欢他的表妹纪氏女。太后打算让纪氏家族世世代代在王宫受宠,就让她的长女纪翁主到王宫来整顿后宫的秩序,不准其他妃嫔宫女接近齐王,想让厉王喜爱纪氏女。而厉王却趁机和他自己的亲姐姐翁主通奸。

有个来自齐国的宦官叫徐甲,他进入汉宫去侍奉汉皇太后。皇太后有一个爱女叫修成君,修成君不是刘氏家族的人,太后更为怜爱她。修成君有个女儿叫娥,太后想把她的外孙女娥嫁给诸侯,于是宦官徐甲就主动请求出使齐国,保证自己一定让齐王上书请求娶娥为后。皇太后听后非常高兴,就派徐甲去齐国传话。当时,齐国人主父偃得知徐甲出使齐国的目的是为了齐王娶王后的事,就趁机对徐甲说:"如果事情办成了,希望您替我说一说好话,我的女儿愿意去齐王的后宫服侍齐王。"徐甲到齐国以后,先把此事向外透露了一番。纪太后听后大怒,说:"齐王已经有了王后,后宫嫔妃也足够了。况且徐甲原本就是齐国的一个贫民,穷困至极才去做宦官,入朝侍奉汉皇室,没做过什么好事,又想来祸害我们的家庭!那个主父偃算是什么东西?竟然也想让他的女儿进后宫!"徐甲非常尴尬,回京却禀报皇太后说:"齐王已经同意娶娥为后了,可是有一种后患,恐怕落得像燕王一样的下场。"燕王就是由于和他的女儿、姐妹们通奸,最近才被论罪处死的,封国也被废,因此徐甲故意用燕王的事来暗示太后。太后便说:"以后不准再提把外孙女娥嫁到齐国的事了。"这件事渐渐传到天子的耳中。主父偃也由此与齐国产生了嫌隙。

主父偃那时正是天子身边的红人,专断政事,趁机对天子进言:"齐国的临淄有十万户人家,贸易税收每天能达到千金,人口多而且生活富足,生活水平超过了长安,到这种地方做王的,如果不是天子的亲兄弟,就应该是天子的爱子。如今齐王和皇族的关系日益疏远了。"接着他又不慌不忙地怂恿道:"吕太后在世的时候,齐国就想谋反,吴、楚七国之乱的时候,孝王差一点也参与叛乱。现在又听说齐王和他的姐姐发生了乱伦的事。"于是天子就拜主父偃为齐国丞相,并且要他查办这件事。主父偃到齐国之后,就抓紧盘问齐王后宫的宦官中曾经帮助齐王和他姐姐翁主私通的人,命令他们在供词和证据中都要牵涉到齐王。齐王年纪尚小,害怕因此获大罪被官吏逮捕诛杀,就饮毒自杀了。他子嗣断绝,没有留下后代。

这时赵王害怕主父偃如同废除齐国那般废除赵国,担心他要渐渐地离间汉家骨肉,于是就向天子上书,告发主父偃是因为收取了贿赂以及因与齐国解下私怨,所以才对齐国说长道短。天子也就在不久之后囚禁了主父偃。公孙弘说:"齐王因忧愁而死,没有留下后代,封国的领土已归入朝廷,若不诛杀主父偃,就无法平息天下人对他的怨恨。"天子最终杀死了主父偃。

萧相国世家

相国萧何是沛县丰邑人。由于他通晓法律且有无与伦比的公正处事的才能，所以曾经担任沛县县令手下的功曹掾。

汉高祖刘邦还是平民老百姓的时候，萧何曾多次凭着官吏的职权护着他。高祖当了亭长后，萧何也常常帮助他。高祖以一名小官吏的身份去咸阳服役，其他官员们都送他三个大钱，唯独萧何送他五个大钱。

秦朝的御史奉命督察郡政，萧何经常跟着他的上司办事，把事情办得井井有条、清清楚楚。于是就让萧何担任泗水卒史，萧何在公务考评中名列第一。秦朝的御史打算回朝后进言把萧何调回身边，萧何一再坚决辞谢，才没有被调走。

等到高祖刘邦起事做了沛公后，萧何做他的县丞，常常督办公务。沛公进入咸阳后，将领们都争先恐后地奔向府库，瓜分那些金帛财物，唯独萧何入宫首先收集秦朝丞相、御史掌管的律令条文、图书等文献资料，并珍藏起来。沛公做了汉王后，任命萧何为丞相。项王军队和各诸侯军队在咸阳屠杀焚烧了一番后就离去了。汉王之所以能够全面详尽地了解天下各地的险关要塞，户口多少，哪个地方穷，哪个地方富，百姓的疾苦等，都是由于萧何完好地保存了秦朝的文献资料的缘故。萧何向汉王推荐韩信，于是汉王任命韩信为大将军。这件事的详细经过都记载在《淮阴侯列传》一文里。

汉王率兵东进，前去平定三秦，萧何作为丞相则留守治理巴蜀，安抚民众，劝导百姓安心生产以供给军队粮草。汉二年，汉王与各诸侯一起攻打楚军，萧何留守关中，侍奉太子，治理栎阳。萧何制定了各种法令规章，为汉朝建立了宗庙、社稷、宫室、县邑，萧何每做一件事之前总是先禀报汉王，得到汉王的允许后，才施行这些政事；如果有些事来不及禀报汉王，就根据实际情况酌情处理，等到汉王回来时再向他当面汇报。萧何在关中按照户籍人口征集粮草，经水路运送给前方军队。汉王曾多次打败仗，狼狈逃回来，萧何总是及时征发关中士兵，填充军队的缺额。汉王也因此把关中政事全部委托给萧何处理。

汉三年，汉王与项羽在京、索之间长期对峙，这时汉王多次派人回关中慰劳丞相萧何。鲍生对丞相说："汉王自己在战场上风餐露宿，却多次派人来慰劳您，这是对您有了怀疑之心。为了您考虑，不如把您的儿孙兄弟中能打仗的人都派到前方去效力，汉王必定会更为信任您。"于是萧何采纳了他的建议，汉王非常高兴。

汉五年，项羽兵败身死，高祖平定了天下，于是论功封赏。由于群臣纷纷争功，所以历时一年多，也没能决定下来谁的功劳大谁的功劳小。高祖认为萧何的功劳最大，将他封为酂侯，给予他的食邑是最多的。功臣们都说："我们一个个身披战甲、手执利器，多的身经百战，少的也经过几十次战斗，我们攻占城池，夺取土地，都立下了大小不等的战功。而如今萧何并没有立下这样的汗马功劳，他不过是靠着舞文弄墨耍耍嘴皮子，也不参加战斗，为什么他的封赏反倒在我们之上呢？"高祖说："诸位懂得打猎吗？"群臣答道："懂得。"高祖又问："知道猎狗吗？"群臣说："知道。"高祖说："打猎的时候，追咬野兽的是猎狗，可是发现野兽的踪迹，指出野兽所在的是猎人。而今你们诸位仅是能捉到野兽而已，你们所做的是猎狗的事情。至于萧何，他发现野兽的踪迹，并指明野兽所在，他所做的是猎人的事情。再说诸位大多只是一个人追随我，多的也不过一家两三个人。而萧何发动自己本族的几十个人都来追随我打天下，这份功劳是我永远不能忘怀的。"于是群臣都不敢再说什么了。

列侯全都已经受到封赏后，等到向高祖奏请排列位次的时候，群臣都说："平阳侯曹参出生入死攻城夺地，身上的伤口有七十处，他的功劳最多，应该排在第一。"高祖已经在封赏上委屈了功臣们，较多地封赏了萧何，现在到排列位次时，就不好意思再反驳大家的意见，但在他的心中仍是想把萧何排在第一。关内侯鄂千秋进言道："各位大臣的主张都是错的。曹参虽然南征北战，有夺取地盘的功劳，但这只不过是一时之间的事情。汉军与楚军相持五年，常常损兵折将，大王也独身逃走好几次了。然而萧何常常及时从关中派遣新兵来补充前线汉军的缺额，而这些都不用大王下令，他自己就做了，正值大王最危急的时刻将几万大军送来以解燃眉之急，这种情况已经有很多次了。汉军与楚军在荥阳对峙数年，军中没有粮草，萧何从关中通过水路运来粮食，使得军粮供应从不缺乏。虽然陛下曾多次失掉山东地区，而萧何却一直牢牢地守住关中以等待陛下回来，这是万世不朽的功劳啊。如今即使失去几百个像曹参这样的人，对汉室又能有什么损失？汉室不是因为有了这些人才得以保全的。怎么可以让一时之功凌驾在万世之功之上呢！应该是萧何排第一，曹参居次。"高祖说："好。"于是便确定将萧何排到第一位，特别恩许他可以带剑穿鞋上殿，上朝见皇帝时不必行小步快走的礼仪。

高祖说："我听说，举荐贤才的人应该受到上等的封赏。萧何的功劳虽然很高，但是经过鄂君的讲说后才显得更为显赫。"于是根据鄂君原来就受封的关内侯食邑，加封他为安平侯。当天，萧何父子兄弟十几个人全都得到了食邑。后来又加封萧何两千户，这是由于高祖过去到咸阳服役的时候，萧何曾多送给他两个大钱的缘故。

汉十一年，陈豨反叛，高祖亲自率领军队到了邯郸。平叛还没结束,淮阴侯韩信又在关中谋反了,吕后采用了萧何的计策,杀了淮阴侯,这件事在《淮阴侯列传》中有记载。高祖在听说淮阴侯被杀之后,就派人拜丞相萧何做相国,加封五千户,并命令五百名士卒以及一名都尉做相国的护卫队。大家都来前来祝贺,只有召平来表示哀悼。召平原本是秦朝的东陵侯。秦灭以后,他就沦为平民,过着贫穷的日子,在长安城东种瓜。他种出来的瓜味道甜美,所以大家都称其为"东陵瓜",这是根据召平原来的封号来命名的。召平对相国萧何说:"您的灾祸从此就开始了。皇上统军在外风餐露宿,而您留守朝中,没有遭遇到战事之险,皇上反而增加您的封邑,还派了护卫队,这是由于淮阴侯刚刚在关中谋反,皇上对您也有所怀疑。所以派个卫队来监视您,并不是因为宠信您才这样做的,希望您不要接受封赏,然后把全部的家产、资财都拿来捐助军队,那么皇上就会高兴了。"萧相国听从了他的建议。高帝果然非常高兴。

汉十二年的秋天,黥布反叛,高祖亲自率军讨伐他,多次派人回来询问萧相国的情况。萧相国考虑到皇上率军在外,就在后方安抚民心,勉励百姓助战,并把自己的家财全都拿出来捐助军队,就像平息陈豨的叛乱时一样。有一个门客对萧相国说:"您再这样的话,离被灭族的日子就不远了。您位居相国,论功劳又是第一,您的功劳还能够再多吗?当初您进入关中时就深得民心,至今已有十多年了,百姓都亲附于您,您依旧那么勤勉地治理政务,受到百姓的爱戴。皇上之所以屡次派人来询问您的情况,是害怕您的威信震慑关中,功高盖主。如今您为何不多买点田地,采取低价买进、高价赊借等手段来破坏自己的声誉?只有这样做,皇上才会放心。"于是萧相国听从了这位客人的计谋,高祖才感到非常高兴。

高祖剿灭黥布的叛军后回来,有百姓拦路上书,说相国用低价强买田地房屋达到数千万。皇上回到京城后,相国进见。皇上笑着对他说:

"你这个相国竟然是这样'利民'的!"高祖把百姓的诉状都交给相国,对他说:"你自己向百姓谢罪吧。"相国趁此机会为百姓请求道:"长安一带地方狭窄,然而上林苑中有很多空地,早就因废弃而变得荒芜了,希望您能让百姓们进去开垦种田,让他们只收走粮食,留下禾秆作为禽兽的食料。"高祖大怒道:"相国你大量地收取了商人的贿赂,然后就替他们说话,要来占用我的上林苑!"于是把相国交给廷尉处治,用镣铐将其拘禁了起来。过了几天,王卫尉侍奉高祖时,上前问高祖道:"相国究竟犯了什么弥天大罪,陛下您要这么严厉地把他拘禁起来?"高祖说:"我听说李斯做秦始皇的相国时,有了成绩就归功于主上,出了差错则都由自己来承担。如今相国收取奸商的一大笔钱财,而替他们请求占用我的苑林,以此来讨好民众,所以我要把他铐起来治罪。"王卫尉说:"在自己的职责范围内,如果因为这件事有利于百姓而为他们请求,这的确是宰相分内的事,陛下为什么会怀疑相国是收取了商人的钱财才这样做呢!况且陛下您与楚军相持数年,陈豨、黥布反叛的时候,陛下您又亲自率兵前往平叛,那时相国留守关中,他只要跺一跺脚,那么函谷关以西的地盘就不再归陛下您所有了。相国不趁着那时为己谋利,如今反而会贪图那些商人的钱财吗?再说秦始皇正是因为不知道自己的过错才失去了天下,那是李斯替他分担过错的结果,又哪有值得效法之处呢?陛下您为什么会怀疑宰相到如此浅薄的地步!"高祖听了他的话后不太高兴。这天,高祖派人持节赦免了相国。相国上了年纪,平时一向谦恭谨慎,他入宫拜见高祖,赤脚步行谢罪。高祖对他说:"相国算了吧!相国为百姓请求苑林这块地,我却不答应,我不过是像桀、纣那样的暴君,而你则是一个贤相。我之所以用镣铐把你拘禁起来,是想让百姓了解我的过错。"

萧何一向与曹参不和,到萧何病重的时候,孝惠帝亲自去探望相国,趁机便问道:"如果您故去了,谁能够接替您呢?"萧何回答说:"最了解臣下的才德的，莫过于君主了。"孝惠帝说："您觉得曹参怎么样？"萧何叩头说："皇上您得到合适的人选了！我死而无憾了！"

萧何购置田宅必定会选在贫苦偏僻的地方，盖房子也不修筑围墙。他说："如果我的后代有贤德的话，就会学习我的俭朴；后代没有贤德，这样的房子也不会被有权势的人家所强夺。"

孝惠二年，相国萧何去世，其谥号为文终侯。萧何的后代，因犯罪而失去侯爵封号的共有四世，每次没有继承人的时候，天子总是再寻找萧何的后代，续封为酂侯，其他功臣的待遇没有谁能够跟萧何相比。

太史公说：萧相国在秦朝时只是个从事文职的小官吏，碌碌无为，没有什么惊人的业绩。等到汉室兴盛，仰仗皇上的余光，萧何谨慎地守卫关中，趁着百姓痛恨秦朝严苛的法律，顺应历史潮流，更改旧法颁布新律。韩信、黥布等人都已被诛灭，而萧何的功勋显得更为卓著。他的地位居于群臣之首，声望延续到后世，能够与闳夭、散宜生等人媲美了。

曹相国世家

孝惠帝元年，废除了为诸侯国设立相国一职的法令，改封曹参为齐国丞相。曹参当齐国丞相的时候，齐国有七十座城邑。当时天下刚刚太平，悼惠王年龄尚小，曹参把齐国的长老、读书人全都召来，询问他们安抚百姓的办法，但齐国原有的那些数以百计的读书人，众说纷纭，曹参不知该如何定夺。他听说胶西有一位叫盖公的人，精通黄老学说，就派人用厚礼去把他请来。曹参见到盖公后，盖公对他说，治理国家贵在清净无为，百姓们自然就安定了。以此类推，详细而具体地讲述了这方面的道理。于是曹参让出了自己办公的正堂，给盖公住。此后，曹参治理国家的方针都是采用黄老的学说，所以他在齐国做了九年的丞相，齐国百姓安居乐业，大家都称赞他是一位贤明的丞相。

惠帝二年，萧何去世。曹参听说这个消息后，就对他的门客说："赶紧整理行装，我将要入朝当相国了。"不久之后，朝廷果然派人来召曹参入朝。曹参离开齐国时，嘱咐接替他的齐国丞相："要保留齐国的诉讼狱和交易市，要慎重对待，不要轻易干涉。"后任丞相说："难道这件事比治理国家更重要吗？"曹参说："不能这样说。狱市这些行为，能使善恶并容，如果您对其严加干涉，那坏人要去哪里容身呢？因此我把这件事放在前面说。"

当初曹参贫贱的时候，跟萧何的关系很好；等到他们各自做了将军和相国的时候，便有了隔阂。到萧何临终的时候，萧何推荐的贤臣只有曹参一个。曹参接替萧何做了相国，治理朝政没有任何变更，一切遵循萧何当初制定的法度。曹参从各郡和各诸侯国中选出一些不善于文辞的厚道人，立即将他们召来，任命为丞相史。对那些苛求言辞上的细微末节，一味只想追求名誉的人，就把他们斥退撵走。曹参自己日夜痛饮美酒。卿大夫以下的官吏以及宾客们，见曹参不理政事，纷纷前来拜访，有言相劝。可是这些客人一到，曹参就立即拿出美酒来给他们喝，过了一会儿稍有空隙时，有的人想开口说些什么，曹参又请他们喝酒，直到酒醉后离去，这些人始终没有开口劝谏的机会，这种情况经常发生。

萧相国住宅的后园靠近一些官吏的住所，这些官吏的住所里整天传来醉酒歌唱、大呼小叫的声音。曹参的随从官员们非常厌恶这些人，但对此又无可奈何，于是就请曹参到后园游玩，曹参也听到那些官吏们醉酒高歌、大呼小叫的声音，随从官员们希望相国对他们的行为加以制止。不过曹参反而叫人取来美酒，摆好座位痛饮起来，也高歌喊叫，与那些官吏们应和。

曹参看到别人有微小的过失，总是一味隐瞒遮盖，因此相国府中一直平安无事。

曹参的儿子曹窋做了中大夫。孝惠帝责怪曹相国不理政事，皇上觉得，"相国难道是看不起我吗"，于是对曹窋说："你回家后，私下随便问问你父亲：'高帝刚刚去世，皇上又很年轻，您身为相国，每天喝酒，没有任何事情向皇上奏请，怎么去为天下大事担忧呢？'但不要说这些话是我让你说的。"曹窋休假回家，闲暇时抽空侍奉父亲的时候，把惠帝告诉他的话变成自己的话来规劝曹参。曹参听了之后大怒，打了曹窋二百鞭，对他说："赶快回宫侍奉皇上去，天下大事不是你应当说的。"等到上朝的时候，惠帝责备曹参道："为什么要惩罚曹窋？是我让他去规劝您的。"曹参摘下帽子谢罪道："请陛下您仔细考虑一下，您与高帝谁更圣明英武？"惠帝说："我怎么敢与先帝相比呢！"曹参说："那陛下您觉得我与萧何谁更贤能？"惠帝说："您好像不及萧何。"曹参说："陛下您说得很对。高帝与萧何使天下平定了，法令已经制定得非常明确了，如今陛下您垂衣拱手，我等臣下各自谨守职责，遵循已有的法度而不随意更改它，不就行了吗？"惠帝说："好吧。您回去休息吧！"

曹参当汉相国前后有三年的时间。他去世之后，谥号为懿侯。曹参之子曹窋继承了侯位。百姓们是这样歌颂曹参的事迹的："萧何制定法令，明确得如同在地上画一；曹参接替萧何做相国，遵守萧何制定的法度而没有改变。在他那清净无为的做法下，百姓安宁不乱归于一统。"

平阳侯曹窋，在吕后执政时担任御史大夫。孝文帝即位后，免去御史大夫一职，仍为侯。曹窋做了二十九年的侯后去世，谥号为静侯。曹窋的儿子曹奇继承侯位，做了七年的侯后去世，谥号为简侯。曹奇的儿子曹时继承侯位。曹时娶了平阳公主，儿子为曹襄。曹时得了恶病，回到封国，他做了二十三年的侯后去世，谥号为夷侯。曹时的儿子曹襄继承侯位。曹襄娶了卫长公主，儿子为曹宗。曹襄做了十六年的侯后去世，谥号为共侯。曹襄的儿子曹宗继承侯位。征和二年时，曹宗因被武帝的太子发动兵变一事牵连，获罪而死，封国被废。

太史公说：相国曹参之所以立了这么多的战功，其实是他与淮阴侯韩信共事的缘故。等到韩信被消灭之后，成就战功的列侯中，只有曹参据有其名。曹参作为汉相国，极力主张清净无为的做法，这完全符合道家的学说。百姓摆脱了秦朝的严苛统治以后，曹参无为而治，给了他们休养生息的时机，因此天下人都在称颂他的美德。

留侯世家

留侯张良，他的祖先是韩国人。祖父张开地，做过韩昭侯、宣惠王、襄哀王的相国。父亲张平，做过釐王、悼惠王的相国。悼惠王二十三年，张平去世。张良的父亲死后二十年，秦国把韩国灭了。张良当时年纪还小，没在韩国做官。韩国灭亡后，张良家中有三百名奴仆，张良的弟弟死了都没有以礼厚葬，而是用全部的财产买通勇士去刺杀秦王，为韩国报仇，这是由于他的祖父、父亲当过五代韩相国的缘故。

张良曾在淮阳学习礼法。去东方拜见了仓海君。他找到一位大力士，为他造了一个一百二十斤重的大铁锤。秦始皇去东方巡游，张良与大力士埋伏在一个叫博浪沙的地方袭击秦始皇，结果误中了副车。始皇大怒，在全国范围内非常急迫地搜捕刺客，就是由于张良的缘故。于是张良改名换姓，逃到下邳躲了起来。

　　张良曾在闲暇时从容地在下邳桥上徜徉，有一个穿着粗布短衣的老人走到张良跟前，故意把自己的鞋子甩到桥下，回过头来看着张良说："小子，下去帮我把鞋捡上来！"张良有些惊讶，想打他，但见他是老年人，就勉强忍住怒火，下桥去把鞋子捡起来了。老人说："给我穿上鞋！"张良心想既然已经帮他把鞋捡上来了，就顺便跪着替他穿上鞋吧。老人把脚伸出来让张良给他穿上鞋，笑着离去了。张良特别惊讶，看着老人的身影离去。老人走出去约有一里路，又返回来，对张良说："你这个小子可以教导教导。五天以后天刚刚亮的时候，与我在这里会面。"张良觉得这件事非常奇怪，就跪下来对老人说："好。"五天后的拂晓，张良来到那里。老人已先到了，生气地对他说："与老年人约会，反而晚到，这是为什么呢？"老人离去，并对张良说："五天以后再早一点来会面。"五天后听到鸡一叫，张良就去了。老人又先到了那里，又生气地对张良说："你又来晚了，这是为什么？"老人离开时又说："五天后再早一点儿来。"五天后，张良不到半夜就起来去那里了。不到一会儿，老人也来了，他高兴地说道："应当像这样才行。"老人拿出一部书，对张良说："读完这部书就可以当帝王的老师了。十年以后你就会发迹的。十三年后你小子到济北来见我，谷城山下的黄石就是我。"说完这番话后老人便走了，没有留下别的话，从此张良也没有再见到这位老人。天亮时一看老人送的这部书，原来是《太公兵法》。张良因而感到这部书非同寻常，时常学习、诵读它。

　　张良住在下邳的时候常常行侠仗义。项伯曾经在杀人之后跟随张良躲起来。过了十年，陈涉等人起事反秦，张良也召集了一百多个年轻人准备起事。这时景驹自立为代理楚王，在留县驻扎。张良打算前去追随他，结果在半道上遇见了沛公。沛公率领着几千人，夺取下邳以西的土地，张良便跟随了沛公。沛公任命张良为厩将。张良多次凭着《太公兵法》向沛公献策,沛公非常赏识他,经常采用他的计策。张良对别人讲兵法,别人都不能领悟。张良说:"沛公的才智大概是天授予他的。"从此之后就一直追随着他了。

于是汉王得到了汉中地区。汉王去了封国,张良将他送到褒中,汉王打发张良返回韩国。张良便趁机劝告汉王说:"大王为何不烧断所过的栈道,向天下人表示您不再东回的决心,以此来稳住项王的心。"汉王于是便让张良回韩国。汉王在前行过程中,烧断了所过的栈道。

张良到了韩国后,由于张良跟随汉王的缘故,项王不派韩王到封国去,而是让他跟随自己东去。张良劝说项王道:"汉王已经烧断了栈道,没有返回的意思了。"张良便将齐王田荣反叛的事上书报告给项王。从此项王不再担忧西边的汉王,而是起兵北上攻打齐国。

项王终究不肯派韩王回韩国,于是把他改封为侯,后来又在彭城杀了他。张良逃跑,抄小路回到汉王那里,这时汉王也已经平定三秦了。又封张良为成信侯,跟着汉王东征楚国。到了彭城后,汉军战败而西归。行军到下邑,汉王下马后倚着马鞍问道:"我打算把函谷关以东的一些地方作为封赏之地,谁能够和我一起建功立业呢?"张良进言:"九江王黥布是楚王的猛将,但与项王有嫌隙;彭越与齐王田荣在梁地反叛。这两个人当即就可以利用。而汉王的将领中,唯有韩信一人可以托付大事,能独当一面。如果要把这些地方送出去,就送给黥布、彭越以及韩信这三个人,那么就可以打败楚军了。"于是汉王派随何游说九江王黥布,又派人游说彭越。等到魏王豹背叛汉王,汉王派韩信率兵平叛,并顺势攻占了燕、代、齐、赵等国。而最终击溃楚国大军,果然就是靠这三个人的力量。

张良体弱多病,从未单独带兵作战,他一直作为出谋划策的大臣,时时跟从着汉王。

汉六年正月,高帝为功臣封赏。张良不曾立下战功,高帝说:"在营帐之中出谋划策,在千里之外决定胜负,这便是子房的功劳。你自己在齐国选择三万户作为封邑吧。"张良说:"当初我在下邳起事,与陛下在留县会合,这是上天将我交给了陛下。陛下您采用了我的计谋,侥幸的是这些计谋经常生效,我只愿受封留县就心满意足了,不敢承受三万户。"于是皇上封张良为留侯,与萧何等人一同受封。

  留侯天生体弱多病,便修炼道引之术,他不食五谷,闭门不出达一年多。

  皇上想废掉太子,立与戚夫人生的儿子赵王如意为太子。许多大臣进谏劝阻,都无法改变高帝坚决的想法。吕后感到非常惊恐,不知道该怎么办。有人给吕后献策:"留侯善于出谋划策,皇上非常信任他。"吕后就派建成侯吕泽威胁留侯道:"您一直做皇上的谋臣,如今皇上打算换太子,您怎么能安心地枕着高枕睡大觉呢?"留侯说:"当初皇上多次处于危急之中,侥幸采用了我的计谋得以脱险。如今天下安定,由于偏爱如意而想更换太子,这是至亲骨肉之间的事,即便有一百多个像我这样的人进谏,又能有什么益处呢?"吕泽竭力要挟道:"请您一定为我出个主意。"留侯说:"此事是很难用口舌来进谏的。回想皇上不能招致而来的,全天下有四个人。这四个人都已经老了,觉得皇上对人傲慢无礼,所以逃走了躲在山中,他们守着道义不肯做汉朝的大臣。但是皇上很敬重这四位老人。现在您若能不惜金玉璧帛,让太子给他们写一封信,措辞要谦恭,再派能言善道的人驾着安车恳切地去请他们出山,他们应当会来。他们来了以后,要把他们当成贵宾,让他们时常入朝,让皇上见到他们,那么皇上一定会感到惊奇并询问他们。一问他们,皇上便知道这四位老人是贤者,那么这对太子就是一种帮助。"于是吕后让吕泽派人献上太子的书信,用谦恭的言辞和丰厚的礼物迎请这四位老人。四位老人来了,就作为贵宾住在建成侯的府中。

  汉十二年,高祖随着击败黥布的军队归来,病势更为沉重,越发想要更换太子。留侯劝谏,高祖也不听,因此留侯就托病不再打理政事。叔孙太傅引证古今之事对皇上进行劝说,死命争取要保住太子。皇上假装答应了他,但还是想换太子。等到皇上安闲的时候,设置酒席,太子在一旁侍侯。那四位老人跟着太子,他们都有八十多岁,须眉皓白,衣帽非常奇特。皇上感到很奇怪,便问道:"他们是做什么的?"四个人上前对答,各自说出姓名,东园公,甪里先生,绮里季,夏黄公。于是皇上大惊说:"我访求各位先生好几年了,各位都躲着我,如今你们为何愿与我的儿子来往呢?"四人都说:"陛下生性傲慢,喜欢骂人,我们遵循义理,不愿受辱,所以仓皇地逃走躲了起来。我们暗地里听说太子为人仁义孝顺,礼贤下士,天下人没有谁不愿意伸长脖子为太子拼死效力的。因此我们才肯来了。"皇上说:"烦劳诸位先生始终如一地调教保护着太子吧。"

四位老人敬酒祝福已毕,便小步快走离去了。皇上目送他们,将戚夫人召唤过来,指着那四个人对她说道:"我想换太子,但是有他们四个人辅佐太子,太子的羽翼已经长成,难以变动了。吕后真的成了你的主人了。"戚夫人哭了起来,皇上对她说:"你来为我跳一支楚舞,我要为你唱一首楚歌。"皇上唱道:"鸿鹄振翅高飞,一飞千里。羽翼已经长成,翱翔四海。任凭东西南北,谁能奈何!虽有强弓硬弩,又有何用!"皇上一连唱了几遍,戚夫人抽泣,皇上起身离去,酒宴结束了。皇上最终没能更换太子,根本原因就是留侯招来的这四个人发生了效力。

留侯于是说道:"我家世代做韩相国,等到韩国灭亡,我不惜万贯家财,为韩国找强大的秦国报仇,全天下都为此震动。如今我凭着三寸之舌当了帝王的老师,封邑万户,位居列侯,这对于一个平民来说是至高无上的荣耀,我已经非常满足了。我愿意舍弃人世间的富贵,随着赤松子去云游。"于是张良学辟谷术,锻炼轻身之道。正逢高帝驾崩,吕后对留侯怀有感恩之心，便竭力劝他进食，对他说："人活一世，时光有如白驹过隙那么迅速，何必自找苦吃到这种地步啊！"留侯不得已，勉强听太后之命而进食。

八年后，留侯去世，谥号为文成侯。他的儿子张不疑继承侯位。

当初张子房在下邳桥上遇到的那个给他《太公兵法》的老丈，在与其别后十三年，张良随高帝经过济北时，果然在谷城山下见到那块黄石，便将其取回，奉若至宝般祭祀它。留侯去世后，黄石也随之埋葬。以后每逢冬夏节日扫墓祭祀张良的时候，也同时祭祀这块黄石。

太史公说：大多数学者都说没有鬼神，然而却又说有精怪。至于像留侯遇到的老丈赠书的事，也真够神奇的了。高祖多次遭遇困厄，而留侯常在这种危急关头出力建功，难道能说这不是天意吗？皇上说："论在营帐之中出谋划策，在千里之外决定胜负的才能，我比不过子房。"我原本以为此人大概是高大奇伟的样子，等到看过他的画像后，却发现他的相貌就像一个美丽的女子。孔子说过："以相貌来评判人，我在对待子羽上就有失误。"对于留侯也可以这样说。

陈丞相世家

丞相陈平是阳武县户牖乡人。小时候家里贫穷，他喜欢读书，有三十亩田地，仅与哥哥陈伯住在一起。陈伯平日里在家种地，承担了家中的一切劳动，支持陈平出外求学。陈平身材高大，相貌堂堂，有人对陈平说："你家里那么穷，吃了什么让你长得如此魁梧呢？"陈平的嫂子怨恨陈平不顾家计，不从事劳动生产，就说："也不过是吃糠咽菜罢了，有个这样的小叔子，还不如没有呢。"陈伯听到这些话后，就赶走了他的妻子并休了她。

等到陈平长大成年，该娶媳妇了，没有哪个富有人家肯把女儿嫁给他，娶穷人家的女儿又让陈平感到羞耻。过了很长一段时间，户牖乡有个叫张负的富人，他的孙女嫁过五次人，而每个丈夫都死了，没有谁再敢娶她。陈平却想娶她。乡里有人办丧事，陈平家贫，就去帮人家料理丧事，靠着早去晚回多得些报酬来贴补家用。张负在丧家见到陈平，相中了这个高大魁梧的年轻人，陈平也因为想要讨好张负，所以很晚才离开丧家。张负跟着陈平去了陈家，陈家在靠着城墙的一个偏僻小巷子里，拿一条破席就当门了，但门外却有很多德高长者留下的车辙印。张负回去后，对他的儿子张仲说："我想要把孙女嫁给陈平。"张仲说："陈平贫穷，又不从事生产劳动，全县的人都在耻笑他的所作所为，为何偏把我的女儿嫁给他呢？"张负说："哪有像陈平这样仪表堂堂的人会长久地贫寒卑贱呢？"张负终于将孙女嫁了陈平。因为陈平很穷，张家就借钱给他让他行聘，还给他置办酒席的钱让他来娶亲。张负告诫他的孙女："不要因为陈家穷，就不谨慎地侍奉人家。侍奉兄长陈伯要像侍奉自己的父亲一样，侍奉嫂嫂要像侍奉自己的母亲一样。"陈平娶了张氏女子后，资财更为宽裕，交游也越来越广了。

乡下的神社祭祀土地神，陈平做社宰，主持割肉，他每次都将祭肉分配得很均匀。父老乡亲们说："好，陈家小子分割祭肉公平！"陈平说："唉，假使我陈平能够主宰天下，也会像这次分祭肉一样合理公平！"

孝文帝即位后，觉得太尉周勃亲自领兵诛灭了吕氏宗族，功劳很大；陈平想将右丞相的尊位让给周勃，于是称病引退。孝文帝刚即位，觉得陈平病得很奇怪，就去探望并询问他。陈平说："高祖的时候，周勃的功劳不如我多。等到诛灭吕氏宗族的时候，我的功劳又不如周勃了。我愿意把右丞相的尊位让给周勃。"于是孝文帝就让绛侯周勃当右丞相，位次名列第一；陈平降职为左丞相，位次名列第二。赏陈平黄金千斤，加封食邑三千户。

过了一段时间后，孝文帝已经渐渐熟悉国家大事，在一次临朝时问右丞相周勃："全国一年中要判决多少起案件？"周勃谢罪道："不知道。"皇帝又问："全国一年钱粮的开支收入有多少？"周勃又谢罪说："不知道。"急得他汗流浃背，惭愧自己不能应答。于是皇上又问左丞相陈平。陈平说："有主管的官吏。"皇上说："主管的官吏又是谁？"陈平说："陛下若想知道判决案件的情况，可询问廷尉；如果问钱粮收支的情况，可询问治粟内史。"皇上说："如果各自有主管的官吏，那么您主管的是什么呢？"陈平谢罪说："为臣诚惶诚恐得很！陛下不觉我才智低劣，让我勉强担任宰相一职。宰相的职责，对上是辅佐天子调理阴阳，顺应四时的变化，对下是养育万物使其适时生长，对外是镇抚四夷和诸侯，对内是爱护团结百姓，使公卿大夫各自能够担当他们的职责。"于是孝文帝称赞他回答得好。右丞相周勃极为惭愧，退朝后埋怨陈平道："您怎么不在平时教我如何回答这些话呢！"陈平笑着说："您身居相位，难道不知道丞相的职责所在吗？倘若陛下问起长安城中盗贼的数目是多少，您也想勉强来对答吗？"这时，绛侯周勃自知自己的才能远不及陈平了。过了一段时间后，绛侯周勃借病请求皇上免去右丞相的职务，让陈平独自担任丞相的职务。

孝文帝二年，丞相陈平去世，谥号为献侯。他的儿子共侯陈买继承了侯位。陈买当侯两年后去世，他的儿子简侯陈恢继承侯位。陈恢当侯二十三年后去世，他的儿子陈何继承侯位。陈何当侯二十三年时，由于犯了抢占他人妻子的罪过，被处以死刑，封国也被废除了。

当初陈平曾说："我经常使用诡计，这是道家所禁忌的。倘若我的后代被废黜，也就完了，终归不能再兴起了，这是我暗中积下来的很多祸因造成的。"此后陈平的曾孙陈掌曾靠着是卫家亲戚的关系而显贵，希望可以接续陈家原来的封号，但终究没能如愿。

  太史公说：丞相陈平年少时，本来喜欢黄帝、老子的学说。当他还在神社的砧板上分割祭肉之时，志向就已经非常远大了。他彷徨于楚、魏之间，最终归附了高帝。他屡出妙计，解救众人于纷繁的危难之中，消除了国家的祸患。到了吕后执政的时候，诸事多有变故，然而陈平仍能逃脱灾祸，安定汉室的宗庙社稷，终身保持显赫的地位和名声，被人们称为贤相，难道这不是善始善终吗！倘若没有才智谋略，谁能做到这一步呢？

卷三

绛侯周勃世家

　　文帝即位之后,任命周勃为右丞相,赐给他黄金五千斤,食邑一万户。一个多月后,有人劝周勃道:"您已经诛灭了吕氏宗族,拥立代王为天子,威震天下,您又受到了丰厚的封赏,处于尊贵的地位,受到这么多的宠信,时间长了,就会有灾祸降临到您身上的。"周勃害怕了,自己也感到非常危险,于是就向皇上谢罪辞职,请求归还相印。皇帝答应了他的请求。一年多后,丞相陈平去世。皇上又让周勃当丞相。过了十几个月后,皇帝对他说:"前些天我下令让列侯都回到自己的封地去,有些人还没有动身,丞相您是我非常器重的人,希望您带头先回封国去吧!"于是周勃被免去丞相职位,回了封地。

　　回到封地后一年多,每当河东郡守和郡尉巡视绛县的时候,绛侯周勃都害怕自己会被杀害,常常披挂铠甲,命令家人在会见郡守和郡尉的时候也要带着武器。此后有人上书告发周勃要谋反,皇帝就让负责刑狱的廷尉处理这件事,廷尉又把这件事交付长安的地方官处理,长安的刑狱官逮捕了周勃,对他进行审问。周勃恐惧,不知道如何作答。狱吏渐渐地欺凌他,侮辱他。周勃拿出千金送给狱吏,狱吏才在木简背后写字提示他:"让公主出来为你作证。"公主就是文帝的女儿,是周勃的大儿子胜之的妻子,所以狱吏教周勃让公主出来作证。周勃把加封时所得的赏赐全都送给了薄太后的弟弟薄昭。待到案子进行到紧要关头,薄昭替周勃向薄太后说情，太后也认为周勃不会做谋反的事。文帝来看望太后的时候，太后随手抓起一块头巾来扔向文帝，对他说："绛侯原来身挂皇帝赐给他的印玺在北军领兵，他不在那个时候反叛，如今住在一个小小的县里，他反倒要叛乱吗？"文帝已经看到绛侯在狱中的供词，便向太后谢罪道："狱吏刚好查清楚了，马上放他出去。"于是派使者手持符节去赦免绛侯，并恢复了他的爵位和食邑。绛侯出狱后说道："我曾经率领百万大军，可是怎么不知道狱吏是这么尊贵啊！"

　　文帝后元六年，匈奴人大举入侵边境。文帝任命宗正刘礼做将军，在霸上驻军；任命祝兹侯徐厉做将军，在棘门驻军；任命河内郡守周亚夫做将军，在细柳驻军，以便防备匈奴人的入侵。皇上亲自去军营慰劳军队。皇上到了霸上和棘门的军营后，一直乘马奔驰进入营门内，将军及下属官兵都去骑马迎进送出。之后皇上前往细柳军营，军中官兵都身披铠甲，手持兵刃，张开弓弩，拉满弓弦。天子的前导人员先到军营，却不能进入。前导人员说："天子就要到了！"把守军营大门的都尉说："我们将军下令'在军中只听从将军的命令，不听从天子的诏令'。"不久后，皇上到了，又不能进入军营。于是皇帝便派人手持符节下诏令给将军："我要入营慰劳军队。"这样亚夫才传令打开军营大门。把守军营大门的官吏对皇上的车马随从说："将军立下规定，军营中不准驱马奔驰。"这时，天子就拉着缰绳缓缓地行进。等到营中时，将军周亚夫手持武器拱手行礼道："身穿盔甲的将士不能大礼跪拜，请允许我用军礼参见皇上。"天子被他深深地感动了，马上变得面容严肃庄重，靠在车前的横木上向官兵致意。而后派人向周亚夫致谢道："皇帝特地来致敬慰劳将军。"完成慰劳军队的礼仪后离去。皇上一出营门，群臣都露出惊怪的神情。文帝说："唉，这才是一个真正的将军呀！之前在霸上和棘门看到的军营，简直就像是儿戏，他们的将军本来就极有可能受到袭击而被俘虏。至于周亚夫，怎么可能容人去侵犯他呢！"天子称赞了他很久。一个多月后,三支军队都被撤除了。文帝便任命周亚夫为中尉。文帝在弥留之际告诫太子:"如果将来发生危急情况,周亚夫是真正能够担当领兵重任的人。"文帝去世后,景帝任命周亚夫为车骑将军。

窦太后对景帝说:"皇后的哥哥王信可以被封侯了。"景帝推辞道:"起初先帝都没有封南皮侯(窦彭祖)、章武侯(窦广国),是等到我即位之后才将他们封为侯的。现在还不能将王信封侯啊。"窦太后说:"君主们应该各自按照不同的情况行事。我哥哥窦长君仍在世的时候,竟不能被封为侯,在他死后,他的儿子窦彭祖反倒被封为侯了,这件事令我感到非常悔恨,皇上赶快将王信封为侯吧!"景帝说:"封侯这件事需要与丞相商议一下。"景帝就与丞相商议这件事,周亚夫说:"当初高祖皇帝规定'非刘氏家族的人不能被封为王,没有立下功劳的人不能被封为侯,谁不按这个规定执行,就让天下人共同攻击他'。如今虽然王信是皇后的哥哥,但他并没有立功,封他为侯是违背规定的。"景帝听了后没有说什么,只好作罢。

后来匈奴王唯徐卢等五人前来投降汉朝。景帝想要给他们封侯,以鼓励后来人前来投降。丞相周亚夫说道:"那几个叛徒背叛了他们的君主来投降陛下,如果陛下封他们为侯,那还怎样去责备那些不守节义的臣子呢?"景帝说:"不能采用丞相的建议。"于是把唯徐卢等五人全部封为列侯。周亚夫因此称病,退居家中。

景帝中元三年,周亚夫因病而被免去丞相一职。不久后,景帝在宫中召见条侯,赏赐酒食给他。酒席上只放了一大块没有切碎的肉,也没放筷子。条侯内心不满,转过头就叫主管宴席的官吏给他拿筷子来。景帝看到此景后笑着说:"这些还无法满足您的需要吗?"条侯脱下帽子来向皇上谢罪。皇上起身,条侯趁机快步走出宫去。景帝目送他走出去后,说:"这个愤愤不平的人不能当少主的大臣啊!"

没过多久,条侯的儿子从专门做后宫用品的工官尚方那里,为父亲买了五百件供殉葬用的盔甲盾牌。搬运这些东西的雇工非常辛苦，可是却不给他们工钱。当雇工们知道他是在偷买皇上用的器物时，一怒之下就上书告周亚夫的儿子要谋反，这件事自然牵连到条侯。雇工们的上书呈给景帝，景帝将此事交给官吏查办。官吏照着文书上所列罪状一一责问条侯，条侯却拒不回答。景帝责骂他道："我不任用你了。"并下令将周亚夫交给廷尉。廷尉责问道："您是想要造反吗？"周亚夫说："我买的器物都是殉葬品，怎么能说是要造反呢？"狱吏说："纵使您不在地上造反，也是想要去地下造反吧！"狱吏的逼迫越来越紧。起初狱吏逮捕条侯的时候，条侯想要自杀，被夫人制止了，因此没有死成，于是就进了廷尉的监狱。周亚夫由于五天没有吃饭，吐血而死。他的封地被废。

周亚夫的爵位断绝了一年后，景帝改封绛侯周勃的另一个儿子周坚为平曲侯，由他来接续绛侯的爵位。平曲侯封侯十九年后去世，谥号为共侯。他的儿子建德继承爵位。十三年后，周建德做了太子太傅。由于所献的供祭祀用的黄金品质不佳，元鼎五年被判有罪，封地被废。条侯周亚夫果真是饿死的。他死后，景帝就封王信为盖侯了。

太史公说：绛侯周勃当初为平民的时候，是一个粗陋朴实的人，他的才能好不过平庸之辈。等到他跟随高祖平定天下，身居将相的尊位，吕氏宗族想要谋反作乱，周勃挽救国家于危难之中，使国家恢复安定，即使是伊尹、周公这样的贤人，又怎能超过他呢！周亚夫用兵，一直保持威严郑重，坚韧不拔，即使是司马穰苴这样的名将，又怎能超过他呢？可惜他过于自满而不虚心学习，能奉守节操但不知道恭顺，最后落得个悲惨的结局，真令人悲伤啊！

伯夷列传

　　学者们阅读的书籍虽然很广博，但还是要从"六艺"里才能考察出真实可信的根据。《诗经》、《尚书》的记载虽然残缺不全，但还是能够从记载虞、夏两代的文献中考察清楚。唐尧将要退位的时候，把帝位让给虞舜；虞舜将帝位让给夏禹之际，各方州牧都来推荐他，这才把大禹放在一定的官位上加以考察试用。在他任职几十年，有了卓著的功绩以后，才把政权交给他。这就表示，天下好比贵重的宝器，而帝王是极为重要的位置，所以传天下才要如此郑重审慎啊！但有的诸子杂记里说："唐尧想要把天下让给许由，许由不仅不肯接受，还以此为耻辱，逃走隐居起来了。到了夏朝，又出现卞随、务光也这样。"这又如何对他们进行解说呢？太史公说：我登上箕山，听说山上可能会有许由的坟墓。孔子依次论述排列古代的仁人、圣人、贤人的顺序，像吴太伯、伯夷这些人，都讲得非常详细。我认为我听说的许由、务光的德行是最为高尚的，但是关于他们的事迹，经书里连大略的文字记载都没有，这是为什么呢？

　　孔子说："伯夷、叔齐不计较以往的仇恨，因而怨恨之情也就少了。""他们追求仁德，就找到了仁德，又有什么可怨恨的呢？"我对伯夷、叔齐深表同情，看到他们未被经书记载的散佚的遗诗，我又感到很诧异。记载他们事迹的传记上说：伯夷、叔齐是孤竹君的儿子。孤竹君想要立小儿子叔齐为国君，等到孤竹君死了，叔齐要把君位让给大哥伯夷。伯夷说:"这是父亲的遗命啊!"于是伯夷逃走了。叔齐不肯继承君位,也逃走了。国人只好拥立孤竹君的另一个儿子为君。这时,伯夷、叔齐听说西伯姬昌善于赡养老人,推想姬昌应该是个贤明的人,为何不去投奔他呢!可是等到他们到了姬昌那里,西伯姬昌已经去世了,他的儿子武王追尊西伯姬昌为文王,并将其木制灵牌载在兵车上,向东讨伐商纣。伯夷、叔齐拉住武王的马缰绳谏诤道:"您的父亲死后还没有被安葬,您就发动战争,能称得上是孝顺吗?身为臣子,您去杀害君主,能称得上是仁义吗?"武王身边的随从要杀掉他们两个。太公吕尚说:"他们是有节义的人啊。"于是扶起他们让他们离去了。待到武王平定了商纣的祸乱后,天下人都归顺了周朝,可伯夷、叔齐却认为归顺周朝是一种耻辱,他们坚守气节,不吃周朝的粮食,在首阳山上隐居,靠野菜充饥。快要饿死的时候,他们作了一首歌,那歌词为:"登上西山啊,采摘薇菜充饥。以暴臣取代暴君啊,竟认识不到这是错的。神农、虞、夏的太平盛世一去不返了,哪里才是我们的归宿?唉!只有一死啊,我们的命运如此可悲!"于是他们饿死在首阳山。从这首诗中看,他们是怨恨呢,还是不怨恨呢?

　　有人说:"天道是公正而没有偏心眼儿的,总是帮助好人。"像伯夷、叔齐这样的人,应该算是好人呢,还是不算好人呢?他们积累仁德,品行高洁到这种程度,最终却饿死了!此外,孔子七十名高徒里,只有颜渊被孔子推重为好学之人,然而颜渊常陷于穷困之中,连粗劣的食物都不嫌弃,但还是填不饱肚子,终于短命而去了。天道对好人的报答,又是怎样的呢?盗跖成天杀害无辜的人,他吃人肉,残暴放纵,聚集党徒几千人横行天下,竟然长寿而终。这遵循的是什么道理呢?这是极大而又显而易见的事例啊。如果说到近代,那些不走正道、专门违法乱纪的人,却能终身安逸享乐,过着世代不绝的富裕优厚的生活。而有的人呢,选好地方才肯落脚,有了适宜的时机才肯说话,不走歪门邪道，不公正的事情决不发愤去做，像这般小心审慎却遭到灾祸的人，数都数不过来。我为此深感困惑。倘若说到天道，到底是有呢，还是没有呢？

孔子说："主张不一致的人，不能在一起商量事情。"也就只有各人按着各自的意志去行事。所以他又说："假如富贵可以求得，即使为此做个执鞭赶车的人，我也愿意去做；假如不可寻求，那还是去做我喜欢的事吧。""到了严寒的季节，才知道最后凋谢的是松柏。"整个社会混乱污浊之时，品行高洁的人才会显现出来。难道不正是因为有一些人把富贵安乐看得那么重，才显出另一些人是那么轻视富贵安乐吗？孔子说："君子所怕的是直到死，名声都没有流传在外。"贾谊说："贪婪的人为了钱财而死，刚烈的人为了声名而死。浮华的人为权势而死，平民百姓则贪生而讨厌死。"《易经》上说："同样明亮的事物，就会互相映照，同一类的事物，自然会互相感应。""云随着龙吟而飞腾，风随着虎啸而兴起，圣人制定规则，才使万事万物本来的面目显现出来。"伯夷、叔齐虽然有贤德，但只有受到孔子的称赞，他们的名声才会更加显赫。颜渊虽然专心好学，也只有因为追随孔子，他的德行才会更加显著。居于山野之中的隐士也是如此，要么合乎时宜地进取，要么合乎时宜地退居，如果名声埋没而得不到显扬，那该多么可惜啊！普通百姓要砥励德行，树立自己的名声，如果不依靠那些德高望重的人，又如何能扬名后世呢！

老子韩非列传

老子是楚国苦县厉乡曲仁里人。姓李,名耳,字聃,曾做过周朝藏书室的史官。

孔子到了周都,想向老子请教有关礼的学问。老子说:"您所说的礼,倡导它的人早死了,连骨头都已经腐烂了,只有他的言论还在。而且君子时运来时就应该驾着车出去做官,生不逢时就应该隐居起来。我听说,善于经商的人会把货物深藏起来,好像什么东西都没有,君子德行很高,但看容貌却像一个愚钝的人。把您的骄气和过多的欲望抛弃吧,把您做作的神态和过高的志向抛弃吧,这些对于您自身都没有好处。我能告诉您的,就只有这些罢了。"孔子离去之后,对他的弟子们说:"我知道鸟能飞;我知道鱼能游;我知道兽能跑。会跑的可以用网去捕;会游的可以用线去钓;会飞的可以用箭去射。至于龙,我就不知道该做什么了,它是驾着风而飞腾上天的。我今天所见到的老子,大概就是一条龙吧!"

老子研究有关道德的学问,他的学说以隐声匿迹,不求闻达为主旨。他在周朝的都城住了很久,见周朝王道衰微了,于是便离开周都。到了函谷关时,关令尹喜对他说:"您就要隐居了,请勉为其难地为我们写一本书吧。"于是老子就写了一本书,分为上下两篇,阐述了道德的本意,总共五千多字,然后老子才离去,没有任何人知道他的下落。

有人说:老莱子也是楚国人,写了十五篇文章,阐述了道家的作用,与孔子是同一时代的人,据说老子可能活了一百六十多岁,也有人说他二百多岁,这是由于他能修道养心,所以才长寿啊。

孔子死后一百二十九年,史书上记载,周太史儋在会见秦献公的时候,曾预言说:"当初秦国与周朝融合,合了五百年就会分开了,分开七十年以后,就会有称王称霸的人出现。"有人说太史儋就是老子,也有人说不是,没有人知道哪种说法才正确。老子是一位隐居的君子。

老子的儿子是李宗,做过魏国的将军,封地是段干。李宗的儿子是李注,李注的儿子是李宫,李宫的玄孙是李假,李假在孝文帝时代做过官。而李假的儿子李解做过胶西王刘卬的太傅,因为这个缘故,李氏就定居在齐地了。

世人若信奉老子学说就会贬斥儒家学说,信奉儒家学说的人也会贬斥老子学说。"主张不一致的人,不能在一起商量事情",难道说的就是这种情况吗?老子认为,无为而治,百姓自然会趋于化;清净不扰,百姓自然会归于正。

太史公说:老子推崇的"道"是虚无的,顺应自然,以无为来适应种种变化,所以他写的书中,有很多微妙难懂的措辞。庄子远离道德,纵意畅言,但其学说的要点也还是归于自然。申子勤奋自勉,致力于循名责实之学。韩非子以法度为依据,决断世事,明辨是非,用法到极点就变得严酷苛刻,绝少施恩。他们的主张都始于道德的理论,而老子的思想是最为深邃旷远的。

司马穰苴列传

　　司马穰苴是田完的后代儿孙。齐景公的时候,晋国攻打齐国的东阿和甄城,燕国侵犯齐国黄河南岸的地区,齐军都大败。齐景公为此而深感忧虑。于是晏婴就向齐景公举荐田穰苴道:"虽说穰苴是田家的妾所生之子,可是他这个人的文才能使大家归顺;武略能使敌人畏惧。希望君王能试用他。"于是齐景公召见了穰苴,跟他共同讨论军国大事,谈后齐景公感到非常高兴,当即任命他做了将军,令他率兵抵抗燕、晋两国的军队。穰苴说:"我地位一向卑微,君王您将我从平民中提拔起来,使我位居大夫之上,士兵们不会服从我,百姓也不会信任我,人的声望若是轻微,权威就难以树立,希望您能派一位深受君王宠信、深受众人尊重的大臣来做监军,才可以服众。"于是齐景公答应了他的要求,派庄贾前去做监军。

　　穰苴辞别了景公后,便和庄贾约定:"我们明天正午在军门会合。"第二天,穰苴率先赶到了军门,立起了计时用的木表和漏壶等着庄贾。庄贾一向骄盈显贵,觉得率领自己的军队,自己又做监军,就无须特别着急;他的亲戚朋友给他饯行,留他喝酒。已经到了正午,庄贾还没来。穰苴就放倒木表,摔破漏壶,进了军营,整饬军队,宣布了各种纪律。等到他部署完毕,已是傍晚时分,庄贾这时才来。穰苴说:"为什么来得这么晚?"庄贾报歉地解释道:"我的朋友亲戚们为我送行,所以耽搁了。"穰苴说:"身为将领,在接受命令的那一刻起,就应该忘记自己的家庭，来到军队宣布纪律后，就应该忘记私人的交情，擂鼓进军的紧急关头时，就应该忘记自己的生命。现在敌国侵略已经深入内地，国内到处骚乱不安，战士们已在前线风餐露宿，无所隐蔽，国君睡不好觉，吃不香甜，全国百姓的性命全都维系在你的身上，还说什么送行呢！"于是穰苴把军法官叫来，问道："按照军法，对约好时间却还是迟到的人该怎么处置？"回答道："应当斩首。"庄贾非常害怕，派人飞马禀报齐景公，请求景公搭救。报信的人走后不久，还没来得及回来，穰苴就斩了庄贾，并在全军巡行示众，全军将士都感到震惊，非常害怕。过了好长时间后，齐景公派来的使者才拿着符节来赦免庄贾。使者策马飞奔直入军营。穰苴说："将领在外作战，有时可以不接受国君的命令。"又问军法官道："驾着车马闯入军营，军法上是怎么处置的？"军法官说："应当斩首。"使者感到异常恐惧。穰苴说："不能斩国君的使者。"于是斩了使者的仆人，砍断了车子左边的夹车木，杀死了在左边驾车的马，向全军巡行示众。又派使者回去向齐景公报告此事，然后就出发了。对于士兵们安营、掘井、立灶、饮食、求医吃药这样的事情，田穰苴全都亲自过问并慰问他们。还把专为自己这个将军而用的物资粮食全都拿出来款待士兵。自己同士兵平分粮食，还特别照顾体弱有病的人。三天后穰苴重新整顿军队。病弱的士兵也都要求跟着他一同奔赴战场，争先恐后地为他而战。晋国的军队知道了这种情况后，就撤回了军队。燕国的军队知道了这种情况后，也将军队撤到黄河北岸，因而分散松懈，于是此时齐国的军队趁机追击他们，收复了所有沦陷的国土，然后带兵凯旋。

  大军还没回到国都，穰苴就解除了战时的装备，取消了战时的法令。宣誓立盟之后才进入国都。齐景公率文武百官到城外去迎接他们，按照礼仪慰劳将士们之后，才回到寝宫。齐景公召见了田穰苴，尊封他为大司马。从此，田氏在齐国就一天天地显贵起来。

后来，大夫鲍氏、高氏、国氏等一班人忌妒他，就在齐景公面前中伤他、诬陷他。齐景公免了他的官职，穰苴得病后死去。田乞、田豹等人因此而怨恨高氏、国氏家族的人。此后，田常杀死齐简公，把高氏、国氏家族全部诛灭了。到田常的曾孙田和时，便自立为齐威王。他用兵打仗大显权威，大多是模仿穰苴的做法，各国诸侯都来朝拜齐国。

齐威王派大夫研究讨论古时候的各种《司马兵法》，将大司马田穰苴的兵法也放在里边，因而定名为《司马穰苴兵法》。

太史公说：我读《司马兵法》时，感到它宏大广博，深远到不可测度。即便是夏、商、周三代的战争，也不能完全发挥出它的内涵，像现在说穰苴的文字类似于《司马兵法》的文字，也未免是过分褒奖了。至于说到田穰苴，不过是为了一个小小的诸侯国领兵打仗，怎么能与《司马兵法》相提并论呢？世人既然这么推崇《司马兵法》，因此我就不再评论了，只写下这篇《司马穰苴列传》。

商君列传

秦孝公任用商鞅后不久，商鞅打算变更法制，孝公却怕天下人因此而议论自己。商鞅说："在行动上犹豫不决，就不会搞出名堂，在事业上犹豫不决，就不会取得成功。况且超出常人的行为的人，本来就常会被众人非议；有独特见解的人，必定会被众人嘲笑。愚蠢的人在事成之后都弄不明白发生过什么，聪明的人事先就能预见到将要发生的事情。做大事不能先同百姓谋划，只可以在事成后与他们共享成功的欢乐。探讨高深道理的人不与世俗合流，成就显著功业的人不与众人共谋。因此，只要圣人能够使国家变得强盛，就不必沿用陈规；只要能够使百姓获益，就不必遵循旧制。"孝公说："好。"甘龙说："不是这样。圣人不变更民俗而施以教化，聪明人不改变法制而治理国家。顺应民俗而施以教化，不费力就能取得成功；沿袭成法治理国家，官吏习惯，百姓相安。"商鞅说："甘龙所说的是世俗的那一套说法啊。老百姓都安于旧有的习俗，而读书人则拘泥于书本上的见闻。让这两类人奉公守法还可以，但不能与他们谈论成法以外的事情。三代礼制不同却都能一统天下，五伯法制不一却都能各霸一方。智者制定法度，愚人被法度制约；贤人变更礼制，俗人被礼制约束。"杜挚说："没有百倍的利益，就不能变更成法；没有十倍的功效，就不能换掉旧器。遵循成法可以无过失，遵循旧礼不会出偏差。"商鞅说："治理国家的方法不是一成不变的，只要有利于国家就不必仿效旧的法度。所以汤武不沿袭旧的法度而能统一天下，夏殷不更换旧的礼制结果自取灭亡。反对旧法的人不应该被非难，而沿袭旧礼的人也不值得赞扬。"孝公说："讲得好。"于是便任命商鞅为左庶长，终于下达了变更成法的命令。

　　按照新法，十家为一什，五家为一伍，彼此监视检举，一家若犯法，十家连带着治罪。不告发奸恶者，处以拦腰斩断的死刑，告发奸恶者，与斩敌首级者同样受赏，藏匿奸恶者，与投降敌人同样受罚。一家有两个以上成年男子而不分开另立门户的，赋税加倍。立下军功者，按功劳大小分别升爵受赏；为私利斗殴的，按情节轻重分别处以刑罚。努力从事农业生产，因而粮食丰收、布帛增产的人，免除他本人的劳役或赋税。从事工商业的人，以及那些懒惰而贫穷的人，将他们以及他们的妻子儿女全都收为官奴。王族中没有立军功者，不能列入家谱。明确规定尊卑爵位的等级，各按其等级占有土地、房产、家臣奴婢的数量、服饰式样等。有军功的人都显赫荣耀，没有军功的人，即使很富有也没有显荣的地位。

新法已然准备就绪后，还没公布，唯恐百姓不相信，就在国都市场的南门立起一根三丈长的大木头，招募百姓中有能把木头搬到北门的人，赏十金。百姓觉得这件事非常奇怪，没人敢动。于是又宣布"能将木头搬到北门的人，赏五十金"。有一个人把木头搬走了，当下就赏给他五十金，借此事表明令出必行，绝不欺骗百姓。接着就颁布了新法。新法施行了整一年，秦国老百姓去国都投诉新法不当的人数以千计。正在这时，太子触犯了新法。商鞅说："新法不能顺利推行的原因，是上层人先去触犯它。"于是准备依新法处罚太子。太子是国君的继承人，又不能对他施以刑罚，于是就处罚了太傅公子虔，以墨刑处罚了传授他知识的老师公孙贾。到了第二天，秦国人就都奉行新法了。新法推行了十年后，秦国百姓都感到非常满意，路不拾遗，山林中也没有了盗贼，家家富裕充足。百姓勇于为国家作战，不敢为私利而争斗，乡村、城镇的社会秩序都非常安定。当初说新法不当的秦国百姓，又来说法令适当了，商鞅说："这些都是扰乱教化的人。"于是把他们全都迁到边疆去。此后，再没有老百姓敢议论新法了。

张仪列传

张仪是魏国人。他当初曾与苏秦一起拜鬼谷子先生为师，学习游说之术，苏秦自认为其才学比不过张仪。

张仪完成学业后就去各地游说诸侯。他曾与楚相一起喝酒，席散后，楚相丢失了一块玉璧，相府的门客们怀疑是张仪拿的，说："张仪贫穷，品行卑劣，一定是他偷了宰相的玉璧。"于是，众人一起捉住张仪，打了他几百竹板。张仪始终没有承认，后来只好释放了他。他的妻子又悲又恨地说："唉！你如果不读书也不游说，又怎会受到这样的侮辱呢？"张仪对他的妻子说："你来看看我的舌头还在吗？"他的妻子笑着回答："舌头还在呀。"张仪说："那就够了。"

　　那时，苏秦已说服了赵王，得以去和各国缔结合纵的联盟了，可是他担心秦国趁机攻打各诸侯国，那么盟约在缔结之前就会遭到破坏。苏秦又考虑到没有合适的人能派往秦国，于是派人暗中劝说张仪："当初您与苏秦感情很好，现在苏秦已经当权，您为何不去他那里做事，以实现您功成名就的愿望呢？"于是张仪就去了赵国，呈上名帖求见苏秦。苏秦就传令手下人不给张仪通报，又设法让他好几天都不能离去。此后苏秦才接见了他。苏秦让他坐在堂下，让他吃奴仆、侍妾们吃的饭菜，还屡次责备他道："凭着您的才能，竟把自己弄到如此穷困潦倒的地步。难道我不能够举荐您让您富贵吗？只不过您不值得录用啊。"说完这些话后就把张仪打发走了。张仪之所以来投奔苏秦，是自认为大家都是老朋友了，能够得到苏秦的帮助，不料反而被苏秦羞辱，张仪感到很生气，他考虑到诸侯中除了秦王没有谁是值得侍奉的，只有秦国有能力侵扰赵国，于是就去秦国了。

　　苏秦在张仪离去后，对他的一个门客说道："张仪是天下少有的贤士，恐怕我比不上他呀。幸亏如今我比他先受到重用，而也只有张仪才能够掌握秦国大权。然而，他非常贫穷，没有进身的资本。我担心他会满足于小的利益而无法成就大的功业，所以就把他召来羞辱他一番，用以激发他的斗志，请您替我暗中侍奉他。"苏秦接着把自己的想法禀明了赵王，赵王拨出财物和车马，派人暗中跟着张仪，与他投宿同一间客栈，逐渐接近他，供给他车马金钱，凡是张仪需要的，全都供给他，却不向他说明是谁供给的。这样张仪才有机会拜见秦惠王。惠王任用张仪为客卿，与他商讨攻打各诸侯的计划。

此时，苏秦派来的门客来向张仪告辞，张仪说："我是靠了您的鼎力相助，才得到显赫的地位，我正要报答您的恩德，您为什么要在这个时候走呢？"门客说道："其实我并不了解您，真正了解您的人是苏先生。苏先生担心秦国会攻打赵国，从而破坏合纵联盟的计划，他认为除了您之外，没有谁能掌握秦国大权，所以他才故意激怒先生，派我暗中供给您钱财，这都是苏先生的谋略啊。如今先生您已被重用，请允许我回去复命吧！"张仪说道："唉呀，这些权谋本来都在我研习的范围内，而我却未能察觉到，我实在没有苏先生高明啊！况且我刚被秦王任用，又怎么能图谋攻打赵国呢？请您替我感谢苏先生，只要在苏先生当权之时，我张仪又怎么敢与他作对呢？"张仪出任秦相以后，写信警告楚相说："当初我和你一起喝酒，我并没偷你的玉璧，你却派人鞭打我。现在你要好好地守护你的国家了，我要偷你的城池了！"

孟子荀卿列传

太史公说：我读《孟子》一书，读到梁惠王问孟子"怎么做才会有利于我的国家"，就会放下书来感慨一番。还说：哎呀，功利真的是祸乱的开始啊！孔子很少谈及功利，是为了防备常常出现祸乱的根源啊。所以说："按照功利来处理事情，人们会产生很多怨恨。"上至天子，下到平民百姓，喜好功利的弊病又有什么不同呢！

孟轲是邹国人。他曾向子思的弟子求学。当他通晓事理之后，便去游说齐宣王，然而齐宣王并没有任用他。于是他去了魏国，梁惠王不但没有听信他的主张，反而还认为他的话迂曲空阔、脱离实际。那时候，秦王任用商鞅，结果国家富足，兵力强大；楚王、魏王任用吴起，打了一些胜仗，削弱了强敌；齐威王和齐宣王任用孙膑和田忌等人，结果国力强盛，各诸侯都东来朝拜齐王。当各诸侯国正力求"合纵连横"，将能攻善伐当作贤能的时候，孟子却称颂尧、舜以及夏、商、周三代的功德，因此他的学说不能满足他周游的那些国家的君王的需要。于是孟子就回到家乡和万章等人整理《诗》、《书》，阐述孔子的学说，写成《孟子》一书，共七篇。在孟子之后，出现了学者驺子等人。

齐国有三个驺子。在孟子之前的叫驺忌，借着弹琴的技艺求见齐威王，随后他便参与了国政，被封为成侯并当了宰相，他生活的时代要先于孟子。第二个叫驺衍，生于孟子之后。驺衍看到了那些掌握大权的诸侯们越来越荒淫奢侈，不崇尚德政，不按照《诗经·大雅》所要求的那样先自我修养，再推行到百姓。于是便深入观察天地万物的阴阳消长，记述下怪异迂曲的变化，写下《终始》、《大圣》等篇，共十多万字。他的言论宏大空阔，荒诞不合情理，一开始必定先验证细小的事物，然后推而广之，以至无边无际。先从现世说起，再往前追溯到学者们共同研讨的黄帝时代，大体上依着时代的盛衰变化，记载下不同时代的祸福制度，再从黄帝时代往前推到更远，直到天地还没形成的时候，真是深远玄妙，不能考究它的本源。他先将中国的名山大川列出，山谷里的禽兽，水土所生的，物类里最珍贵的，推而广之，直到人们看不到的海外的东西。他说自开天辟地以来，金、木、水、火、土这五德相生相克，各有治理天下的方法，而历代帝王的人事更替都正好与天道相配合。他认为儒家所谓的中国，只不过在全天下的八十一分中占一分罢了。中国名为赤县神州。赤县神州又分九个州，即夏禹依照次序排列的九个州，但不算是州的全部数目。在中国以外像赤县神州的地方还有九个。那才是所谓的九州。那里都有小海环绕着，人与禽兽不能与其他州的同类彼此相通，像是处在一个独立的区域，才算是一州。像这样的州总共有九个，更有大瀛海环绕在它的外面，这才到了天地的边际了。驺衍的学说都是这一类的。然而，总括它的主旨，必定都归结到仁义节俭上，并在君臣上下以至六亲之间施行，只不过开始时的述说的确是空泛不实的。王公大臣们初见他的学说，惊异之下而引起思考，并受到感化，到后来却不能实行它。

因此驺衍在齐国受到尊重。他到魏国，梁惠王来到郊外迎接他，与他行宾主的礼节。他到赵国，平原君侧身陪行，亲自用衣服为他拂拭席位。他到燕国，燕昭王拿着扫帚清洁道路为他做先导，并请求他让自己坐在弟子的座位上听他教诲，还修建碣石宫让他住，亲自前去拜他为老师向他学习。驺衍写了《主运》一书。驺衍在各国周游都受到如此崇高的礼遇，这与孔丘在陈国、蔡国断粮，孟轲在齐国、梁国遭到困厄，岂能相同！从前周武王靠仁义讨伐殷纣王从而称王，伯夷宁肯饿死也不吃周朝的粮食；卫灵公问起孔子行军布阵的事，孔子却不予回答；梁惠王计划攻打赵国，孟轲却称颂周太王离开邠地的事迹。这难道是有意迎合世俗随便附和君主么！拿着方榫子却想要放入圆榫眼里，哪放得进去呢？有人说，伊尹背着鼎去勉励汤行王道，结果汤成就了王业；百里奚在车下喂牛而被秦穆公任用，因而秦穆公称霸诸侯。他们的做法都是先采取行动投合君主的意愿，然后再引导君主走上正道。驺衍的话虽然不合常理，或许也有伊尹负鼎、百里奚喂牛的意思吧！

从驺衍到齐国稷下的诸学士，如淳于髡、慎到、环渊、接子、田骈、驺奭等人，各个著书立说谈论天下兴亡治乱的大事，用以求得与国君会见，这些事怎么可能说得尽呢？

淳于髡是齐国人。他博闻强记，治学兼采众家，不专于一家之言。从他对君王的进谏中可以看出，他似乎是仰慕晏婴的直言敢谏，然而实际上他擅长于察言观色，揣摩君主的心意。有一次，一个宾客把淳于髡引见给梁惠王，惠王让身边的侍从退下，单独与他坐着接见了他两次，然而他始终一言不发。惠王感到奇怪，就责备那个宾客道："你称赞淳于先生，说连管仲、晏婴都不及他，可等到他见了寡人，寡人是一点收获也没有啊。难道是寡人不配与他交谈吗？到底是为什么呢？"那个宾客将惠王的话转告淳于髡。淳于髡说："是这样的。我第一次见大王的时候，大王的心思全都用在相马上；再见到大王的时候，大王的心思又用在了声色上，所以我沉默不语。"那个宾客将淳于髡的这些话全部报告了惠王，惠王大吃一惊，说："哎呀，淳于先生确实是一个圣人啊！前一次淳于先生来时，有个人献上好马，寡人还没来得及相一相，正巧淳于先生来了。先生后一次来时，又有个人献来歌伎，寡人还没来得及试一试，也正好淳于先生来了。寡人在接见淳于先生时虽然让身边侍从退下了，可是心里却想着别的事情，是有这回事。"后来淳于髡进见惠王，两人专注地交谈，一连三天三夜都没有感到困倦。惠王打算封淳于髡为卿相，淳于髡却辞而不受，转身离开了。于是惠王赠给他一辆四匹马驾的平稳车子、五匹帛、玉璧以及一百镒黄金。淳于髡终身没做官。

慎到是赵国人。田骈、接子是齐国人。环渊是楚国人。他们都专攻黄帝、老子关于道德方面的理论学说，阐述并发挥黄老学说的意旨。因此他们都有著述传世，慎到写有论文十二篇，环渊著有上、下篇，田骈、接子也都有所论著。

驺奭，是齐国的第三个驺子，他较多地吸收驺衍的学说来著述文章。

当时齐王很赏识他们，将淳于髡以下的这些人，都任命为列大夫，为他们在宽阔平坦的大道旁建造有高门大屋的住宅，以示对他们的尊重和宠信。以此来招揽天下各诸侯国的宾客，宣扬齐国能够招纳天下的贤能之士。

荀卿是赵国人。他五十岁的时候才去齐国游说讲学。驺衍的学说迂曲夸大，多有空洞的论辩；驺奭的学说完备周密，但却难以实施；至于淳于髡，若与他相处的日子久了，时常能学到一些有用的观点。因此齐国人称颂他们道："高谈阔论的是驺衍，善于雕饰的是驺奭，智虑无穷，能言善辩的是淳于髡。"田骈等人都已经在齐襄王当政时就去世了，此时荀卿是最年长、资历深的学者。当时齐国正在填补列大夫的缺位，而荀卿曾先后三次以宗师的身份出任稷下学士的祭酒。后来，齐国有人中伤荀卿，荀卿就去了楚国，春申君请他担任兰陵令。春申君死后荀卿被罢免，便在兰陵安家了。李斯曾是他的学生，后来当了秦朝的丞相。荀卿憎恨乱世的黑暗政治，昏乱亡国的君主接二连三地出现，他们不遵循正道，被装神弄鬼的巫祝迷惑，相信他们能够赐福去灾，而庸俗鄙陋的儒生拘泥于小节，再加上庄周等人荒诞不羁、败坏风俗，于是荀卿推究儒家、墨家、道家的成败得失，整理著述了几万字的文章后便辞世了。死后就葬在兰陵了。

当时赵国也有公孙龙，他曾以"离坚白"之说，与惠施的"合同异"之说展开辩论，此外还有剧子的言论；魏国有李悝，他提出了鼓励耕作以完全发挥土地潜力的主张；楚国有尸子、长卢；齐国东阿还有吁子。自孟子到吁子，世上流传着他们的诸多著作，所以不详细叙述这些著作的内容了。

墨翟是宋国的大夫，他擅长守卫和防御的战术，竭力提倡节俭用度。有人说他与孔子是同时代人，也有人说他在孔子之后。

孟尝君列传

　　当初，田婴的儿子有四十多个，他的小妾又生了一个儿子叫田文，生于五月五日。田婴告诉田文的母亲："不要抚养他。"田文的母亲还是偷偷地把他带大了。等到他长大后，他的母亲就通过田文的兄弟将田文引见给田婴。田婴愤怒地对田文的母亲说："我让你把这孩子扔了，你竟敢把他养大了，这是为什么？"田文立即给他父亲磕头，接着反问父亲："您不抚养五月生的孩子，又是为什么？"田婴回答道："五月出生的孩子，长大后身长与门户一样高，将会害父害母的。"田文问父亲："人的命运是由上天给呢？还是由门户给呢？"田婴不知如何回答，便默不做声。田文接着说："如果是由上天给的，您何必忧虑呢？如果是由门户给的，那么可以加高门户啊，谁还能长得到那么高呢！"田婴无言以对，便斥责道："你不要说了！"

　　过了很久，田文趁空闲的时候问他父亲："儿子的儿子叫什么？"田婴答道："孙子。"田文接着问道："孙子的孙子叫什么？"田婴答道："玄孙。"田文又问："玄孙的孙子叫什么？"田婴说："不知道。"田文说："您执掌齐国大权，担任宰相一职，到如今已历经三代君王了，齐国的领土没有扩大，可是您的私财却已积贮了万金，您的门下也没有一位贤能之士。我听说，将门必出将军，宰相的门庭必出宰相。现在您的姬妾踏着绫罗绸缎，而士人们却穿不上粗布短衣；您的男仆和女奴有吃不完的饭食肉羹，而士人们却吃糠咽菜填不饱肚子。现在您还在增加积贮,想把这些留给那些还不知道是谁的人,却忘记了自己的国家在诸侯国中一天天失势。我私下觉得这很奇怪。"自此后,田婴改变了对田文的态度,以父子之礼对待田文,要他主持家事,接待宾客。宾客一天天多了起来,来往不断,田文的名声随之传到了各诸侯国。各诸侯都派人来请求薛公田婴立田文为太子,田婴答应了。田婴去世后,谥号为靖郭君。而田文果然在薛邑继承了父亲田婴的爵位。这就是孟尝君。

孟尝君在薛邑,招揽各诸侯国来的宾客以及那些有罪逃亡的人,很多人都归附了孟尝君。孟尝君宁肯舍弃家财,也奉给他们丰厚的待遇,因此天下贤士无不倾心归附于他。他的食客有数千人,不分贵贱一律与田文相等。孟尝君每次接待宾客,与宾客坐着交谈的时候,总会在屏风后安排一个侍史,让他把孟尝君与宾客的谈话内容记录下来,并问明宾客的亲戚的住处。宾客离去后,孟尝君已派使者去宾客的亲戚家里问候,献上礼物给他们的亲戚。有一次,孟尝君招待宾客用晚餐,有个人遮住了烛光,宾客大怒,认为饭菜的质量肯定不等,放下碗筷就要告辞。孟尝君站起来,亲自端着自己的饭菜与他的比较,那位宾客惭愧得无地自容,就以自刎来谢罪。因此有很多贤士都归附于孟尝君。孟尝君对来到他门下的宾客并不挑拣,友善地对待每一个人。所以每一个宾客都觉得孟尝君与自己亲近。

平原君列传

秦国围攻邯郸的时候,赵王曾派平原君去别国求救,当时想与楚国订立合纵的盟约,联兵抗秦,平原君与他门下勇猛有力、文武兼备的二十名食客约好一同前往楚国。平原君说:"假若能通过谈判取得成功,那是最好不过了。如果谈判不成功,也要挟制楚王在大庭广众之下歃血为盟,一定要签下合纵的盟约才能回国。不必去外面寻找文武之士,从我门下的食客中找就足够了。"结果选出了十九人,剩下的人中没有合适的人选了,竟没有办法凑够二十人。这时平原君门下有一个叫毛遂的人,他径自走到平原君面前,自我推荐道:"我听说您要去楚国,让楚王签下合纵的盟约,并且商定与您门下二十名食客一同去,不去外面找。现在还缺一个人,希望您就拿我充个数,让我也去吧。"平原君问道:"先生来我门下到现在有几年了?"毛遂答道:"到现在整整有三年了。"平原君说:"贤士活在世间,就如同锥子在口袋里,它的尖头立即就会显露出来。如今先生在我门下已三年了,我的左右近臣们从没有谁称颂过你,我也从不曾听说过你,这是因为先生没有什么专长啊。您不能去,请留下来。"毛遂说:"我就算是今天请求您把我放进口袋里吧。如果我早就被放进口袋,整个锥头都会露出来的,不单是只露出一点锋尖而已。"平原君最终同意带毛遂一同去。另外十九个人相互使眼色示意,暗自嘲笑毛遂,不过没有发出声音。

等到毛遂到了楚国,与另外十九个人谈论、争议过天下局势后,那十九个人都很佩服他。平原君与楚王就订立合纵盟约一事进行谈判,他再三与楚王说明利害关系,从早晨起就谈判,直到中午还没签下来,那十九个人就对毛遂说:"先生您去吧。"于是毛遂握着剑,一步一阶走到了殿堂之上,对平原君说:"谈合纵非'利'即'害',只两句话就能说明白。从早晨就谈合纵,到了中午还没有决定,是什么缘故?"楚王对平原君说:"这位客人是做什么的?"平原君答道:"这是我的随从家臣。"楚王厉声斥责道:"怎么还不给我退下!我在与你的主人谈判,你来做什么!"毛遂握着剑走向前去说:"大王敢呵斥我,不过是仗着楚国人多势众。现在我距离你只有十步远,十步之内您就不能再仗楚国人多了,大王的性命就在我手上。我的主人就在您面前,当着他的面您怎么能呵斥我?况且我听说,商汤曾凭着七十里土地称王天下,周文王凭着一百里土地使各诸侯臣服,难道是凭着他们的士兵多吗,其实是因为他们善于根据形势发挥自己的威力。如今楚国纵横五千里,拥兵百万,这是争王称霸的资本啊。凭着楚国的强大,天下没有谁能挡住你们的威势。秦国的白起,不过是个毛头小子罢了,他率领几万人的军队与楚国交战,第一战就攻克了鄢、郢,再战又烧毁了夷陵,第三战便侮辱了大王的先祖。这是楚国百世的怨仇,连赵王都感到羞耻,可是大王您却不知道痛恨秦国。合纵的盟约是为了你们楚国,而不是为了我们赵国。我的主人就在您面前,当着他的面您为什么这样斥责我?"听了毛遂的这番话,楚王立即改变了态度:"是,是,的确如先生所说,我一定竭尽全国之力来履行合纵的盟约。"毛遂说:"合纵的盟约确定下来了吗?"楚王答道:"确定了。"于是毛遂对楚王的左右近臣说:"把鸡、狗、马的血取过来。"毛遂双手捧着铜盘,跪下将其进献给楚王,说道:"大王应先歃血以表达订下合纵盟约的诚意,其次是我的主人,然后是我。"就这样,他们在楚国的殿上订立了合纵的盟约。这时毛遂左手托起一个铜盘,用右手招呼那十九个人道:"请各位也一块儿在堂下歃血吧,诸位虽然碌碌无为,可也算完成了任务,这就是所谓的依靠别人的力量来做成事的人吧。"

平原君签订了合纵盟约后便返回赵国,回到赵国后,平原君说:"我不敢再说我能够鉴别人才了。我鉴别的人才多说上千,少说也有几百,自认为不会漏掉天下的贤士,现在竟然漏掉了毛先生。毛先生一到楚国,就使赵国的威望比九鼎、大吕这样的传国之宝还受人尊重。毛先生凭着他那三寸之舌,竟抵得过百万大军的威力。我不敢再鉴别人才了。"于是将毛遂奉为上宾。

魏公子列传

魏公子名魏无忌,是魏昭王的小儿子、魏安釐王的同父异母弟弟。魏昭王去世后,魏安釐王即位,封公子为信陵君。那时候,范雎从魏国逃到秦国去当秦相,因为怨恨魏相魏齐曾经差点将自己屈打致死的缘故,便派秦军围攻大梁,击败了魏国在华阳驻扎的军队,魏将芒卯也战败而逃。魏王和公子都为这件事而深感焦虑。

公子为人仁厚,礼贤下士,无论士人有无才能,也无论其才能大小,他都谦恭有礼地与他们交往,从不敢因为自己富贵而待人傲慢。因此方圆几千里内的士人都争着归附于他,他招徕的食客达三千人。当时,各诸侯国因公子贤明,门下聚集了众多能人,连续十几年不敢出兵谋犯魏国。

有一次,公子和魏王正在下棋,然而北方边境传出警报的烽火,说:"赵国出兵进犯,将要入侵边境了。"魏王放下棋子,立即要召集大臣们商议对策。公子劝阻魏王道:"是赵王打猎罢了,不是入侵。"又照旧跟魏王下棋，就像没发生什么事一样。可是魏王非常惊恐，心思完全没有放在下棋上。过了一小会儿，又从北边传来消息："是赵王外出打猎，不是进犯边境。"魏王听后十分惊诧，问道："公子是如何知道的？"公子答道："我有一个食客能探到赵王的私事，赵王有什么行动，他会立即禀告我，因此我知道这件事。"自此后，魏王对公子的贤能便有所畏惧，不敢将国家大事交给公子处理。

魏国有个叫侯嬴的隐士，七十岁了，家境贫寒，在大梁城的夷门看大门。公子听说了这个人后，便前去拜访他，并带给他一份厚礼。但是侯嬴不肯接受，对公子说："我几十年来修身养性，保持着纯洁的德行，终究不能因我是个贫困的看门人的缘故就接受公子的钱财。"于是公子摆酒大会宾客。大家坐定之后，公子带着车马随从，空出车子左边的上座，亲自去夷门接侯先生。侯先生整了整破旧的衣帽，径直上了车子，毫不客气地坐在了公子空出来的尊位上，想借此观察公子的态度。公子手握马缰绳，比之前更为恭敬。侯先生又对公子说："我有个朋友在街市的屠坊里卖肉，希望您委屈一下，载我去拜访他。"公子毫不犹豫，立即亲自赶着车前往街市，侯先生下车去找他的朋友朱亥，他斜着眼看公子，故意久久地站着与朱亥聊天，同时暗中观察公子。公子的面色更为温和。此时，公子家中魏国的将相、宗亲以及高朋贵宾满堂，正等着公子回来举酒开宴。街市里的人都看到公子握着马缰绳替侯先生赶车的景况。公子的随从都在暗骂侯先生。侯先生看到公子的面色始终未变，才辞别朋友上了车。到公子的家后，公子领着侯先生坐在上座，向宾客赞誉侯嬴乃是修身洁行的贤士，宾客无不惊异。大家酒兴正浓的时候，公子站了起来，走到侯先生面前，恭恭敬敬地举杯为他祝福。侯先生趁机对公子说："今天我侯嬴为公子做的事也够多的了。我只是城东门的守门人，可是委屈公子亲自去市井之中迎接我，我本不应该再去拜访朋友，可是公子竟肯陪我一起去拜访他。而我也想成就公子的名声，故意让公子的车马久久地停在街市里,借拜访朋友来观察公子,结果公子的态度更为谦恭。街市上的人都认为我是小人,而认为公子是一个能礼贤下士的高尚的人啊。"这次宴会散了之后,侯先生便成了公子的上宾了。

侯先生对公子说:"我拜访的那个屠夫朱亥,是一个有贤能的人,只是世人都不了解他,所以隐身于屠坊之中了。"公子曾多次前去拜访朱亥,朱亥故意不回拜答谢,公子对此感到奇怪。

魏安釐王二十年,秦昭王已经击败了在长平驻扎的赵国军队,接着又发兵围攻邯郸。公子的姐姐是赵惠文王的弟弟平原君的夫人,曾多次送信给魏王和公子,向魏国求救。魏王派将军晋鄙率领十万人去救援赵国。秦昭王得知了这个消息后,就派使者告诫魏王:"我攻下赵国是迟早的事,诸侯中有谁敢救援赵国的,在我拿下赵国后,一定会调兵先攻打它。"魏王感到很害怕,就派人阻止晋鄙发兵,让军队驻守在邺城,名义上是救赵国,实际上是在犹豫地观望。平原君接连不断地派使者到魏国,指责魏公子道:"我赵胜之所以与公子结为亲戚,就是因为公子有高尚的道义,能在关键的时候热心地救别人于水火之中。如今邯郸危在旦夕,早晚要被秦国攻破,可是魏国的救兵至今仍然不来,公子的急人之困又表现在哪里!再说即使公子不把我赵胜放在眼里,抛弃我而看着我投降秦国,难道您就不可怜自己的姐姐吗?"公子为这件事而忧虑万分,多次请求魏王赶快出兵,又让门客、辩士们千方百计地劝说魏王。但由于魏王害怕秦国,始终没有听从公子的建议。公子料想终究不能劝得魏王同意出兵了,就决定不能只顾自己活着而眼睁睁看着赵国灭亡,于是请来门客,凑集了一百多辆战车,打算带着门客赶去战场与秦军决一死战,与赵国人共存亡。

公子带着人马路过夷门的时候,去见侯先生,把想与秦军决一死战的事全都告诉了侯先生。说完后便向侯先生诀别,侯先生说:"公子努力吧,老臣我不能随您去了。"公子走了几里路,心中不快,说:"我待侯先生够周到的了，天下无人不知，如今我将要赴死，可是侯先生竟没有只言片语送给我，难道是我有什么过失吗？"于是又赶车返回，想问问侯先生。侯先生见到公子便笑着说道："我早知道公子会回来的。"又说："公子好客爱士的名声传遍天下。如今您遇到危难，没有别的办法就想同秦军拼命，这好比将肥肉扔给饿虎，能起什么作用呢？如果非要这样的话，又哪里用得着我们这些门客呢？公子待我情深意厚，公子去战场可是我不送行，因此我知道公子会因心中有疑问而再回来问我的。"公子再次向侯先生拜礼，进而向他请教对策。侯先生就让其他人退下，与公子秘密交谈，说："我听说晋鄙的兵符常放在魏王的卧室里，如姬最受大王的宠爱，她出入大王的卧室很方便，只要尽力就能偷出兵符。我还听说如姬的父亲被人杀害，如姬怀愤三年了，从大王以下的群臣都想为如姬报杀父之仇，但都未能如愿。如姬曾向公子哭诉，公子派门客斩下那个仇人的首级，敬献给如姬。若要如姬为公子效命而死，她是在所不辞的，只是没有机会罢了。公子真的开口请求如姬帮忙，如姬必定会答应，如此就能得到虎符而夺下晋鄙的军权，北边可救援赵国，西边能打退秦国，这俨然是春秋五霸的功业啊。"公子听从了他的计策，去请求如姬帮忙。如姬果然将晋鄙的兵符盗出，送给了公子。

公子准备上路了，侯先生说："将帅在外作战，有应变处置的权力，国君的有些命令可以不接受，以对国家有利为原则。公子到晋鄙那里，倘若即使兵符相合，晋鄙仍不将兵权交给公子，反而再请示魏王，事情一定就危险了。我那个朋友屠夫朱亥可以随您一同前往，此人是大力士。如果晋鄙听从您的话，那最好；如果他不听从于您，可以让朱亥将其击毙。"公子一听，不由得落下了眼泪。侯先生见状便问道："公子怕死？为什么哭呢？"公子答道："晋鄙是魏国声威赫赫的老将，我到那里后恐怕他不会听从我的命令，必定要杀了他，因此我很难过，哪里是怕死呢？"于是公子便去请求朱亥一同上路。朱亥欣然说道："我只是市场上操刀杀生的一个屠夫,可是公子竟亲自多次登门看望我,我不回拜答谢您,是因为我觉得这些小礼小节没什么用处。如今公子有急难,这正是我为公子效命的时候了。"朱亥就与公子一起上路了。公子来向侯先生辞行,侯先生说:"我本该随您一起去,可是人老了不行了。我会计算着您行程的日期,当您到达晋鄙军队的那一天,我会面向北自刎而死,以此来为公子送行。"公子就出发了。

公子到了邺城,拿出兵符来假传魏王命令,接管晋鄙的兵权。晋鄙合上了兵符,但还是对此事有所怀疑,就举着手看着公子说道:"如今我率领十万大军驻扎在边境上,事关国家重任,今天你只驾了一辆单车就来接替我,这是怎么回事呢?"正想要拒绝接受公子的命令。这时朱亥取出藏在袖中的四十斤重的铁椎,一椎击毙了晋鄙,于是公子统率了晋鄙的军队。然后整顿全军,下令道:"父子都在军队里的,父亲回去;兄弟同在军队里的,长兄回去;没有兄弟的独生子,回去奉养双亲。"经过整编后得到精兵八万人,于是出兵攻击秦军。秦军撤离而去,邯郸终于得救,赵国保住了。赵王及平原君亲自去边境迎接公子。平原君亲自替公子背着箭袋,走在前面为公子引路。赵王对公子拜了两拜说:"从古至今的贤人没有一个能赶上公子的。"到这时,平原君不敢再拿自己和魏公子相比了。公子与侯先生告别之后,在公子到达邺城军中的那一天,侯先生果然面向北面自刎而死。

魏王恼怒公子盗了兵符,又假传君令杀了晋鄙,公子自己也是知道这一点的。所以在击退秦军保住了赵国之后,就派将军带着军队返回魏国,而公子和他的门客就留在赵国了。赵孝成王感激公子假令夺取了晋鄙的军权从而保住了赵国的义举,就与平原君商议,将五座城封赏给公子。公子听说了这个消息以后,有些骄傲了,露出了居功自满的神情。有一个门客劝说公子道:"事物有不能忘记的,也有不能不忘记的。别人对公子有恩德,公子不能忘记;公子对别人有恩德,希望公子能忘了它。况且假传魏王的命令而夺取晋鄙的兵权去救赵国，对赵国来说算是功劳，但对魏国则不是忠臣了。公子却感到很骄傲，自以为有功，我私下认为公子实在不该这样。"公子听了他的话后，马上责备自己，好像无地自容似的。赵王打扫了殿堂的台阶，亲自去门口迎接贵客，用主人的礼节，领着公子去走殿堂的西边的台阶。公子则侧身而行，一再地推辞谦让，并主动走东边的台阶。在宴会上，公子则称说自己有罪，做了对不起魏国的事情，对赵国也无功劳可言。赵王陪公子饮酒直到晚上，始终不好意思提出要封给他五座城的事，因为公子总在谦让自责。公子终于留在了赵国。赵王把鄗邑封给公子，此时魏王也将信陵邑又奉还给公子。公子仍留居赵国。

公子听说赵国有两个人有才德却没有从政，一个是毛公，藏身于赌徒中；一个是薛公，藏身在卖酒人里，公子很想拜访这两个人，可是这两个人都躲了起来，不肯见公子。公子打听到他们住的地方，就闲步走去同这两个人交游，彼此都以相识为乐事。平原君听说了这件事，就对他的夫人说："当初我听说夫人的弟弟魏公子是天下无双的大贤人，如今我听说他竟然胡乱跟赌徒、卖酒人交往，公子只是一个荒唐妄为的人罢了。"平原君的夫人将平原君的话告诉了公子。公子就向夫人告辞，要离开这里："以前我听说平原君是一个贤德的人，所以背弃了魏王而来救赵国，以求对得起平原君。现在才知道平原君与人交游，只是为了显示他富贵的豪放举动，不是为了求取贤士啊。我在大梁的时候，就常听说这两个人有贤能，到了赵国，我生怕见不到他们。让我与他们交往，还怕他们不接纳我呢，现在平原君竟然将与他们交往视为羞耻，平原君这个人不值得我与之结交。"于是便收拾行装准备离去。夫人将公子的话全都告诉了平原君，平原君听后自感惭愧，便去向公子脱帽致歉，坚决要留下公子。平原君的门客们听说这件事以后，有一半人离开了平原君而去归附公子，天下的士人也全都去投靠公子。公子的门客人数就比平原君的多了。

公子留在赵国十年没有回魏国。秦国听说公子在赵国，就日夜不停地出兵向东进攻魏国。魏王为此事感到焦虑万分，就派使者去请公子回国。公子仍害怕魏王恼怒自己，就告诉门客："有敢替魏王使者通报的，处以死刑。"由于门客们都是背弃魏国而投奔赵国的，所以没有谁敢劝公子回魏国。此时，毛公、薛公去见公子说道："公子之所以在赵国被器重，名扬诸侯，这是因为魏国的存在啊。现在秦国攻打魏国，而公子毫不顾念魏国的危急，倘若秦国攻破大梁而夷平您先祖的宗庙，公子还有什么脸面活在这世上呢？"话未说完，公子的脸色立刻变了，吩咐车夫赶快套车赶回去救魏国。

魏王与公子在十年后重逢，两人不禁相对落泪，魏王授予公子上将军大印，于是公子便担任了上将军一职，即最高统帅。

魏安釐王三十年，公子派使臣将自己担任上将军职务一事遍告各诸侯国。诸侯们听说公子担任了上将军，都各自派兵救援魏国。公子率领五个诸侯国的军队在河外将秦军打得大败，使秦将蒙骜落败而逃。公子进而乘胜追击秦军直到函谷关，把秦军抑制在函谷关内，使他们不敢再出战。当时，公子威震天下，从各诸侯国来的门客都来向他进献兵法，公子将它们合在一起编写成书，因此俗称《魏公子兵法》。

秦王担心公子会进一步威胁到秦国的统治，就使用了一万斤黄金去魏国行贿，找到晋鄙原来的门客，叫他们在魏王面前进谗："公子逃亡在外十年了，现在由他担任魏国大将，诸侯国的军队都归他指挥，诸侯们只知道魏国有个魏公子，却不知道魏王。公子也想乘这个时机平定南面而称王。诸侯们都害怕公子的威势，正打算共同拥立他为王呢。"秦国又多次使用反间计，派人假装不知情地向公子祝贺，问公子是否已经做魏王了。魏王天天听到这些毁谤，无法不信以为真，后来果然派人取代了公子担任上将军。公子知道自己这是再次遭到毁谤而被废黜，于是便推托有病而不上朝了，他与宾客们在家中通宵达旦地痛饮烈酒作乐，又过分地沉浸于女色之中，这样日夜寻欢度过了四年，终因饮酒过量而死，这一年，魏安釐王也去世了。

秦王听说公子已死，就派蒙骜进攻魏国，攻下了二十座城，开始设立东郡。从此以后，秦国逐渐地蚕食魏国领土，过了十八年后，便俘虏了魏王，屠灭了大梁。

当初高祖地位低贱、年纪尚小的时候，就多次听别人说起魏公子的贤德。等他即位做了皇帝以后，每次经过大梁，常会去祭祀公子。汉高祖十二年，皇上从击败黥布的战场归来，路过大梁时专门安排了五户人家为公子守墓，嘱咐他们世世代代每年四季按时祭祀公子。

太史公说：我路过大梁城的废墟时，曾去寻访那个夷门。夷门就是大梁城的东门。天下的诸多公子，也的确是有好客爱士的，但只有信陵君能够去交结那些隐没在各个角落的人物，不以与下层贱民结交为耻，这是很有道理的。他的名望远远超过诸侯，的确不是没有根据的。因此，每次高祖经过大梁，就命令百姓祭祀他，不能断绝。

范雎蔡泽列传

范雎是魏国人，字叔。他曾周游列国游说诸侯，后来回到魏国打算侍奉魏王，可是家境贫寒无法养活自己，就先在魏国中大夫须贾的门下做事。

有一次，须贾替魏昭王出使去齐国办事，范雎也跟着去了。他们在齐国待了几个月，也没有得到答复。当时齐襄王听说范雎很有口才，就专门派人赐给范雎十斤黄金以及牛肉美酒,但范雎一再推辞,不敢接受。须贾知道这件事后,大为恼火,以为范雎必定是将魏国的秘密出卖了,所以才会得到这笔馈赠,于是他让范雎收下牛肉美酒,而把黄金退回去。回到魏国后,须贾心中恼怒范雎,就将这件事报告给魏国宰相。魏国宰相,是魏国的公子之一,叫魏齐。魏齐听后大怒,就派家臣拷打范雎,打断了范雎的胁骨,打掉了范雎的牙。当时范雎假装死了,魏齐就派人用竹席把他卷了卷,扔到厕所里。宾客们喝醉了,轮番往范雎身上撒尿,故意污辱他,以此来惩一儆百,让别人不敢再乱说话。卷在竹席里的范雎对看守说:"如果您能放我走,日后我必定重谢您。"看守有意放走范雎,就向魏齐请示,干脆把竹席里的死人扔掉算了。正巧魏齐喝得酩酊大醉,顺口答应道:"可以。"范雎得以逃脱。后来魏齐后悔把范雎扔掉,又派人去找范雎。魏国人郑安平听说了此事以后,就带着范雎逃跑了,他们藏了起来,范雎改名为张禄。

在这个时候,秦昭王派的使臣王稽正好来到魏国。郑安平假装成士兵,侍候王稽。王稽问他:"魏国有没有贤士愿意跟我一起回西边吗?"郑安平答道:"我的同乡张禄先生,想求见您,与您谈谈天下大事。不过他有仇人,不敢白天露面。"王稽说:"那夜里让他和你一起来好了。"于是郑安平夜里带张禄去拜见王稽。话还没说完,王稽就发现范雎是一个人才,便对他说:"请先生在三亭的南边等着我。"暗中约好见面时间后,郑安平和范雎就离去了。

王稽辞别魏国后,路过三亭南边时,载上范雎进入了秦国国境。车行进到湖邑时,远远望见一队车马从西边来。范雎便问:"那边过来的人是谁?"王稽说:"那是秦国宰相穰侯去东边巡察县邑。"范雎一听是穰侯便说:"我听说宰相穰侯独揽秦国大权,最讨厌接纳各国的说客,恐怕见了面后他是要侮辱我的,我宁可暂时躲藏在车里。"不一会儿,穰侯果然到了,问候了王稽,便停下车询问道:"关东的局势有何变化?"王稽答道:"没有。"穰侯又说:"使臣该不会将诸侯的说客带回来吧?这种人一点用处也没有,只会搞乱别人的国家罢了。"王稽赶快回答:"臣不敢。"两人随即告别离开。范雎对王稽说:"我听说穰侯是一个聪明人,处事多疑,刚才他怀疑车上藏着人,但忘记搜查了。"于是范雎就跳下车来自己赶路,说:"穰侯不会对此事善罢甘休。"大约走了十多里路,穰侯果然派骑兵追来搜查车子,没发现有说客,方才作罢。于是王稽与范雎进了咸阳。

范雎做了秦相之后,在秦国仍叫张禄,而魏国人对此一无所知,以为范雎早已死了。魏王听说秦国即将向东攻打韩国、魏国的消息后,便派须贾出使秦国。范雎得知须贾来到了秦国,便改装出行,穿着破旧的衣服从小路走到宾馆,见到了须贾。须贾一见范雎,不禁惊愕道:"范叔原来没有出事啊!"范雎说:"是啊。"须贾笑着说道:"范叔是来秦国游说的?"范雎答道:"不是的。我前段时间得罪了魏国宰相,所以流亡逃跑到这里,怎么还敢再游说呢!"须贾问道:"如今范叔你在做些什么事?"范雎答道:"我给人家当杂役。"须贾听后对他有些怜悯,便留范雎一起坐下来吃饭,又不无同情地对他说:"范叔怎么竟然贫寒到这种地步!"于是就取出了自己的一件粗丝绸袍送给他。须贾顺便问道:"秦国的宰相张君,你知道他吧。我听说他受到秦王的宠信,天下大事都由张君决断。这次我办的事情能否成功也取决于他。你小子有没有跟张君熟悉的朋友啊?"范雎说:"我的主人跟他很熟。就是我也能求见张君,请让我将您引见给张君吧。"须贾说:"我的马病了,车轴也断了,若不是四匹马拉的大车来接我,我是决不出门的。"范雎说:"我愿意替您向我的主人借四匹马拉的大车。"

范雎回去找来四匹马拉的大车,并亲自为须贾驾车,直接进了秦国相府。相府中的人看到范雎驾着车子来了,凡是认识他的人都回避了。须贾见到此情此景感到非常奇怪。到了丞相的住处,范雎对须贾说:"请等我一下,我先进去替您通报一声。"须贾就拽着马缰绳在门口等着,等了很久不见人来,便问门卒:"范叔进去很久了还不出来,是怎么回事?"门卒说:"没有范叔这个人。"须贾说:"刚才跟我一起坐车进来的那个人就是范叔。"门卒说:"他就是我们宰相张君啊。"须贾一听大惊失色,自知被骗了进来,赶紧脱掉上衣光着膀子,跪下用双膝走路,托门卒向范雎请罪。这时范雎坐在华丽宽敞的帷帐里面,召来众多侍从,才接见了须贾。须贾见到范雎后,连忙叩响头称死罪,说:"我没有想到您靠着自己的能力达到尊位,我不敢再读天下之书,也不敢再参与天下之事。我犯下了应该扔到热水里煮的死罪,请把我扔到荒凉野蛮的胡人所在之地吧,听凭您决定我的生死!"范雎说:"你有多少罪状?"须贾连忙答道:"就是拔下我的头发用来数我的罪状,也还不够。"范雎说:"你的罪状有三条。过去楚昭王的时候,申包胥替楚国打退了吴军,楚王封给他荆地的五千户食邑,申包胥辞而不受,那是因为他的祖坟在荆地,打退吴军就可以保住他的祖坟。现在我先人的坟墓也在魏国,可是你以前认为我有外心暗通齐国,而在魏齐面前中伤我,这是第一条罪状。当魏齐将我扔进厕所里肆意侮辱我的时候,你未加制止,这是第二条罪状。喝醉之后你还往我身上撒尿,你怎么那么忍心呢?这是第三条罪状。但是之所以不处死你,是因为今天你送我一件粗丝绸袍,还有点老朋友的顾恋之情,所以放你一条生路。"于是须贾赶紧称谢。随即范雎进宫将事情的原委禀报了昭王,决定打发须贾回国。

须贾离去时向范雎辞行,范雎大摆宴席,请来各诸侯国的使臣,与他们同坐在堂上,酒菜很丰盛。而让须贾坐在堂下,在他面前放草料和豆子,又让两个曾受过墨刑的犯人在他的两旁夹着他,像喂马一样喂他。范雎责令他道:"替我告诉魏王,赶紧把魏齐的脑袋送来!不然的话,我就要把大梁屠平。"须贾回到魏国后,将情况告诉了魏齐,魏齐很害怕,便逃到了赵国,藏在平原君的家里。

秦昭王听说魏齐在平原君家里，想着一定要替范雎报这个仇，就假装友好地写了一封信给平原君："寡人久闻您高尚的道义，希望像平民百姓一样与您成为知心朋友，若您能来我这里小住几日，我愿与您开怀畅饮十天。"平原君原本就畏惧秦国，看了信后还以为秦昭王真的有意与他交好，便去秦国会见秦昭王。昭王陪着平原君饮了几天酒，便对平原君说："从前周文王得到吕尚，将其尊为太公，齐桓公得到管夷吾，将其尊为仲父，如今范先生也是寡人的叔父啊。范先生的仇人现在住在您家里，希望您派人取来他的脑袋，不然的话，我就不放您出函谷关。"平原君说："显贵的人还要结交低贱的朋友，是为了提防日后有低贱的时候；富贵的人还要结交贫困的朋友，是为了提防日后有贫困的时候。魏齐是我的朋友，即使他确实在我家，我也不会把他交出来，更何况他现在根本就不在我家呢。"昭王又给赵王写了一封信："大王的弟弟平原君在秦国，而范先生的仇人魏齐此刻就在平原君家。大王赶快派人取他的首级来；不然的话，我会发兵攻打赵国，而且不放平原君出函谷关。"赵孝成王看了信后，就派人包围了平原君的家，危急之中，魏齐连夜从平原君家逃了出来，见到了赵国的宰相虞卿。虞卿估计赵王最终不可能被说服，就解下自己的相印，随魏齐一起逃出赵国，两人抄小路离开，想到几个诸侯国中都没有可以投靠的人，就又返回大梁，打算通过信陵君投奔楚国。信陵君听说后，由于害怕秦国，有些犹豫不决，不肯接见他们，就问周围的人："虞卿是一个怎样的人？"当时侯嬴也在旁，就回答道："人固然很难被别人了解，可了解别人也不是一件容易的事。那个虞卿穿着草鞋，戴着斗笠，远行而去赵国，第一次见赵王，赵王赐给他白璧一双，黄金百镒；第二次见赵王，他被任命为上卿；第三次见赵王，终于赵王授予他相印，封他为万户侯。在那个时候，天下人争着去了解虞卿的为人。魏齐在走投无路的时候去投奔虞卿，虞卿没把自己的高官厚禄放在眼里，解下相印，抛弃了万户侯的爵位而从小路与魏齐逃走。

他能将别人的困难视为自己的困难而来投奔公子,您还问'这个人怎么样'。固然人很难被别人了解,但了解别人也实在是不容易啊!"信陵君听了这番话后深感惭愧,赶忙驱车去郊外迎接他们。魏齐听说了信陵君当初为接见他而感到为难的消息后,一怒之下自刎而死了。赵王得知魏齐身亡,终于取下他的脑袋送到了秦国。秦昭王这才让平原君返回赵国。

卷四

廉颇蔺相如列传

蔺相如是赵国人,是赵国的宦官头子缪贤的门客。

赵惠文王得到了楚国的和氏璧。秦昭王听说这件事后,派人给赵王送去一封书信,想用十五座城来换取这块宝璧。赵王同大将军廉颇等诸位大臣们商量:要是把和氏璧给了秦国,恐怕也得不到秦国的城池,反而白白地受骗;要是不给呢,怕秦军马上来攻打赵国。还没有定下计谋来,想找一个可以出使秦国的人,也没能找到。缪贤说:"可以派我的门客蔺相如去。"赵王问:"你怎么知道他有这个能力呢?"缪贤答道:"我曾犯过罪,打算偷偷地逃亡到燕国,我的门客蔺相如劝阻我,说:'您怎么会知道燕王一定收留您呢?'我对他说:'我曾跟随大王与燕王在边境见过面,燕王私下与我握手,说愿意和我交个朋友。因此我知道燕王待我不薄,所以想去他那里避难。'相如对我说:'赵国强而燕国弱,您受宠于赵王的时候,燕王才会对您很友好。现在您是从赵国逃去燕国,燕国是害怕赵国的,所以在这种形势下,燕王势必不敢收留您,而且还会把您捆起来送回赵国。您还不如脱掉上衣光着膀子,伏在斧刃之下请罪,或许侥幸能被赦免。'我听从了他的建议,大王您也开恩赦免了我。我私下觉得此人是个勇士,而且有智谋,派他出使很合适。"

于是赵王召见了蔺相如,问他:"秦王要用十五座城来交换我的和氏璧,可以给他吗?"相如说:"秦国强而赵国弱,不能不答应。"赵王说:

"秦王得了我的宝璧，但不给我城邑，那该怎么办？"相如说："秦国想要用城换璧，如果赵国不答应，理亏的是赵国。如果赵国给了璧，秦国却不给赵国城邑，理亏的是秦国。衡量一下这两种对策，宁可答应秦国的要求，让他们承担理亏的责任。"赵王说："可以派谁为使臣呢？"相如说："如果大王确实无人可派，臣愿捧着和氏璧出使秦国。城邑划归赵国了，我就把和氏璧留给秦国；若城邑不能归赵国所有，我一定将和氏璧完好无损地带回来。"于是赵王就派蔺相如带着和氏璧西行入秦了。

秦王坐在章台之上接见了蔺相如，相如捧着和氏璧献给秦王。秦王大喜，给妻妾和侍从传看宝璧，手下人都高呼万岁。相如看出秦王没有将城邑划给赵国的意思，便走上前去说道："和氏璧上有一块小红斑，请让我指给大王看。"秦王把璧给他，于是相如手持宝璧退后几步站住，身体靠着柱子，怒发冲冠地对秦王说："大王想得到宝璧，让人送信给赵王，赵王召集了所有的大臣商议，大家都说：'秦国贪心得很，倚仗着国力强大，想用空话骗得宝璧，恐怕我们是得不到城邑的。'最后商议的结果是不想把宝璧给秦国。而我认为平民百姓之间的交往尚且能做到不互相欺骗，何况是大国之间呢！再说为了一块璧的缘故而惹强大的秦国不高兴，也是不可取的。于是赵王就斋戒了五天，让我捧着宝璧，在殿堂上恭敬地叩拜，为您献上国书。这是为什么呢？是尊重大国的威严以表示敬意啊。如今我来到贵国，大王您却在一般的宫殿里接见我，礼节很傲慢；拿到宝璧后，又传给妻妾们观看，您是这样戏弄我的。我发现大王您并没有给赵王十五座城的诚意，所以我收回宝璧。如果大王您一定要逼我，那今日我的头就和这宝璧一起撞碎在这柱子上！"相如手持宝璧斜视着柱子，就要撞过去。秦王怕他真的撞碎了宝璧，便赶忙向他道歉，再三请求他不要这么做，并召来有关官员查看地图，秦王指着说，从某处到某处的十五座城邑都划给赵国。相如估计秦王不过是假装要给赵国城邑，实际上是不可能给赵国的，于是对秦王说："和氏璧是公认的宝物，赵王害怕贵国，不敢不献出来。赵王送出璧之时，斋戒了五天，如今大王您也应该斋戒五天，在殿堂上设置九宾大典，只有这样我才敢献上宝璧。"秦王估量着这件事，终究不可强力夺取，于是答应斋戒五天，请相如在广成宾馆住下。相如估计虽然秦王答应斋戒，但必定会背约，便派他的随从穿着粗布衣服，怀中藏好和氏璧，从小路逃出，把宝璧送回了赵国。

　　秦王斋戒五天之后，就在殿堂上设置了九宾大典来接见赵国的使者蔺相如。相如到后便对秦王说："自秦穆公以来的秦国的二十几位君主，不曾有一个坚守盟约的。我实在担心受到大王欺骗而做出对不起赵王的事情，因此已经派人把宝璧送回去，从小路已经到赵国了。况且秦国强赵国弱，大王您派一位使臣去赵国，赵国立即就得把宝璧送来。如今凭着您秦国的强大，若是先割让给赵国十五座城邑，赵国怎么敢留下和氏璧而故意得罪大王呢？我知道欺骗大王是要被砍头的，我情愿下汤锅被煮，只希望大王和诸位大臣仔细考虑一下这件事。"秦王和群臣面面相觑，哭笑不得。有侍从想要把相如拉下去，倒是秦王说道："如今杀了相如，还是得不到宝璧，反而破坏了秦国和赵国的交情，不如好好地款待他，放他回赵国，赵王怎么会为了一块璧而欺骗秦国呢！"最终秦王还是在殿堂上接见了相如，行礼完毕后就让他回国了。

　　相如回到赵国后，赵王认为他是一位贤能的大夫，身为使臣而不受诸侯的欺辱，于是任命相如为上大夫。秦国没有给赵国城邑，赵国也始终没有给秦国和氏璧。

　　秦王派使者通告赵王，想与赵王在西河外的渑池会见言好。赵王因为害怕秦国而不想去。廉颇、蔺相如商量道："如果大王不去，就会越发显得赵国弱小而赵王胆怯。"于是赵王前去赴会，相如随他一起去。廉颇送他们到边境，与赵王分别时说："大王这次的行程，估计花在路上以及会见礼仪完毕，再加上返回的时间，不超过三十天。如果过了三十天您还没回来,请允许我们立太子为王,以断绝秦国扣留您当人质的妄想。"赵王同意了,便去渑池与秦王会合。

秦王酒兴正浓时,说:"寡人私下听说赵王喜好音乐,请您弹瑟吧!"赵王无奈只好弹起瑟来。秦国的史官上前记载道:"某年某月某日,秦王与赵王一起饮酒时,令赵王弹瑟。"蔺相如一听也立刻上前说:"赵王私下听说秦王擅长演奏秦地当地的音乐,请让我为秦王捧上盆缶,大家互相娱乐。"秦王生气了,不答应。于是相如上前递瓦缶,并跪下请求秦王击缶。秦王不肯击缶,相如说:"在五步之内,我蔺相如脖颈里的血就会溅在大王的身上了!"左右侍从们想要杀相如,相如瞪着眼睛大喝一声,左右侍从们都吓得后退。当时秦王很不高兴,但也只好击了一下缶。相如回头召来赵国史官写道:"某年某月某日,秦王为赵王击缶。"秦国的群臣说:"请赵国用十五座城来向秦王祝寿。"蔺相如也说:"请秦国用咸阳来向赵王祝寿。"直到酒宴结束,秦王也未能压倒赵国。赵国也部署了大军来防备秦国,因而秦国也不敢轻举妄动。

渑池会结束回赵国以后,由于相如的功劳大,被赵王封为上卿,位列廉颇之上。廉颇背后说道:"我是赵国的将军,立下攻城野战的大功,而蔺相如只不过靠着耍嘴皮子立了点功,可是他的地位现在却在我之上,况且相如本是一个出身卑贱之人,我为此而感到羞耻,我难以忍受地位在他下面。"并且扬言道:"下次我遇到相如,一定要好好羞辱他。"蔺相如听到这番话后,就故意躲着他,不肯与他相会。每次相如上朝时,常会推说有病,不愿与廉颇争位次的高低。后来有一次相如外出,远远地看到廉颇,就立即掉转车子躲开他。这样相如的门客就一起向相如直言进谏:"我们之所以抛家舍业来侍奉您,就是仰慕您的高尚节义呀。如今您与廉颇的职位是相同的等级,廉老先生扬言要羞辱您,而您却因为害怕而躲起来,您也怕得太过分了吧,平庸的人尚且为此感到羞耻,何况是位居将相的人呢!我们这些人没有出息,请让我们离开您吧!"蔺相如坚决地把他们留下,说道:"诸位认为廉将军比秦王厉害吗?"门客们答道:"廉将军不比秦王厉害。"相如说:"尽管秦王有那样的威势,而我还是敢在朝廷上斥责他,并羞辱他的大臣们,我蔺相如虽然驽钝,难道是怕廉将军吗?我考虑的是,强大的秦国之所以不敢攻打我们赵国,就是因为有我们两个人在呀,如果我们两个起了争执,势必无法共存。我一再忍让,是把国家的危难放在前面,而把私怨放在后面。"廉颇听说了这番话后,就袒露上身,背着荆条,让门客带着他去蔺相如的家中请罪。他说:"我是个粗野浅陋的人,想不到您的胸怀是如此宽广啊!"二人终于冰释前嫌,相互交好,成为同生共死的好友。

　　秦军进攻驻扎在阏与的韩国军队。赵王召见廉颇问道:"我们可以去援救韩国吗?"廉颇答道:"路途遥远,而且道路也艰险狭窄,很难去援救他们。"赵王又召见乐乘问了这件事,乐乘的回答与廉颇相同。赵王又召见赵奢,赵奢的回答是:"道远地险路又狭,就好比两只老鼠在洞里相斗,哪个勇猛哪个就能获胜。"赵王便让赵奢领兵去救援阏与的韩军。

　　赵军离开邯郸三十里后,赵奢在军中下令:"为军事进谏的,处以死刑。"秦军在武安西边驻扎,秦军擂鼓呐喊练兵的声音,把武安城的屋瓦都震动了。赵军中有一个侦察人员说应该急速去援救武安,赵奢立即将其斩首。赵军坚守着军营,停军二十八天不前进,反而又进一步加固军营。秦军探子潜入赵军的营地,赵奢好好款待了他之后,将其遣送回去。探子向秦军将领报告了那里的情况,秦将大喜,说道:"赵军离开国都三十里,军队就不向前走了,而且还加固军营,阏与不会变成赵国的地盘了。"赵奢送走秦军的探子后,就让士兵们卸下铁甲,快速奔向阏与。用了两天一夜的时间就赶到前线,赵奢下令让擅长射箭的骑兵在离阏与五十里处驻扎。军营筑成之后,秦军听说了这个消息,全军赶来。一个叫许历的军士请求为军事进谏,赵奢说:"让他进来。"许历说:"秦人本没料到赵国的军队会到这里来,现在他们来势汹汹,将军您一定要集中兵力,严阵以待。否则必定要失败。"赵奢说:"我愿意接受您的指教。"许历说:"我请求接受铡刀杀头之罪。"赵奢说:"等回邯郸之后再说吧。"许历又进谏,说:"先占据北面山头的军队会得胜,后到的一定会失败。"赵奢同意采纳他的建议,立即派一万人迅速占领北面山头。秦军后到,想与赵军争夺北山但却攻不上去,赵奢指挥士兵对秦军猛烈出击,大败秦军。秦军四散而逃,于是赵奢解了阏与之围,赵军回国。

赵惠文王封赵奢为马服君,并任命许历为国尉。因此赵奢与廉颇、蔺相如有了相等的地位。

太史公说:明知将要死去而不害怕,必定是非常有勇气,死并不是难事,而怎样对待这个死才是一件难事。当蔺相如举起宝璧斜视着庭柱,以及呵斥秦王左右随从的时候,就其面临的形势来说,最多不过是被杀而已,然而一般的士人往往会因为胆小懦弱而不敢有这样的表现。相如一旦鼓足他的勇气,其威力就能压倒敌国。又能对廉颇保持谦逊退让的态度,他的名誉比泰山还重,他在处事中表现出来的智慧和勇气,可谓兼而有之啊!

鲁仲连邹阳列传

鲁仲连是齐国人。擅长谋划奇特宏伟、卓异不凡的计策,却不肯任职当官,只想保持高风亮节。他曾游说于赵国。

赵孝成王执政时,秦昭王派白起在长平消灭了赵国四十万军队,于是,秦军向东挺进,包围了赵国的都城邯郸。赵王非常害怕,其他各国的救兵也不敢向秦军发起进攻。魏安釐王派将军晋鄙救援赵国,但因为惧怕秦军，所以驻扎在荡阴不敢前进。魏王派外籍将军新垣衍，抄小路潜入邯郸，让他通过平原君对赵王说："秦军之所以这么急着围攻赵国，就是因为从前与齐湣王争强称帝，不久之后又取消了帝号；如今齐国已然越来越弱，只有秦国能够称霸天下，秦军这次攻赵并不是真的贪图邯郸，真正意图是要重新称帝。赵国如果能派遣使臣去尊奉秦昭王为帝，秦王必定会很高兴，自然会撤兵离去。"平原君听后心下犹豫，不能决断。

这时，鲁仲连正好周游到赵国，正赶上秦军包围邯郸，也听说魏将想要劝说赵王尊奉秦昭王为帝，就去找平原君问："这件事要怎么处理？"平原君说："我现在哪里还敢说话！不久前，赵国已经在国外损失了四十多万大军，而如今，秦兵将邯郸包围，又无法使秦国退兵。魏王派外籍将军新垣衍劝说赵王尊奉秦昭王为帝，现在那个人还在这儿。我哪里还敢说话！"鲁仲连说："一开始我认为您是当今天下的一位贤明的公子，今天我才知道您并不是贤公子。魏国的客人新垣衍在哪里？让我替您去责问他并且请他回去。"平原君说："我愿介绍他与先生您见面。"于是平原君去找新垣衍："齐国有一位鲁仲连先生，如今他就在邯郸，我愿介绍您认识他。"新垣衍说："我听说鲁仲连先生是齐国的高人。我新垣衍是魏王的大臣，不过是奉命出使，我有我担负的职责，我不想见鲁仲连先生。"平原君说："我已经把您在此地的消息透露给他了。"新垣衍只好应允了。

鲁仲连见到新垣衍后却好久没有说一句话。新垣衍说："我看现在还留在这座围城中的人，都有求于平原君；可是我看先生的样子，不像是有求于平原君，为什么还要留在这座围城之中而不离开呢？"鲁仲连说："世人认为鲍焦没有从容而死，这些人的看法都是错的。世人不了解他耻居浊世的心情，却觉得他是为个人打算。秦国是一个抛弃礼义而专门崇尚战功的国家，他们靠着权诈之术来驾驭士人，像使唤奴隶一样役使百姓。如果让秦王无所忌惮地称帝，进而让他统治天下，那么，我鲁仲连只有跳进东海去死，我不甘心当秦国的顺民，之所以来见将军，是告诉你我打算帮助赵国啊。"

新垣衍说："先生打算如何帮助赵国呢？"鲁仲连说："我会请魏国和燕国来帮助赵国，齐、楚两国本来就已经在帮助赵国了。"新垣衍说："燕国嘛，我姑且相信燕国会听从您的建议；至于魏国，我自己就是魏国人，先生怎么能说服魏国帮助赵国呢？"鲁仲连说："魏国是没有看清秦国称帝的祸害，所以才没有帮助赵国。如果魏国看清了秦国称帝的祸害，就一定会帮助赵国的。"

新垣衍说："秦国称帝后是怎样的祸害呢？"鲁仲连说："当年齐威王曾奉行仁义，率领天下诸侯去朝拜周天子。当时，周朝既贫困又弱小，没有哪个诸侯国去朝拜，唯有齐国去了。而一年之后，周烈王逝世，齐王参加葬礼时去迟了，新继位的周显王非常生气，派人奔到齐国报丧说：'天崩地裂，天子命丧，东部藩国的小臣田因齐居然敢在丧礼上迟到，罪当斩首。'齐威王听了他的话后，勃然大怒，骂道：'呸！您母亲先前还是个婢女呢！'最终这件事被天下传为笑柄。齐威王在周天子活着的时候去朝拜，死了就破口大骂，实在是因为忍受不了新天子的苛求啊。但天子本来就这样，也没什么好奇怪的。"

新垣衍说："先生难道没有见过仆人吗？十个仆人侍奉一个主人，难道是力气、才智比不上他吗？是因为害怕他啊。"鲁仲连说："唉！魏王和秦王关系像是仆人和主人吗？"新垣衍说："是的。"鲁仲连说："这样的话我就让秦王煮了魏王再剁成肉酱。"新垣衍很不高兴地说："哼哼，您的话也太过分了！先生又怎能让秦王煮了魏王再剁成肉酱呢？"鲁仲连说："当然能，我讲给您听。过去九侯、鄂侯、文王是殷纣王的三个诸侯。九侯有一个漂亮的女儿，就把她献给殷纣王，殷纣王却觉得她长得不好，一怒之下把九侯剁成了肉酱。鄂侯刚直劝阻，殷纣王又把鄂侯杀死做了肉干。文王听说了这件事后,只是长长地叹息了几声,殷纣王又把他关在牖里的监牢内一百天,想要让他死。为什么同样是称王,最终落得个被剁成肉酱、做成肉干的下场呢?齐湣王去鲁国,夷维子做随从替他赶车子。他问鲁国的群臣:'你们打算如何接待我们的国君?'鲁国群臣说:'我们将用十太牢的礼仪迎接您的国君。'夷维子说:'你们这是从哪来的礼仪?我的国君是天子啊。天子到各诸侯国巡察,诸侯按例应该迁出正宫,交出宫门的钥匙,亲自撩起衣襟端着盘子,站在堂下伺候,等天子吃完后,才可以退回去管理自己国家的政事。'鲁国群臣听后,就关门上锁,没有让齐湣王入境。齐湣王进不去鲁国,打算借道邹国赶去薛地。正当这个时候,邹国的国君去世,齐湣王想进城吊丧,夷维子对邹国的新主说:'天子要进城吊丧,一定要把丧主的灵柩换个方向,灵位朝北,然后让天子面向南吊丧。'邹国群臣说:'如果一定要这样,我们宁愿伏剑自杀。'所以齐湣王不敢进邹国。邹、鲁两国的臣子,在国君生前没有能力好好地侍奉国君,在国君死后又不能为国君完成周备的丧仪,然而齐湣王想要在邹、鲁两国行天子之礼,邹、鲁的臣子们最终还是没让齐湣王得逞。如今,秦国是一个拥有万辆战车的大国,魏国也是一个拥有万辆战车的大国。又各有称王的名义,就因为秦王打了几次胜仗,就要顺从地尊奉他为帝,这不是说明了三晋的大臣还比不上邹、鲁小国的婢仆了。如果秦王终于如意称帝,那么,必然会更换诸侯的执政大臣。他将要撤掉那些他认为不肖的,换上他觉得贤能的人,罢免他憎恶的,而任命他喜爱的人。还要让自己的女儿和那些善于说坏话的小妾嫁给诸侯做姬妾,住在魏国的宫廷里,你们魏王如何能够悠闲安定地生活呢?而将军您又怎么保持您原先得到的恩宠呢?"

于是新垣衍站了起来,起身向鲁仲连再拜谢罪道:"当初我还以为先生是一个普通的人,今天才知道先生真的是天下少有的高士。我将请求离开赵国,再不敢谈尊奉秦王为帝的事了。"秦军主将得知这个消息后,为此把军队向后撤了五十里。正好魏公子无忌夺下了晋鄙的军权,率军来援救赵国,进攻秦军,秦军也就撤退回去了。

于是平原君想要封赏鲁仲连,鲁仲连再三推辞,最终不肯接受。平原君就设宴款待他,喝到畅快之时,平原君起身走向前,向鲁仲连献上千金以表酬谢。鲁仲连笑着说道:"天下名士之所以能被天下人崇尚,是因为他们能替人排解灾难而不求回报。如果收取酬劳,那就成了生意人做买卖,我鲁仲连是不忍心这么做的。"于是辞别了平原君,终生没再与平原君相见。

此后二十多年,燕将攻下了聊城。聊城有人对燕王说了燕将的坏话,燕将害怕被燕王诛杀,就守在聊城不敢回去。齐国的大将田单用了一年多的时间攻打聊城,死了很多士兵,却没攻下聊城。鲁仲连就写了一封信给燕将,系在箭上射进城去。信中写道:

"我听说,智者不违背时机而放弃应得的利益,勇士不回避死亡而埋没自己的名声,忠臣不会先顾及自己而后想到国君。如今您是在发泄一时的气愤,不顾及燕王身边没有臣子辅佐,是不忠;若战败身亡,丢掉聊城,威名不能在齐国宣扬,是不勇;建功不成,名声也没了,没有什么能被后世称道,是不智。有了这三条,当世的君主不把您当作臣子,游说的人不会把您的事迹记载下来,所以聪明人不能再犹豫不决了,真正的勇士是不怕死的。现在是决定生死荣辱、贵贱尊卑的关键时刻,此时再不决断,机会不会再来,希望您仔细地考虑一下,不要与俗人有一样的见识才好。

"况且,楚军进攻齐国的南阳,魏军进攻齐国的平陆,齐国却没有向南反击的意图,而是认为丢掉南阳的损失相对较小,夺得济北的利益才大,因此才执行这样的决策。如今秦国出动了军队,魏军不敢向东行进;秦国就形成了连横的局面,楚国的形势变得危急;所以齐国放弃南阳,放弃右边的国土而去平定济北,是权衡得失后定下来的决策。况且既然齐国决心要夺回聊城,您就别再犹豫了,现在楚军、魏军都先后从齐国撤回,而燕国的救兵又不来。齐国集中了全部的兵力别无他求,就是全力攻打聊城,如果您还要坚守已经被围困了一年多的聊城,我认为您是办不到的。而且现在燕国大乱,国君和臣子都束手无策,感到迷惑,栗腹率领的十万大军在国外接连打了五次败仗,燕国这样一个万乘大国居然被赵国包围,丢了土地,致使国君被困,遭到天下人的耻笑。燕国衰败,祸患四起,民心浮动。而如今,您又用疲惫的聊城军民来抵抗齐国全部兵力的进攻,这证明您如同墨翟般善于据守。缺少粮食就以人肉充饥,没有柴烧就烧人的骨头,即便这样士兵也没有叛离之心,这证明您如同孙膑般擅长带兵。您的本事已为天下人所知。尽管如此,可是我替您考虑了一下,觉得您不如用保全兵力来报答燕国。若是车马完好地回到燕国,燕王一定会很高兴;身体健全地回到本国,百姓们见到您就像见到自己的父母一样,朋友们一起交游的时候,都会称赞、推崇您的功业,您的功业也就得以显扬。对上可以辅佐国君管理群臣;对下可以使百姓安居乐业又资助游说的士人,纠正国事,更换风俗,您的功名也可以建立起来。如果您不想回燕国,就放弃燕国,不要管世俗的议论,向东来到齐国,齐国会分封给您土地,使您的富贵可与魏冉、商鞅匹敌,世世代代称孤道寡,与齐国长久并存,这也是一种解决之道。这两种方案,都能够显扬名声,希望您仔细地考虑后,审慎地选择一个。

"况且我听说,拘于小节的人无法成就荣耀的声名,耻于小耻的人不能建立显赫的功业。过去管仲射中了桓公的衣带钩,是犯上;抛弃公子纠而不能追随他去死,是怕死;身带刑具而被囚禁在监牢里,是受辱。具有这三种行为的人,国君不用他当臣子,乡亲们也不会跟他来往。当初倘若管子被长期囚禁,死在监牢里而不能返回齐国,那么也就不免落下一个耻辱、卑贱的名声。连奴仆与他同名都会感到羞耻,更何况世人呢!所以管仲不以身在监牢为耻,而是因天下不太平感到耻辱,不以不能追随公子纠去死为耻，却因齐国不能在诸侯国中显威扬名感到耻辱，因此虽然管仲兼有犯上、怕死、受辱的三重罪过，却辅佐齐桓公使齐国成为五霸之首，他的名气比任何人都大，而他的光辉也照耀了邻国。曹沫身为鲁国的大将，屡战屡败，丢掉了五百里的土地。当初倘若曹沫没有思前想后，而是仓促决定后就自刎而死，那么也就不免落得个被擒败将的丑名了。曹沫不计较多次战败的耻辱，而是回来与鲁君从长计议。趁桓公大会天下诸侯之时，曹沫在坛台上用一把短剑逼近桓公的心窝，面色不变，谈吐从容，因而多次战败所丢掉的土地，一会儿工夫就收了回来，他的行为使天下人震动，各诸侯惊骇，使鲁国的威名超过吴国、越国。像这二位志士，也不是不顾小的廉耻和名节，只不过他们认为如果一死了之，身亡名灭，也不能建立功业，那不是聪明人的做法。所以他们忍住一时的愤怒，去树立终身的威名；舍弃一时的愤怒，去奠定世代的功业。因此这些功业和三王的功业争相流传，他们的名声与天地共存。希望您选择一个方案采取行动吧！"

燕将看完鲁仲连的信后，哭了好几天，还是犹豫不决。想要回燕国，但已经与燕王产生了嫌隙，怕被燕王诛杀；想要投降齐国，但他杀死和俘虏的齐国人太多了，恐怕降服齐国之后会被羞辱。燕将长叹道："与其等着被别人杀，不如自杀。"燕将就自杀了。聊城大乱，于是田单带着军队屠平了聊城。田单回到齐国后，向齐王报告了鲁仲连的事，齐王想要封给鲁仲连爵位。鲁仲连听说后，便潜逃到海边隐居了起来，他说："与其给我富贵而让我屈身侍奉别人，还不如这样贫贱地生活，轻视世俗而放任自己去做喜欢的事啊。"

屈原贾生列传

屈原名平,是楚国王室的同族。他曾担任楚怀王的左徒。他学识渊博,记忆力强,通晓存亡兴衰的治国之道,熟悉待人接物的外交辞令。他入朝就与楚王商讨国家大事,制定和发布政令;对外则接待各国使者,处理与各诸侯的外交事务。楚怀王特别信任他。

上官大夫与屈原的职位相同,他想与屈原争宠,因此非常嫉妒屈原的才能。楚怀王让屈原制定国家的法令,屈原已经写完了草稿,还没完成最终的修订。上官大夫见了之后竟然想夺为己有,屈原不给他,他就对楚怀王说屈原的坏话:"大王您让屈原制定法令,没有人不知道这件事,每一条法令颁布出来,屈原就夸耀自己的功劳说'除了我之外,别人谁都做不出来'。"楚怀王听后感到非常生气,因此就疏远了屈原。

屈原痛心楚怀王听信谗言而不能明辨是非,被谄媚之徒蒙蔽而不能明辨真伪,致使邪恶的人陷害了好人,正直的人不被朝廷容纳,所以才感到忧愁苦闷,深思后写成《离骚》。所谓"离骚",就是遭受忧患的意思。上天是人的起源;父母是人的根本。人在处境困窘危急的时候,就会追念本源,所以在劳苦困倦到极点的时候,没有不呼唤上天的;在生病、痛苦、凄惨、惊惧的时候,没有不呼唤父母的。屈原坚持正义,行为率直,忠心耿耿、竭尽才智去侍奉他的国君,但却有小人从中挑拨离间,他的处境可以算是极度艰难的了。守信的人却被君王猜疑,忠贞的人却被小人毁谤,怎能让人没有怨愤之情呢?屈原写《离骚》,大概是为了抒发自己的这种怨愤之情吧。《诗经·国风》中虽然有很多篇描写男女恋情的诗歌,但并不淫乱;《诗经·小雅》中的诗歌虽然有老百姓对朝政发的牢骚,但却不主张暴乱。像屈原的《离骚》,可谓兼有《国风》和《小雅》的优点。《离骚》中,上古称颂了帝喾的事迹,近世则赞扬齐桓公的伟业,中间还叙述商汤、周武王的德政,以此来讽刺时政。他阐明了道德的广博崇高,治乱的兴衰条理,无不讲得详尽透彻。他的文字简约,他的用意深微,他的心志高洁,他的行为廉正,他虽写的是细小事物,但意旨却宏大精深,所举的虽然都是常见的事例,但寄意却非常深远。他的心志高洁,所以喜欢用芳香的事物作譬喻。他的行为廉正,所以至死也不允许自己有疏忽之处。他自洁于烂泥沼之中,就像蝉蜕壳一样能摆脱污秽,浮游在尘埃之外,不沾世俗的混浊之气,清清白白出淤泥而不染。推论他的这种高尚志向,就是说能与日月争辉也不为过。

屈原遭到贬退之后,秦国想要攻打齐国,当时齐国与楚国签有合纵的盟约,秦惠王对这件事放心不下,就派张仪假意离开秦国,带着丰厚的礼品进献楚王,表示要为楚王效力,张仪说:"秦国对齐国非常憎恨,但齐国和楚国签有合纵的盟约,楚国若能与齐国断交,秦国愿意割给楚国商、于一带六百里的土地。"楚怀王起了贪心而相信了张仪的话,就和齐国断交了,并派使者去秦国接受土地。张仪对使者耍赖:"我与楚王约定的是六里,没听说过六百里。"楚国使者愤然离去,回到楚国将这件事禀告了怀王。怀王勃然大怒,大举兴兵讨伐秦国。秦国派兵迎击,在丹水、淅水一带大败楚军,杀了楚军八万人,俘虏了楚将屈匄,接着又趁机夺取了楚国的汉中地区。于是楚怀王调动了全国的兵力,深入秦地,与秦军在蓝田大战。魏国得知了这件事后,趁机发兵偷袭楚国,一直打到邓地。楚兵非常害怕,不得不从秦国撤回来。而齐国终究因为痛恨怀王背弃盟约,所以不肯发兵援救楚国,楚国的处境非常困窘。

第二年,秦国表示愿意割让汉中地区与楚国讲和,楚怀王说:"我不想得到土地了,只要得到张仪我就甘心了。"张仪听说后,就对秦王说:"以我一个张仪就能抵得汉中的土地,请大王让我到楚国去。"张仪到楚国后,又用厚礼买通了楚国当权的大臣靳尚,并用花言巧语笼络了怀王的宠姬郑袖,怀王竟然听了郑袖的话,又把张仪放跑了。这时屈原已被楚王疏远,不再担任重职,刚好被派到齐国出使,他回来后,向怀王进谏道:"大王您为什么没有杀了张仪呢?"怀王后悔了,派人去追赶张仪,但已经来不及了。

此后各诸侯国联合起来攻打楚国,大败楚军,杀了楚国大将唐眛。

那时秦昭王和楚王结为姻亲,他想和楚怀王见见面,楚怀王想要去,屈原劝谏他道:"秦国是虎狼一般凶暴的国家,是不能信任的,不如不去。"可是怀王的小儿子子兰却劝怀王去,他说:"为什么要拒绝秦王的好意呢?"怀王终于还是去了。他刚一进武关,就被秦朝的伏兵斩断了归路,于是他们扣留了怀王,想让他割让土地给秦国。怀王大怒,不肯答应。怀王逃到赵国,但赵国拒绝接纳他。于是又回到秦国,最终怀王死在了秦国,死后尸体才运回楚国安葬。

怀王的大儿子顷襄王继位,让他的弟弟子兰担任令尹。楚国人都责怪子兰劝怀王入秦而致使怀王客死他乡。

屈原对子兰此举也非常痛恨。他虽然被放逐,但依然眷恋楚国,挂念怀王,希望能重返朝廷,希望国君能醒悟,陋习也能被革除。他爱护国君,渴望振兴国家,扭转局势,所以在《离骚》中再三流露出这种心情。然而终究还是无可奈何,所以也不可能重新回到朝廷,由此也可见怀王最终也没能醒悟。身为国君,无论他聪明还是愚蠢,贤能还是不贤,没有不想找来忠臣贤士辅佐自己治理国家的,然而国破家亡的事却不断发生,而圣明的国君、太平的国家却好多世代都见不到,其根本原因就在于所谓的忠臣并不忠,所谓的贤士并不贤。怀王因为不知道什么是忠臣,所以内受郑袖迷惑,外被张仪欺骗,疏远屈原而信任上官大夫、令尹子兰。结果军队惨败，国土被割，失去了六个郡的地盘，自己也客死秦国，被天下人耻笑。这是他不能知人所造成的灾祸。《易经》上说："井已经淘干净了，却没人来喝水，真叫人难过。国君若是圣明，大家都可以享受到幸福。"而怀王是这样不圣明，哪里能够得到幸福啊！

令尹子兰听说屈原对他不满，勃然大怒，最终让上官大夫向顷襄王说屈原的坏话，顷襄王很生气，就把屈原放逐了。

屈原流落到江边，在荒野草泽上披头散发地一边行走着，一边悲愤长吟。他面色憔悴，形体瘦削。一位渔翁看到他的情形，就问道："您不是三闾大夫吗？为什么来到这里了呢？"屈原说："全世界的人都污浊，只有我是清白的，大家都昏沉大醉，只有我是清醒的，于是我就被放逐了。"渔翁说："一个聪明通达的人，不拘泥于外界的事物，而是能随着世俗的风气而转移，全世界的人都污浊，您为什么不随波逐流呢？大家都昏沉大醉，您为什么不一起吃点残羹剩酒呢？为什么要死守着美玉一般高洁的品德，而使自己落得个被流放的下场呢？"屈原回答道："我听说，刚洗过头的人一定要掸去帽子上的灰，刚洗过澡的人一定抖抖衣服上的土，又有哪个人愿意清白之身受到外界污垢的玷染呢？我宁愿跳入滚滚的江流，葬身鱼腹之中，怎么能让自己清白的品格蒙受世俗的污染呢！"

于是，屈原写下了《怀沙》，赋文是这样写的：

日光炽热的初夏呀，草木繁茂地生长。我心中总是充盈着悲伤啊，匆匆地走向南方。眼前一片苍茫啊，四周沉寂毫无声响。我的心情沉郁悲愤啊，这令人难过的日子又实在太长。我反省志向而无过错啊，蒙受冤屈而感到压抑。

世俗想让我由方正变得圆滑，我却坚持自己的姿态；随着流俗而改变自己的本性，将被君子鄙弃。牢记规范和法度啊，抱着昔日的初衷决不反悔。品性忠厚、心地纯正的人，将被君子赞美。巧匠若不挥动斧头啊，谁能看得出木材是否符合标准？黑色花纹被放在幽暗之处啊，盲人会说没有花纹；离娄稍微一瞥就能看见啊，盲人却说没有光亮。白的变成黑的啊，上下也颠倒。凤凰被关在笼子里啊，鸡和野雉却在那里狂蹦乱跳。美玉和石头被掺和在一起啊，竟有人看不出二者的差别。那些卑鄙小人嫉妒我啊，根本不了解我的高尚情操。

　　我负载的重任太多啊，身陷阻滞的道路中使我无法向前。怀着美玉般高尚的品德啊，处境却困窘得无人知晓。城中有一群狗在乱叫啊，看到不常见的就觉得人家怪异。诽谤才俊、怀疑豪杰啊，本来就是小人的丑态。个性通达却木讷啊，大家都不知道我的风采。才华横溢却质朴啊，没人知道我的智慧和品德。我重视仁与义的修养啊，并以恭谨忠厚来充实自己。虞舜已不可再碰上了啊，又有谁知道我从容的坚持。自古以来圣人与贤人难得同世而生啊，又有谁能知道其中缘由？商汤、夏禹距今已经太久远了啊，再仰慕他们也无从追寻了。强压住内心的悲愤不平啊，抑制怨恨而使自己更加坚强。遭受磨难我也不改变初衷啊，只希望我成为后人的榜样。我又沿着路向北行啊，日光暗淡将近黄昏时刻。就这样笑谈我的悲哀啊，死亡就等在不远的前方。

　　结语：浩浩荡荡的沅江水、湘江水啊，不停地翻滚奔流着。道路漫长而幽暗啊，前程何其恍忽渺茫。

　　怀着永恒的悲伤不断歌吟啊，我慨然叹息着这些凄凉。世上没有人了解我啊，我的心事能向谁倾诉？怀着高尚的情操和美好的品质啊，我的人格天下无双。

　　伯乐早就死了啊，谁能识别哪匹千里马生性优良？人生在世间秉承着自己的命运啊，各人有各人的安排。坚定我心中广博的志向啊，还有什么值得我畏惧！深深地忧伤长长地叹息啊，这无穷无尽的悲哀。世道混浊没有知音啊，也没什么好说的了。人生在世间终归是不能回避死亡的啊，我不愿对自己的身体再那么珍爱。明白地告知后世的君子啊，我将成为你们的榜样。

于是，屈原怀抱石头，投入汨罗江而死。

屈原死后，楚国有宋玉、唐勒、景差等人，这些人都爱好文学而且以擅长辞赋而被世人称道。但他们都只学到了屈原委婉含蓄的辞令，而始终没人像屈原那样敢于直言劝谏。此后，楚国一天比一天衰弱，几十年后终于被秦国灭掉了。

自从屈原沉江而死之后一百多年，汉朝出了个贾生，他在担任长沙王的太傅的时候，路过湘水，写了一篇辞赋投入江中以祭吊屈原。

贾生名叫贾谊，是洛阳人。他在十八岁的时候，就因饱读诗书和会写文章而闻名于当地郡县。吴廷尉当河南郡守的时候，听说贾谊才华出众，就把他召来衙门任职，对他非常器重。孝文帝刚即位的时候，听说河南郡守吴公的政绩卓著，可为全国第一，而且吴公和李斯同乡，又曾向李斯求学，于是就征召他当廷尉。吴廷尉就向文帝推荐贾谊，说他年轻有才，精通诸子百家的学问。孝文帝就征召贾谊担任博士之职。

当时贾谊二十出头，是最年轻的博士。每次文帝下令让博士们议论一些话题，那些老先生们都没什么话好说，而贾谊却能一一应对，人人都觉得他说出了自己心中想说的话。博士们都认为贾生具有杰出的才能，他们难以望其项背。孝文帝也很喜欢他，破格提拔他，一年之内就贾谊升任为太中大夫。

贾谊认为从汉朝建立到孝文帝时代已有二十多年了，天下和乐太平，正是改正历法、变换服色、订立制度、确定官名、振兴礼乐的时候，于是他草拟了各种礼仪法令，崇尚黄色，尊奉五行之说，创造官名，彻底变更了秦朝的旧法。孝文帝刚即位不久，基于谦虚退让之道，来不及施行这些方案。但此后各项法令的修改以及诸侯必须去封地上任等事，都是早先贾谊提出的主张。于是孝文帝就与众大臣商议，想提拔贾谊担任公卿一职。但绛侯周勃、灌婴、东阳侯、冯敬这些人都非常嫉妒他，就说贾谊的坏话："这个洛阳人，年纪轻轻而学识又浅薄，只想独断专权，把政事弄得乱糟糟。"孝文帝于是就慢慢地疏远了贾谊，不再听取他的意见，只任命他为长沙王的太傅。

贾谊向文帝辞别后前去长沙赴任，他听说长沙的地势低洼，气候潮湿，自觉寿命不会很长，又因为是被贬到这个地方的，所以非常难过。在渡湘水的时候，贾谊写了一篇辞赋来凭吊屈原，赋文是这样写的：

我敬奉天子的诏命，带罪来长沙任职。曾听说过屈原这个人啊，是自沉汨罗江而死。今天我站在湘江边上，托江水来凭吊先生的英灵。是遇上乱世，才逼得您自杀的。哎，真是太令人悲伤了！您赶上了那不幸的时代。鸾凤潜伏在隐秘之处，鸱枭却自在地当空翱翔。不肖的人居于尊贵显赫的位置，阿谀奉承的人得志便猖狂了起来；圣贤都不能顺顺当当地行事啊，方正贤良的人反而屈居下位。世人竟觉得伯夷贪婪，盗跖廉洁；莫邪的宝剑太钝，铅刀反倒是利刃。唉！先生您真得太不幸了，无故遭此横祸！丢弃周代传国的宝鼎，反将破瓠当好东西。用疲惫的老牛和跛驴当坐骑，却让骏马奔拉着两耳拉盐车。好端端的礼帽被当作鞋垫，这样怎能让人活得长久？哎，真是苦了屈先生，唯有您遭受这样的灾难！

结语：算了，既然楚国人都不理解我，我的抑郁之情又能向谁倾诉？凤凰高飞远走了，人本应这样自己引退啊。效法神龙躲在渊底，深藏避祸来珍惜自己。韬光养晦以自处，岂能与蚂蚁、水蛭、蚯蚓做邻居？圣人的品德最珍贵，远离混浊的世间而自行隐匿。若是良马能被拴系住，怎么与犬、羊之类相区别！在乱世中遭到这样的灾祸，先生自己也有责任。先生可以游历九州以展宏图，何必对故都依依不舍呢？凤凰飞翔在千仞的高空之上，看到有德行的君王才停下来栖息。一旦发现危险的征兆，便振翅高飞远离是非之地。狭小污浊的小渠沟，怎能容得下能吞舟的大鱼？离开了江湖的大鱼，最终还是会被蝼蚁制服。

贾谊在长沙王太傅任上的第三年，一次有一只猫头鹰飞进他的住所，停在他的座位旁边。楚国人把猫头鹰称为"鹏"。贾谊原本就因被贬到长沙，而这里地势低洼，气候又潮湿，所以自觉寿命不长，为此而悲痛伤感，于是写下了一篇辞赋来自我宽慰。赋文是这样写的：

丁卯那年四月初夏，庚子那日太阳西斜之时，有一只猫头鹰飞进我的住处，它在我的座位旁停下，一副自在安闲的模样。这种奇怪的鸟进了我家，我私下觉得这件事很蹊跷。便打开卦书来占卜，卦书上面有这样一段话，"野鸟飞入住处呀，主人将会离开家"。请问鸟儿啊，"我离开这里后将去哪里？是吉，就请让我知道；是凶，也请告诉我是怎样的灾祸。生死是有定数的啊，请明白地通知我期限"。鸟儿听后长长地叹息，抬起头展展翅膀。不能开口说话，我以意相示请你自己推度。

天地万物处于永恒的变化之中，本来就没有终止的时候。就像旋转的涡流，反复地循环着。外形与内气转化接续，如蝉的蜕化一般。其中的道理深微无穷，言语哪能形容得尽呢。祸中倚着福，福中也藏着祸。忧和喜同聚门下，吉和凶同在一起。当年吴国何其强大，但夫差却失败了。越国曾败退至会稽，后来句践却称霸于世。李斯顺利成功地游说了秦王，最终却遭受五刑之灾。傅说原本是一个刑徒，后来却做了武丁的宰相。祸对于福而言，与纠结在一起的绳索有什么区别呢？谁都无法详细地解说天命，谁又能预知它的发展？水变成激流就冲得猛，力道足的箭就射得远。万物循环往复，在轮回中旋转激荡。云升雨降诸事无常，错综变幻气象万千。天地运转造就万物，如云雾般浩瀚无边。天道高深无从预测，凡人难以对其谋算。生死的迟早都是命中注定，谁能知道它什么时候到来？

更何况天地就像一个巨大的炉子，自然造化本来就是看炉的工人。阴阳是炉炭，世间万物都是铜。其中的聚散离合或生长灭亡，哪有常规可以拿来参考？事态复杂有诸多变化，未曾见过有尽头。生而为人也是一个偶然的事件，不必过于珍爱生命，也不必向往长生不老。纵然死掉化为异物，又何足忧虑到胆战心惊的地步！有点小聪明的人只顾自己的利益，别人的事都不重要，只有自己最重要。通达的人大气有胸怀，对死生、祸福都视若等闲。贪婪的人为了钱财而死，刚烈的人为了声名而死。浮华的人为权势而死，平民百姓则贪生而讨厌死。那些被名利诱惑、被生计逼迫的人，为了钻营而四处奔走。而那些道德品行极为高尚的人，不屈服于物欲，平等对待世间万物。愚蠢的人被俗累拘束，如囚徒一般不得解脱。圣人抛开世俗，只与天道共存。芸芸众生迷惑不解，爱憎之情堆满记忆。真人淡定静默，只与天道同生。丢掉智慧忘记形骸，超然物外而意识不到自己的存在。在那广阔恍惚的境界里，与大道一起翱翔。随着流水任意行进，碰上小洲就停下步伐。将此身交付给命运，不将其视为己有。活着是在世上寄宿，死了不过是长久休眠。内心如同平静无波的深渊，此生如同在不系缆绳的小船上漂游。不因活在世间就过于惜命，修养心性使其如空灵的轻舟。高德之人不为物所累，乐天知命而不烦忧。琐碎小事鸡毛蒜皮，哪里值得忧虑起疑！

一年多后，贾谊被皇上召回京城。当时孝文帝刚祭祀完神灵，接受神灵的福佑，正坐在宣室里。因文帝对鬼神之事有了些感触，就向贾谊询问鬼神的本源。贾谊也乘机详细地讲述了有关鬼神的种种情形。到了半夜时分，文帝听得入神，不知不觉地总向贾谊的坐席靠近。听完后，文帝慨叹道："我好久没见到贾谊了，自以为能超过他，现在看来我还是不如他。"不久后，文帝任命贾谊做梁怀王的太傅。梁怀王是孝文帝的小儿子，深受文帝宠爱，梁怀王喜欢读书，因此才让贾谊教导他。

孝文帝又将淮南厉王的四个儿子都封为侯。贾谊劝谏文帝，他说国家的祸患就要从这里起源了。贾谊又多次向皇帝上疏，说某些诸侯的封地太多，甚至拥有多达几郡的地方，与古代的制度不符，可以逐渐削弱他们的势力，但是孝文帝没有听从他的建议。

几年后，梁怀王因骑马时不小心，从马背上掉下来摔死了，没留下后代。贾谊认为这是自己没有尽到做太傅的责任，他非常伤心，哭泣了一年多后，也死去了。

贾谊死时年仅三十三岁。后来文帝去世，武帝即位，提拔了贾谊的两个孙子担任郡守。而其中贾嘉最为好学，由他继承了贾谊的家业，曾与我有过书信往来。到昭帝时，他担任九卿之职。

太史公说：我读完屈原写的《离骚》、《天问》、《招魂》、《哀郢》之后，深感屈原的志向而为之悲伤不已。当我到长沙的时候，特意去看了屈原沉江的地方，禁不住掉下眼泪，由此对他高洁的人品又多了几分想象。后来我读了贾谊的《吊屈原赋》，又责怪屈原，若以他卓异的才华去游说诸侯的话，哪个国君不能给他一个容身之地呢？何必弄到自沉汨罗这种地步。读过贾谊的《鵩鸟赋》之后，体会了将生死同等看待，对去留淡然处之的道理，又释然地抛弃了之前责怪屈原的想法了。

刺客列传

　　荆轲是卫国人。他的先祖是齐国人,后来迁到了卫国,卫国人称他为庆卿。他到燕国后,燕国人称他为荆卿。

　　荆卿喜爱读书、击剑,他曾经凭着自己平生所学游说卫元君,但卫元君没有任用他。此后,秦国攻打魏国,并设置了东郡,将卫元君的旁支亲属都迁移到野王。

　　荆轲曾经在漫游的时候路过榆次,在这里与盖聂谈论剑术,盖聂生气地瞪着他。荆轲出去后,有人劝盖聂再把荆轲找回来。盖聂说:"刚才我与他谈论剑术,他有谈得不甚恰当的地方,我瞪了他;你们去找找看吧,我想他应该已经走了,不敢再留在这儿了。"于是派人去荆轲住处询问房主,打听到荆轲已经驾车离开榆次了。派去的人回来禀报,盖聂说:"本来就该走了,刚才我瞪他,让他害怕了。"

　　荆轲到邯郸游历,与鲁句践博戏,两人为博局的路数起了争执,鲁句践发怒后呵斥荆轲,荆轲却悄悄地逃走了,于是两人再没见过面。

　　荆轲到燕国以后,与一个宰狗的屠夫及擅长击筑的高渐离相交甚欢。荆轲嗜好饮酒,天天与那个屠夫还有高渐离在燕市上喝酒,喝到似醉非醉的时候,高渐离击筑,荆轲就和着拍子在街市上唱歌,两人相互娱乐,不一会儿又相对哭泣,如入无人之境。虽说荆轲混在酒徒的圈子里,可是他为人深沉稳重,喜欢读书;他游历各诸侯国时,都是与当地贤士、豪杰、德高长者结交。他到燕国后,燕国隐士田光先生也对他很好,知道他不是平庸之辈。

高渐离改名换姓给别人当酒保,隐藏在宋子这个地方工作。日子久了,觉得很累,他听到主人家的堂上有客人击筑,就在那里徘徊舍不得离开。常常脱口而出:"那筑的音调有好的地方,也有不好之处。"侍从将高渐离的话告诉主人,说:"那个酒保懂得音乐,私下对击筑的好坏很有研究。"他家主人就叫高渐离到堂上击筑,满座人都说他击得好,赏酒给他喝。高渐离想到要长久地隐姓埋名、担惊受怕地躲藏下去是没有尽头的,便退下堂来,从行李匣子中取出自己的筑和衣裳,改装整容再次来到堂上,满座的人都大吃一惊,离开座位对他施以平等的礼节,将他尊为上宾。众人请他击筑唱歌,没有谁听后不被感动得流着泪离去的。宋子这个地方的人们轮流请他去做客,秦始皇听说了这件事后便下令召见他,有认识他的人,就说:"这人是高渐离。"秦始皇爱惜他擅长击筑的才华,特别赦免了他的死罪,但熏瞎了他的眼睛。秦始皇让他击筑,听后没有一次不叫好的。渐渐地他离秦始皇更近了。高渐离把铅块放进筑心中,等到再一次进宫击筑靠近秦始皇时,举筑要击杀秦始皇,没有击中。于是秦始皇将高渐离杀了,终身不敢再接近从前各诸侯国的人了。

张耳陈馀列传

范阳人蒯通对范阳令劝道:"我私下听说您就要死了,所以前来表示哀吊。但即便如此,我还是要恭喜您,因为有了我蒯通你将得以死而复生。"范阳令说:"为什么哀悼我?"蒯通回答道:"秦朝的法律非常严酷,您做范阳县令十年了,杀死多少百姓,多少人成了孤儿,砍断人家的脚,在人家脸上刺字,数也数不清您做过多少这样的事。然而没有哪个慈父孝子敢把刀子插进您肚子里的原因,是惧怕秦朝的酷法罢了。现在天下大乱,秦朝的法律没有办法施行下去了,然而,此时那些慈父孝子就会把您杀了,以成就他们的名声,这就是我来哀吊您的原因啊。如今,各诸侯都背叛了秦朝,武信君的人马即将来袭,您却坚持要死守范阳,年轻人都争先抢后地要杀死您,去投奔武信君。您应该赶快派我去找武信君,大概能转祸为福的时机就在当下了。"

范阳令就派蒯通求见武信君:"您一定要打了胜仗之后再夺取土地,攻破了守敌之后才占领城池,我私下认为这么想是错的。如果您真的能听从我的计策,就可以不发兵而使城邑降服,不通过战斗也能攻占土地,只要发出檄文就能让您平定千里,您看可以吗?"武信君说:"你是什么意思?"蒯通回答道:"如今范阳令本该整顿他的人马坚守范阳的,可是他胆小怕死,贪恋富贵,他本打算率先投降,又害怕您觉得他是秦朝任命的官吏,像从前那些被攻下的十座城池的官吏那样被杀。可是,如今范阳的年轻人也正想杀他,然后据守城池来抵抗您。您为什么不让我带侯印去任命范阳令,范阳令就会将城池献给您,年轻人们也不敢杀死他们的县令了。派范阳令坐着豪华的车子,在燕国、赵国的郊野行驶。燕国、赵国郊野的人们看到他后,都会说这是范阳令,他率先投降随即就得到这么优厚的待遇,他们也会高兴的,燕、赵的城池就可以不战而降了。这就是我说的发布檄文而平定千里的计策。"

一次赵王外出,被燕军抓获。燕国的将领将他囚禁,要瓜分赵国一半土地才肯将赵王放回。赵国派使者前去燕国交涉,燕军就杀死使者要求割地。张耳、陈馀为这件事感到忧虑重重。有一个勤杂兵对他同宿舍的伙伴们说:"我要替大家去游说燕王,我会与赵王一同坐车回来。"同屋的人都讥笑他道:"派去了十几位使者,一去就立即被杀,你能有什么办法救出赵王呢？"这人跑到燕军的大营。燕将见到他，他却问燕将："知道我来这里是干什么吗？"燕将回答道："你不过是想救出赵王。"他又问："您知道张耳、陈馀是怎样的人吗？"燕将说："是贤人。"他继续问："您知道他们心里在想什么吗？"燕将回答道："不过是要救出你们的赵王罢了。"赵国的勤杂兵笑着说道："您还不了解这两个人想要的东西。武臣、张耳、陈馀马鞭一挥，就指挥军队攻下了赵国几十座城池，他们个个都想面南而称王，难道他们甘愿终身做别人的卿相吗？做臣子与做国君怎么可以相提并论呢？只是他们顾虑到局势刚刚稳定，还没有敢将国土一分为三，各立为王，权且暂时先按年龄大小为序立武臣为王，用以维持赵国的民心。如今赵国已经稳定，这两个人也想瓜分赵地分别自立称王，只是时机还不够成熟罢了。如今，您却囚禁了赵王，这两个人表面上是救赵王，实际上是想让燕军杀死他，他们好瓜分赵国自立为王。原来凭着一个赵国的力量就能将燕国轻而易举地攻下，何况若有两位贤王相互提携，以杀害赵王的罪名来讨伐燕国，灭亡燕国是很容易做到的事。"燕将觉得他说的有道理，就将赵王放回，勤杂兵就替赵王驾车，与赵王一同归来。

汉七年，高祖从平城路过赵国，赵王袒露短衣，戴上袖套，从早到晚亲自侍奉皇上饮食，态度谦卑，尽到了女婿的礼节。高祖却席地而坐，伸开双腿责骂赵王，对他非常傲慢。赵国相国贯高、赵午等人都已经六十多岁了，他们原来都是张耳的宾客，生性豪爽、爱冲动，就愤怒地说道："我们的国王是一个懦弱的国王啊！"于是规劝赵王道："当初天下豪杰并起，有才能的人先立为王。如今您那么恭敬地侍奉高祖，而高祖却对您如此粗暴无礼，请让我们替您杀了他！"赵王张敖听了这些话后，便把手指咬出血来，说："你们怎么能说出这样的错话！更何况先父亡了国，是靠着高祖才得以复国，恩德使子孙也受惠，所有这些都是高祖出的力啊，但愿你们不要再说了。"贯高、赵午等十几个人都纷纷议论道:"都是我们的不对。我们的大王有忠厚长者的风范,不肯背弃恩德。可是我们的原则是不受侮辱,如今是我们怨恨高祖侮辱大王,所以才要杀掉他,何必要玷污了我们大王的名声呢?假使事情成功了,功劳就给我们的大王;失败了,就由我们自己承担罪责!"

汉八年,皇上从东垣返回,途经赵国,贯高等人在柏人县住所的夹壁中埋伏下武士,想要截杀高祖。皇上路过那里想要留宿,心有感应,问道:"这个县的名称是什么?"回答道:"柏人。""柏人,是要受到别人迫害啊!"于是没有留宿就离开那里了。

汉九年,贯高的仇人知道了他的密谋,就向皇上报告了贯高谋反这件事。于是皇上下令将赵王、贯高等人统统逮捕,同案的十几个人争相刎颈自杀,只有贯高一人愤怒地骂道:"谁让你们自杀的?如今大王确实没有参与这件事,却要一块被捕;你们都死了,谁来辩白大王并没有反叛的意思呢!"于是众人被囚禁在密封坚固的囚车里与赵王一道被押送到长安。朝廷要给赵王张敖治罪。

皇上向赵国下诏,群臣和宾客中有敢追随赵王的,全部灭族。贯高和门客孟舒等十几个人,都剃掉自己的头发,用铁圈钳住脖子,装成是赵王的家奴跟随赵王进京。贯高一到,便接受审判说道:"是我们这些人干的,赵王确实不知情。"官吏审讯他,打了他几千鞭,又用烧红的铁条去刺他,把他弄得体无完肤,但他始终没再说话。吕后多次对皇上说,张敖因为鲁元公主的缘故,是不会做这种事,皇上愤怒地说:"若是让张敖拥有了天下,难道他还会考虑你的女儿吗!"皇上不听吕后的劝告。廷尉将审理贯高的情形和他的供词禀报皇上,皇上说:"真是壮士!谁对他了解,可以通过私情问问他的想法。"中大夫泄公说道:"我和他是同乡,对他一向很了解。他本来就是为赵国树立名声节义、不肯背弃承诺的人。"皇上便派泄公拿着符节去问他。泄公来到竹轿旁,贯高仰起头看看他说道:"是泄公吗?"泄公像从前与之欢好时那样慰问他的劳苦,问他赵王到底有没有参与这个计谋。贯高说:"依照人之常情,有谁会不爱自己的父母妻子孩子呢?如今我的三族都因为这件事要被论罪处死,我怎么忍心用我所有亲人的性命去换赵王呢!但是赵王确实没有谋反,只是我们这些人干的。"他详细地说出了他们之所以要行刺皇上的本意,和赵王确实不知内情的情况。于是泄公进宫,把这些事详细地报告给皇上,皇上便赦免了赵王。

皇上看重贯高是一个讲信义的人,就派泄公告诉他赵王已经被赦免了,说:"赵王已被放出来了。"因此也赦免了贯高。贯高高兴地说:"我们赵王确实被放出来了吗?"泄公说:"是的。"泄公又说:"皇上赞赏您,所以也赦免了您。"贯高说:"我不死没有别的原因,只是为了证明大王确实没有谋反,如今大王已被释放,我的责任也已经尽到了,死了也不会遗憾啦。况且身为人臣却有篡杀的罪名,还有何脸面再侍奉皇上呢!纵使皇上不杀我,难道我的内心不惭愧吗?"于是仰头断喉而死。就在当时,贯高已经名满天下了。

张敖被放出去不久,由于娶了鲁元公主的缘故,所以被封为宣平侯。皇上当时很赞赏张敖的宾客,凡是以被铁环钳脖的家奴身份跟随赵王入关的,没有不做到各诸侯的相国、郡守的。一直到孝惠帝、吕后、孝文帝、孝景帝时,赵王宾客的子孙们都能做到拿二千石俸禄的高官之位。

太史公说:张耳、陈馀都是受世人称道的贤人;他们的门客奴仆,没有哪个不是天下的英雄豪杰,在他们所居住的诸侯国里,没有不当上卿相的。然而,张耳、陈馀当初在贫贱不得志的时候,相互信任,誓同生死,难道没有义无反顾吗?等到他们占有了土地,就开始争权夺利,终于相互残杀,恨不得把对方消灭。为什么以前曾那么真诚地相互仰慕、彼此信任,而日后又相互背叛,对待彼此的态度是那么暴戾呢?难道他们不是为了势利才相互交往吗?他们的名誉虽高、宾客虽多,但他们的所作所为与吴太伯、延陵季子相比,恐怕就大相径庭了。

淮阴侯列传

淮阴侯韩信是淮阴人。当初他还是平民百姓的时候,家里穷,他品行又不好,没能被推选去做官,又不会做买卖谋生,所以经常去别人家吃闲饭,大多数人都厌恶他。他曾经多次去下乡南昌亭亭长家里吃闲饭,接连好几个月,亭长的妻子讨厌他,便提前把早饭做好,然后端到内室急急地吃完。到开饭的时候韩信去了,却没给他准备饭。韩信也明白了他们的用意,一怒之下,就与他们断绝关系,然后离开了。

韩信在城下钓鱼,那里有几位老大娘在漂洗衣物,其中有一位大娘看到韩信很饿,就给韩信饭吃。几十天都如此,直到漂洗的活儿做完。韩信很高兴,对那位老大娘说:"我以后一定会重重地报答您老人家。"老大娘生气地说:"男子汉大丈夫却养活不了自己,我是可怜你才给你饭吃,难道是指望着你报答吗?"

淮阴的屠户中有一个年轻人侮辱韩信,他说:"虽然你生得高大,喜欢带刀拿剑,其实你不过是个胆小鬼罢了。"又当众羞辱他:"你韩信要是不怕死,就拿剑来刺我;如果你怕死,就从我胯下钻过去。"于是韩信仔细地瞅了他几眼,低下身从他胯下爬了过去。满大街的人都笑话韩信,觉得他是个胆小鬼。

当项梁率军渡过淮河的时候,韩信持剑跟随项梁,做他的部下却没什么名气。项梁战败后,他又隶属项羽,项羽任命他为郎中。他曾多次向项羽献策,但项羽都没有采纳。汉王刘邦入蜀的时候,韩信离开楚军归顺了汉王。因为没有名气，只做了接待宾客和负责外联的小官。后来因犯法被处斩，同伙的十三人都已被杀了，轮到韩信受刑，他抬头仰视，正好看见滕公夏侯婴，就说："难道汉王不想统一天下吗？何必要杀壮士呢！"滕公觉得他的话非同凡响，又见他相貌堂堂，就把他放了。与韩信交谈后，很是欣赏他，便把这件事报告了汉王，汉王就任命韩信做治粟都尉。汉王并没有察觉出他有什么出众的地方。

韩信曾多次跟萧何交谈，萧何认为他是个奇才。汉军到达南郑，各路将领共计有几十个人在半路上逃跑了。韩信估摸着萧何等人已向汉王推荐自己多次，但汉王并不想重用自己，于是也逃走了。萧何听说韩信逃跑之后，来不及报告汉王，就去亲自追回韩信。有人报告汉王道："丞相萧何逃走了。"汉王听了后大怒，如同失去了左膀右臂一样。过了一两天后，萧何回来拜见汉王，汉王又是生气又是高兴，骂萧何道："你为什么要逃走？"萧何说："我不敢逃走，我是去追回逃走的人。"汉王说："你追的人是谁呢？"萧何回答道："是韩信。"汉王又骂他："各路将领逃跑了几十个，你都没去追；却说去追韩信，你这是在骗人。"萧何说："那些将领都容易得到。但是像韩信这么杰出的人，普天之下再找不出第二个。大王您如果只想长期在汉中称王，自然就用不着韩信，如果想要争夺天下，除了韩信就再没有谁能与您共计大事了。只看大王怎么决定了。"汉王说："我也想向东发展啊，怎么能苦闷地长期待在这儿呢？"萧何说："大王既然决意向东发展，如果您能重用韩信，韩信就留得下来，不能重用他，他终究是要逃跑的。"汉王说："看你的面子，我让他做个将军。"萧何说："即使是您任命他做将军，他也一定不肯留下来。"汉王说："那就任命他当大将军。"萧何说："那可太好了。"于是汉王就要召来韩信任命他为大将军。萧何说："大王您一向待人轻慢，不讲礼节，现在任命大将军就像叫小孩儿似的，这便是韩信要离去的原因啊。如果大王决心要任命他，就选个良辰吉日，斋戒后设置高坛和建筑广场，要准备好完备的礼仪才可以呀。"汉王答应了萧何的请求。众将听到要任命大将的消息后都很高兴，人人都觉得自己要做大将军了。等到任命的时候，竟然是韩信领命，全军都感到非常惊讶。

韩信和张耳率领几万人马，想要东下突破井陉口，以攻打赵国。赵王、成安君陈馀听说汉军将要袭击他们，便在井陉口聚集大军，号称有二十万人。广武君李左车向成安君献计道："听说汉将韩信渡过了西河，俘虏了魏王，生擒了夏说，最近还血洗了阏与，如今又有张耳协助他，商议着要夺取赵国。这是乘胜离开本国远征的表现，其锋芒锐不可当。可是，我听说千里运送粮饷，士兵们就会挨饿，临时打了柴草烧火做饭，部队就经常吃不饱。眼下井陉的这条道路，两辆车无法并行，骑兵也不能排成行列，这样行军数百里，运粮草的人马势必远远地落在队伍的后边，希望您临时拨给我精兵三万，我从小路将他们的粮草拦下，您就深挖战壕高筑营垒，坚守军营不跟他们交战。他们向前没法战斗，向后不能退却，我率奇兵截断他们的后路，让他们在荒野里抢不到一点东西，不出十天，两将的首级就可送到将军帐前。希望您可以仔细考虑我的计策。否则，我们一定会被这两个人俘虏。"成安君是信奉儒家学说的古板书生，时常说正义的军队不用诡计制敌，便道："我从兵书上看到，兵力是敌人的十倍，就可以将敌人包围，是敌人的一倍就可以与之交战。现在韩信号称率领数万人马，其实不过数千。他们竟然跋涉千里来侵袭我们，也已经非常疲惫了。像现在这样回避不出击，以后有强大的后续军队到来，我们又如何对付呢？各诸侯会觉得我胆小，然后轻易地来攻打我们。"成安君没有采纳广武君的计谋，广武君的计划落空了。

韩信派人暗中打探，密探得知广武君的计谋没有被采用，回来报告，韩信大喜，这才敢领兵进入井陉。距离井陉口还有三十里的时候，大军停下来宿营。半夜传令大军准备出发，选了轻装骑兵两千人，每人拿着一面红旗，从小道上山，隐蔽在山中观察赵国的军队。韩信告诫这支队伍:"交战时,赵军看见我军败逃,必然会全军出动追赶我军,你们火速冲进赵营,拔掉他们旗帜,竖起汉军的红旗。"同时让副将传达给士兵们开饭的命令。说:"今天打败了赵军后正式会餐。"诸位将领们都不相信,假意答应道:"遵命。"韩信对手下的军官说:"赵军已先行占据有利的地形筑造了军营,若他们看不到我军大将的旗鼓,就不会出来攻打我军的先头军队,怕我们到了山路险要的地方会退回去。"于是韩信派出一万人做先头军队,出了井陉口,背靠河水摆开阵势。赵军远远望见此情此景,大笑不止。天刚亮,韩信率军大张旗鼓地走出井陉口。赵军打开营门出击汉军,双方激战了很久。这时,韩信、张耳假装战败,抛旗弃鼓,逃回了河边的阵地。河边阵地的军队打开营门让他们回来。然后又与赵军激战。赵军果然倾巢出动,抢夺汉军的旗鼓,死追韩信、张耳。韩信、张耳已回到河边阵地。汉军全军殊死奋战,赵军无法打败他们。韩信派出去的那两千轻骑兵,在赵军倾巢出动去追逐战利品之时,火速冲进赵军的空军营,将赵军全部的旗帜拔掉,立起汉军的两千面红旗。这时,赵军已不能打败汉军,无法俘获韩信等人,于是想要退回军营,但军营处插满了汉军的红旗,赵国将士大为震惊,以为汉军已经俘获了赵王的全部将领,于是赵军大乱,士兵们纷纷逃跑,即便赵将诛杀逃兵,也无法阻止这场变乱。于是汉军前后夹击,彻底击垮了赵军,俘虏了很多人,并在泜水岸边杀死了成安君,生擒了赵王歇。

韩信传令全军不要杀害广武君,能活捉他的人可得千金封赏。于是有人捆着广武君送到韩信军营,韩信亲自为他解开绳索,请他面向东坐,自己则面向西与其对坐,用对待老师的礼节来对待他。

众将把首级和俘虏献给韩信,向韩信表示了祝贺,趁机对韩信说:"兵法上说行军列阵应该背后和右边靠山,而前边和左边临水。这回将军反而命令我们背水列阵,说'打败了赵军后正式会餐',我等并不相信,然而居然真的取得了胜利,这到底是什么战术啊?"韩信答道:"这个兵法上也有，只是诸位没有加以留心。兵法上不是说'陷之死地而后生，置之亡地而后存'吗？何况我平时没有机会训练诸位将士，这就是所谓的'赶着百姓去打仗'，在这样的形势下不将战士们置之死地，使人人非要为保全自己而奋战不可；如果把他们留在能逃生的地方，那他们就都逃跑了，怎么还能用他们打仗呢？"诸位将领都佩服地说道："太对了。我们就想不到这些。"

齐国人蒯通知道决定天下胜负的关键就在于韩信，打算用奇计打动他，于是用看相人的身份规劝韩信道："我曾经学过相人术。"韩信说："先生怎么给人看相？"蒯通答道："人的贵贱在于骨骼，忧喜在于面色，成败在于决断。用这三项来给人相面就会万无一失。"韩信说："好，先生能替我相面吗？"蒯通说："希望能单独跟您谈。"韩信说："周围的人都退下了。"蒯通说："看您的面相，只不过能被封侯，而且还有危险，相当不安全。看您的背相，却是贵不可言。"韩信道："这话是什么意思？"蒯通说："当初，天下人起事反秦的时候，英雄豪杰们纷纷建立名号，振臂一呼，有志之士便像云雾那样汇集，像鱼鳞那样杂沓，像火焰迸发和大风骤起。在这个时候，人们关心的只是如何灭亡秦朝罢了。而如今，楚汉分争，使天下无辜的百姓惨遭杀戮，父子老小的尸骨暴露在荒野，这样的事情数不胜数。楚国人从彭城起事，转战各地，追逐败军，直到荥阳，乘胜席卷了很多地区，威震天下。然后部队被困在京、索之间，被阻于成皋以西的山地不能再往前进，已经长达三年了。汉王率领几十万人马占据巩县、洛阳，在那一带抵抗楚军，倚仗着险要的地势，但尽管一日数战，却没立下半点功劳，以致兵败潦倒，几乎不能自救。汉王在荥阳打败仗，在成皋受伤，于是逃到了宛、叶两县之间，这就是所说的智慧和勇气都被困住了。将士们的锐气由于长期困顿于险要处而被挫伤，仓库供应的粮食也被消耗光了，百姓都疲惫不堪，怨声载道，人心动荡，无所归依。我估计，若不出现天下的圣贤，就没法平息这场祸乱。当今刘、项二王的命运都掌握在您的手里。您协助汉王，汉王就赢；协助楚王，楚王就赢。我愿意披肝沥胆，献上我的计谋，只怕您不采纳啊。若您愿意听从我的计谋，不如对楚、汉双方都不损害，让他们共存下去，您与他们三足鼎立，就没有谁敢在这种局势下轻举妄动。凭着您的贤能圣德，又拥有众多人马，占据着强大的齐国，您只需迫使燕、赵两国服从于您，再出兵攻打刘、项两军的空虚地带，牵制住他们的后方，顺应百姓的愿望，向西去阻止刘、项分争，为军民百姓请命，那么，天下人就会迅速群起响应您的号召，有谁敢不听从于您！然后，您就分割大国的疆土，削弱强国的势力，重新分封诸侯。诸侯分土立国之后，天下人就会对您感恩戴德，归服听命于齐国。您稳守齐国的故土，占据胶河、泗水一带，用您的恩德感召诸侯，恭谨谦让地对待他们，那么各诸侯就会相继前来朝拜齐国。我听说'苍天赐的好处不拿，反而会受到惩罚；时机到了却不采取行动，反而要遭殃'。希望您仔细考虑一下这件事。"

韩信说："汉王待我很好，把他的车子给我坐，把他的衣裳给我穿，把他的食物给我吃。我听说，坐人家的车子，就要分担人家的苦难；穿人家的衣裳，就要想着人家的忧患；吃人家的食物，就要为人家的事业死拼，我怎么能够贪图私利而背弃信义呢！"蒯通说："您自认为和汉王很要好，想帮助他建立流传万世的功业，我私下觉得您这种想法错了。当初常山王、成安君在还是平民老百姓的时候，结成了生死之交，后来却因为张黡、陈泽的事起了争执，使得二人结怨。常山王背叛了项王，提着项婴的人头逃跑归降汉王。汉王借他军队向东出击，在泜水南边杀了成安君，使他身首异处，这件事被天下人耻笑。这两个人的交情，可算是天下最要好的。可是到头来，都要把对方置于死地，这是为什么呢？因为祸患产生于欲壑难填，而人心又难以揣度。如今您打算用忠信与汉王结交，但你们的交情一定比不上常山王张耳、成安君陈馀的交情，而你们之间关连的事又比张黡、陈泽的事重要得多，所以我以为，您断定汉王不会加害自己，也是错的。大夫文种、范蠡使即将灭亡的越国保存了下来，又辅佐句践称霸诸侯，等到句践功成名就之后，文种却被迫自杀，而范蠡被迫逃亡。野兽已经打光了，猎犬也就要被烹杀了。以交情论，您和汉王就比不上张耳与陈馀了；以忠信论，也赶不上大夫文种、范蠡与越王句践。通过这两个例子，足够使您看个明白了。希望您深思熟虑。何况我听说，勇气与谋略令君主感到威胁的人，生命有危险；而功劳最大的人得不到赏赐。请让我数一数大王的功劳和谋略吧：您渡过了西河，俘虏了魏王，生擒了夏说，率军夺取井陉，杀死成安君，夺取了赵国，以声威逼降了燕国，平定了齐国，南下摧垮楚军二十万，东进杀死楚将龙且，西面给汉王捷报，这就是说您的功劳天下无二。而您的谋略出众，世上少有。如今您具有威胁君主的气势，立下无法封赏的功劳，您归附楚国，楚国人不敢相信；您归附汉国，汉人震惊害怕。您带着这样大的威名和功劳打算归附谁呢？您居于臣子地位而拥有使国君感到威胁的气势，名望又比天下所有人都高，我私下替您感到危险。"韩信说："先生暂且说到这儿吧！我会考虑您的意见。"

　　几天以后，蒯通又对韩信说："能够听取别人的意见，就能预见事情发展的征兆，能反复思考，就能把握事情成功的关键。听取意见后决策失误而能够长久安全的人，实在很少见。听取意见后很少决断失误的人，别人就不能用花言巧语去迷惑他；考虑计谋周到不本末倒置的人，别人就无法用闲言碎语去扰乱他。甘愿做奴役差事的人，就会失掉当国君的机会；安心于微薄俸禄的人，就做不到公卿宰相的高位。所以聪明人办事果断，犹豫不决就会坏了事情。专在小事上用心思，就会丢了天下的大事，有决断是非的智慧，却不敢行动，这是所有事情失败的祸根。所以常言道：'猛虎犹豫不决，倒不如黄蜂、蝎子一心用毒刺去螫；骏马徘徊不前，反不如劣马安然慢步前进；孟贲般的勇士狐疑不定，就不如凡夫俗子有实现目的的决心；即便有虞舜、夏禹的智慧，闭口不言，还不如聋哑人打手势有用。'这些俗语都说明了最可贵的是付诸行动。所有功业都难成而易败，机会难得而容易失去。机会啊机会，过了就不会再来。希望您再仔细地考虑考虑。"韩信犹豫，不忍心背叛汉王，又自以为功劳大，汉王终究是不会夺去齐国的，于是谢绝了蒯通。蒯通的建议没有被采纳，就装疯当了巫师。

韩王信卢绾列传

卢绾是丰邑人，与汉高祖是老乡。卢绾的父亲与高祖的父亲是好朋友，等到两家都生儿子的时候，高祖和卢绾又是同一天出生。乡亲们牵着羊抬着酒去两家祝贺。等到高祖、卢绾长大后，又一起读书，关系非常要好。乡亲们见这两家父辈是好朋友，儿子同一天出生，长大后又很要好，再次牵着羊抬着酒前去祝贺。高祖还是平民老百姓的时候，曾因躲避官司而四处逃匿，卢绾总是跟着他东奔西走。等到高祖从沛县起事时，卢绾以门客的身份相随，高祖进入汉中后，卢绾担任将军，总是陪在高祖身边。高祖东击项羽的时候，卢绾以太尉的身份不离其左右，他可以在高祖的卧室内来回进出，在衣被饮食方面得到丰厚的赏赐，其他大臣无人能及，就是萧何、曹参等人，也不过是因为事功而得到礼遇，至于说到亲近宠幸，没有谁能赶得上卢绾。后来卢绾被封为长安侯。长安，就是先前的咸阳啊。

汉高祖五年的冬天，项羽已经被击败了，高祖就派卢绾带另一支队伍，与刘贾一起攻打临江王共尉，共尉兵败。七月凯旋，卢绾又跟随皇上攻打燕王臧荼，臧荼投降。高祖平定天下后，诸侯中不姓刘而被封王的共有七个人。高祖想要封卢绾为王，但又害怕群臣不满。等到俘虏了臧荼，皇上就下诏封诸位将相为列侯，让大家在群臣中挑选最有功劳的人封为燕王。群臣都知道皇帝想要封卢绾为王，就一齐进言道："太尉长安侯卢绾常年跟随皇上出征平定天下，功劳最大，可以封他为燕王。"皇帝下诏准许了此项建议。汉高祖五年八月，便立卢绾为燕王，诸侯王中受到皇上宠幸的，都比不上燕王。

汉高祖十一年秋天，陈豨在代地谋反，高祖去邯郸征讨陈豨的军队，燕王卢绾也率军攻打陈豨的东北部。在这个时候，陈豨派王黄向匈奴求救。燕王卢绾也派张胜出使匈奴，告诉匈奴人说陈豨等人的军队已被打败。张胜到匈奴后，原燕王臧荼的儿子臧衍逃亡在匈奴，见到张胜便说道："您之所以能在燕国得到重用，不过是因为您对匈奴的事务熟悉。燕王之所以能长期存在，是因为诸侯王屡屡反叛，战事连年不断。现在您为了燕国想要尽快消灭陈豨等人，但他们被消灭完之后，下一个就要轮到燕王，您这些人也要沦为阶下囚了。您为什么不设法让燕国暂缓攻打陈豨而与匈奴联盟呢？这样战争的形势延缓了，卢绾也能长期当燕王，即使汉朝突然发难，也可以借此保住国家。"张胜觉得他的话是对的，就暗中请匈奴帮助陈豨等人攻打燕国。燕王卢绾怀疑张胜与匈奴勾结起来谋反，就上书皇上请求将张胜满门抄斩。张胜回来后，把这样做的原因全都告诉了卢绾。卢绾觉悟了，就找了别人替罪，释放了张胜的家属，让张胜成为与匈奴联络的密使，又暗中派范齐到陈豨那里，想让他长期叛逃在外，使战事连年不断。

汉高祖十二年，高祖东征黥布，陈豨常率军驻扎代地，汉朝派遣樊哙攻打陈豨，并将其斩杀。陈豨的副将投降，供出燕王卢绾曾派范齐到陈豨处互通情报，策划阴谋。高祖派使臣召见卢绾，卢绾称病推托不去。皇帝又派辟阳侯审食其、御史大夫赵尧前去接燕王，并顺便查问燕王的臣子。卢绾更加害怕，闭门躲了起来，对自己宠信的臣子说道："不是刘姓而在王位的，只剩下我卢绾和长沙王吴芮了。去年春天，淮阴侯韩信被满门抄斩，夏天，又杀掉了彭越，这都是吕后的主意。现在皇上重病在身，把国事全都交给了吕后。而吕后这个女人，总想找借口杀掉异姓的诸侯王和功高的臣子。"于是卢绾还是装病拒绝进京。卢绾的部下都逃跑藏匿了起来。但卢绾的话渐渐泄露出一些，被辟阳侯听到了，便回朝将这一切都报告了皇上，皇上更加恼怒。后来，汉朝又得到一些来投降的匈奴人，说张胜逃亡到匈奴，是燕王派去的密使。于是皇上说："卢绾果真造反了！"就派樊哙征讨燕国。燕王卢绾把所有的宫人家属以及数千名骑兵暂时安顿在长城下，等待时机，希望等到皇上病好之后，亲自进京谢罪。四月，高祖逝世，卢绾就带领部下逃入匈奴，匈奴封他为东胡卢王。卢绾不断受到匈奴蛮夷的侵袭掠夺，总想重返汉朝。过了一年多，卢绾死在匈奴。

在吕后当政时，卢绾的妻子儿女从匈奴逃回重投汉朝，正赶上吕后病重，不能接见他们，便把他们安顿在了燕王驻京的府邸，准备等病好之后再设宴接见。但吕后竟在这时候去世了，未能接见他们。卢绾的妻子后来也因病去世。

汉孝景帝中元六年，卢绾的孙子卢他之以匈奴东胡王的身份向汉朝投降，被封为亚谷侯。

郦生陆贾列传

　　郦食其是陈留高阳人。他喜爱读书，但家境贫寒，落魄潦倒，没有供得起自己穿衣吃饭的产业，只得当了一名在里中看门的小吏。尽管这样，县中的贤士和富豪却都不敢随便役使他，同县的人们都称他为"狂生"。

　　等到陈胜、项梁等人起事反秦的时候，攻城略地而经过高阳的各路将领有数十人，但郦生听说这些人都没有度量、喜欢烦琐细微的礼节又刚愎自用，不能听取有抱负的见解，因此他就深居简出，藏了起来。后来，他听说沛公带兵来到陈留郊外，沛公部下的一名骑士恰恰是郦生老乡的儿子，沛公常向他打听他的家乡有哪些贤士俊杰。一天，这名骑士回家，郦生看到他，便对他说道："我听说沛公傲慢看不起人，但有远大的谋略，这样的人才是我真正想要追随的，只可惜没人替我介绍。你见到沛公，就这样对他说：'我的家乡有位郦生，六十多岁，身高八尺，人们都称他狂生，但是他说自己并非狂生。'"骑士答道："沛公不喜欢儒生，许多戴着儒生的帽子的人去见他，沛公总是把他们的帽子摘下来，往帽子里撒尿。在与这些人谈话的时候，动不动就会破口大骂。因此您最好不要以儒生的身份去游说他。"郦生说："你只管照着我的话去说。"骑士回去之后，就按照郦生嘱咐找机会将这番话告诉了沛公。

　　沛公到了高阳，在旅舍住下，派人召见郦生。郦生到旅舍后，进去拜见，沛公正坐在床边让两个女人给他洗脚，就这样接见郦生。郦生进去，只是拱手长揖而没有倾身下拜，并说："您是想要帮着秦国攻打诸侯呢，还是想率领诸侯灭掉秦国呢？"沛公骂道："你个书呆子！天下的人苦于秦朝的统治已经很久了，所以诸侯才相继起兵反抗暴虐无道的秦朝，你怎么说是帮着秦朝攻打诸侯呢？"郦生说："如果您真要下定决心起兵推翻暴秦，那就不该用这种傲慢的态度来接见长者。"于是沛公停止洗脚，起来穿好衣裳，请郦生坐到上宾的座位，并向他道歉。郦生讲述了六国合纵连横时所用的谋略，沛公大喜，命人端上饭来，请郦生进餐，然后问他道："那先生您看如今我们该制定怎样的计策呢？"郦生说道："您把乌合之众、散乱之兵都发动起来，共计也不到一万人，如果靠他们直接对抗强秦，那就是人们常说的把手伸进老虎的嘴巴里啊。陈留是天下的交通枢纽，四通八达，眼下城里又有很多存粮。我与陈留的县令很要好，请您派我去他那里一趟，让他归降于您。若是他不听从，您再发兵攻城，我可以作内应。"于是沛公就派郦生前去陈留，自己领兵紧随其后，终于攻取了陈留，沛公将广野君的称号赐给郦生。

　　陆贾是楚国人。他以门客的身份跟随高祖平定天下，当时他被人们称为是很有才华的辩士，所以陪伴在高祖身边，常常出使各诸侯国。

　　等到高祖刚把中原平定的时候，尉佗也将南越平定了，于是在那里自立为王。高祖也封他为南越王并派陆贾赐给尉佗大印。陆生到南越后，尉佗梳着当地流行的锥形发髻，伸开两腿坐着，就这样接见陆生。陆生对尉佗说道："您本是中原人，亲戚、兄弟的坟墓都在真定。而现在您却违反中原人的习俗，扔掉衣冠巾带，想用南越弹丸之地来与天子抗衡，成为敌国，那就要大祸临头了。更何况由于秦朝施行暴政，所以诸侯豪杰纷纷而起，汉王第一个入关，占据了咸阳。项羽背叛盟约，自立为西楚霸王，诸侯都依附于他，可算得上是非常强大了。但是自从汉王从巴蜀起兵之后，征服天下，降服诸侯，最终杀死项羽，灭掉了楚国。五年之内，平定海内外。这不是靠人力能办到的，而是上天相助的结果。现在天子听说您要在南越称王，不帮助天下人讨伐暴逆无道的人，汉朝将相们都想带兵来灭掉您。但是天子爱惜百姓，可怜他们近来才结束了战乱之苦，因此才暂且罢兵让他们休养生息，派我封给您南越王的金印，剖分符节为信，互通使臣。大王您理应到郊外远迎，面北拜倒称臣才是，但是您却想倚仗刚刚建立，还没有安定的小小南越，在这里逞强。倘若让朝廷听说了这件事，就会挖开并烧毁您的祖坟，诛灭您的宗族，再派一员偏将带领十万人马来南越，那么南越人若要起兵杀死您，然后再投降汉朝，就如同翻手掌那么容易啊。"

尉佗听完他的话，立刻起身向陆生道歉道："我在蛮夷之地居住的时间久了，所以对您太失礼了。"接着他又问陆生："我与萧何、曹参、韩信相比，哪个更有贤能呢？"陆生说道："大王您似乎比他们都强。"尉佗又问："那我与皇上相比呢？"陆生回答："皇帝从丰沛起兵，讨伐残暴的秦朝，荡平强大的楚国，为天下人兴利除害，继承了五帝三皇的丰功伟绩，统治了整个中原。而中原的人口以亿来计算，方圆万里，位处天下最肥沃之地，人多车众，物产殷实，政令出于一家，这是自开天辟地以来从未有过的盛况。而现在您统治的人口不过几十万，而且都是蛮夷，又居住在这崎岖的山海之间，不过抵得过汉朝的一个郡罢了，您怎么能与汉皇相比！"尉佗听后，大笑道："我不能在中原发迹起事，所以才在此地称王。假使我在中原，怎么会比不上汉皇呢？"通过交谈，尉佗很喜欢陆生，留下他与自己饮酒作乐好几个月。尉佗说："南越没有一个和我谈得来的人，直到你来了，才让我每天都能听到过去听不到的事情。"尉佗赏赐陆生一个袋子，里面装着价值千金的宝物，另外送给他的其他礼物也价值千金。陆生终于拜尉佗为南越王，使他向汉称臣并服从汉朝的管制。陆贾回朝之后复命，高祖非常高兴，任命陆贾为太中大夫。

陆生经常在与皇上谈话时引用《诗》、《书》等儒家经典，高帝就大骂他道："你老子是骑在马上打出来的天下，哪里用得着《诗》、《书》！"陆生回答道："您可以骑在马上得天下，难道您也可以骑在马上治理天下吗？何况商汤和周武都是以武力夺取天下，然后顺应形势以文教治理天下，文武并用才是使国家长治久安的办法啊。从前吴王夫差、晋国智伯都是因极力崇尚武力而致使国家灭亡的；秦王朝也是依赖严酷刑法而不加变更，最后政权毁在赵高的手里。假使秦朝在统一天下之后，施行仁义之道，效法先圣，那么陛下哪能取得天下呢？"高帝听完之后，心情不快，但面露惭愧之色，就对陆生说："那就请您试着总结一下为什么秦朝失去天下，而我们得到天下的原因，以及古代各国成功和失败的原因所在。"于是陆生奉旨粗略地论述了国家治乱存亡的原因，一共写了十二篇。每奏一篇给高帝，高帝没有不道好的，左右群臣也都欢呼万岁，将他这部书称为《新语》。

孝惠帝时，吕太后当权，想封吕氏众人为王，害怕大臣中那些善辩敢谏的人，而陆生也深知靠自己力争也无济于事，于是称病辞职，赋闲在家。他见好畤一带土地肥沃，便在这里定居。陆生有五个儿子，他把出使南越所得的珠宝袋拿出来卖了，得了千金，分给儿子们，每人二百金，让他们谋生。陆生自己常常坐着舒适的四匹马拉的车子，带着十个唱歌跳舞和弹琴鼓瑟的侍从，身佩价值百金的宝剑四处游玩。他曾这样对他的儿子们说："我和你们约好：当我出游路过你们家时，要让我的人马吃好喝好，尽量满足我们的要求。我十天换一个地方。我死在谁家，就把宝剑、车骑以及侍从都给谁。我还要到其他朋友那儿去，所以一年当中我去你们各家大概不过两三次，总见着你们就不新鲜了，你们也用不着因为总见着我而厌烦我了。"

吕太后当权时期，封吕氏众人为王。吕氏众人专揽大权，想威逼控制幼主，夺取刘氏天下。右丞相陈平对此非常担忧，但其力量有限不能与之强争，害怕灾祸殃及自己，于是常常闲居家中反复考虑这件事。有一次，陆生去他府上请安，径直走到陈平身边坐下，此时陈平正在深思，没有立刻察觉到陆生来了。陆生问道："想什么事这么出神？"陈平说："你猜猜看我究竟在想什么？"陆生说："您位居高职，是有三万户食邑的列侯，可以说极为富贵了，没有什么好追求了。然而若是您有忧愁的话，不过是担忧吕氏众人和幼主罢了。"陈平说："你猜得对，你觉得这事该怎么办呢？"陆生说："天下太平的时候，要注意丞相；天下动荡的时候，要注意大将。如果将相配合默契，士人就会归附；士人若归附，那么即使天下有乱，国家的大权也不会分散。为了江山社稷考虑，这件事都掌握在您和周勃的手里了。我常常想对太尉周勃讲明白这些话，但是绛侯和我开玩笑惯了，不太重视我的话。您为什么不与太尉建立起亲密无间的关系？"接下来，陆生又为陈平想出了对付吕氏的几个办法。陈平采用他的计策，就拿出五百金来为绛侯周勃祝寿，并且为其准备了丰盛的酒食和优美的歌舞；而太尉周勃也以同等方式来回报丞相陈平。这样，二人建立起了非常密切的联系，所以吕氏篡权的阴谋也更加难以实现了。陈平又送给陆生一百个奴婢、五十辆车马、五百万钱当作饮食费用。陆生就用这笔资财在汉朝廷的公卿大臣中游说，名声大盛。

等到诛杀了吕氏宗族后，陆生对拥立孝文帝登基也出了不少力。孝文帝即位后，想派人出使南越。陈平等人便推荐陆生为太中大夫出使南越，让南越王尉佗取消黄屋称制等越礼行为，要他采用和其他诸侯一样的礼仪。陆生完全照着皇上的意旨完成任务，所以文帝非常满意。关于此事的细节都记录在《南越列传》里。陆生最后以高寿辞世。

卷五

张释之冯唐列传

廷尉张释之是堵阳人,字季。和他的哥哥张仲生活在一起。由于家里有钱而做了骑郎,侍奉孝文帝,十年内没有升迁,默默无名。张释之说:"长时间做郎官,耗减了哥哥的家产,使我心中不安。"想要辞职回家。中郎将袁盎知道他有贤能,舍不得他走,就奏请孝文帝调补他任谒者。张释之朝见文帝完毕后,就乘机陈说了利国利民的大计,文帝说:"说些现实的事,不要高谈阔论,说些现在就能实施的事。"于是,张释之又谈起秦汉之间的事,还有关于秦朝灭亡和汉朝兴起的原因,讲了很久。文帝很赞赏他,就任命他当了谒者仆射。

一次,张释之随孝文帝出行,登临虎圈游览,孝文帝询问上林尉簿册上登记的各种禽兽的情况,问了他十几个问题,上林尉左看右看,全都答不上来。看管虎圈的啬夫从旁代替上林尉回答了皇帝的问题,答得极为周全,想借此显示自己对答如流的本事。孝文帝说:"难道做官吏不应该像他这样吗?上林尉无能啊。"于是下诏张释之命令啬夫做上林令。张释之过了许久才上前说:"陛下觉得绛侯周勃是怎样的人呢?"文帝说:"是忠厚长者啊!"张释之再一次问:"东阳侯张相如人怎样呢?"文帝又说:"忠厚长者。"张释之说:"绛侯与东阳侯都被称为忠厚长者,可这两个人都不善于言谈,现在您这样做,难道是鼓励人们效法这个喋喋不休、伶牙俐齿的啬夫吗?秦朝由于重用了文官,所以他们争着以办事迅急、督责苛刻为好，然而流弊在于徒有官样文章的形式，而没有悲悯同情的实质。出于这个缘故，秦君根本听不到自己的过失，所以国势日衰，到秦二世时，秦朝也就土崩瓦解了。现在陛下因为啬夫能言善辩就越级提拔他，我担心天下人都会跟着这种风气走，争相施展口舌之能而不讲求实实在在的东西。况且在下位的人常效仿在上的人，比影子和回声还快，陛下做任何事都不可不慎重啊！"文帝说："好。"于是，放弃了任命啬夫为上林令的打算。

皇上上车后，让张释之在旁陪乘，车缓缓前行。皇上问张释之关于秦政的弊端，张释之都一一据实回答。到了宫中，皇上就任命张释之当了公车令。

不久，太子与梁王共乘一辆车入朝，经过司马门时也没有下车，当时张释之追上去拦下太子与梁王，没让他们进宫。并揭发他们在司马门不下车是犯了不敬之罪，并禀告皇上。薄太后听说了这件事，文帝摘下帽子来向太后陪罪："怪我教导儿子不严。"薄太后这才派使臣传令赦免太子和梁王的罪过，他们才得以进宫。文帝由此事更看出了张释之的与众不同之处，任命他为中大夫。

又过了一段时间，张释之升为中郎将。随皇上到了霸陵，皇上站在霸陵北边眺望。当时慎夫人也随从前行，皇帝指着通往新丰的路给她看，说道："这是通往邯郸的路啊。"皇上让慎夫人弹瑟，自己和着瑟的曲调歌唱，心情凄惨悲伤，回头对群臣说："唉！拿北山的石头做椁，把苎麻、丝絮切碎，塞满石椁的缝隙，再用漆把它们粘在上面，哪还能打得开！"左右的人都说："是的。"张释之走上前说道："假使这里面有了能够引起人们贪欲的东西，即使封闭南山，也还是会有缝隙；若没有引起人们贪欲的东西，即便没有石椁，又有什么值得忧虑呢！"文帝夸他说得好。后来又拜他为廷尉。

不久后，皇上出巡经过中渭桥，有个人突然从桥下跑出来，惊吓了皇上乘坐的车马。于是派骑士捉住这个人，把他交给了廷尉张释之。张释之审问那个人。那人说："我是乡下人，听到了清道禁止通行的命令，就躲到桥下。过了好久，以为皇上的车马已经过去了，便从桥下出来，一下子看到了皇上的车队，就跑起来了。"然后廷尉上奏给皇上那个人应得的处罚，说他违反了清道的禁令，按刑法应处以罚金。文帝怒道："这个人让我的马受惊了，幸亏我的马驯良温和，倘若是别的马，说不定就把我摔伤了，可是廷尉却只判处他罚金！"张释之说："法律是天子与天下人共同遵守的。现在法律就是这么规定的，要再加重处罚，就无法取信于民。况且在那时，皇上您派人就地杀了他也就罢了。现在既然把他交给廷尉，廷尉乃天下公正执法的象征，稍有偏斜，天下执法者都会效仿而任意减轻或加重刑罚，老百姓岂不是要手足无措了？愿陛下明察。"过了许久，皇上才说："廷尉是对的。"

　　后来，有个人偷了高祖庙神座之前的玉环，被逮住了，文帝大怒，将其交给廷尉治罪。张释之按法律规定的偷盗宗庙服饰器物之罪上奏皇帝，奏明应在闹市执行死刑并暴尸街头。皇帝勃然大怒："这人妄作胡为、无法无天，竟敢偷先帝宗庙中的器物，我交给廷尉审理，是想要给他灭族之罪，而你却一味按照法律上奏对这个案子的惩处意见，这不是我恭敬奉承宗庙的用意。"张释之摘掉帽子叩头谢罪："按照法律这样判处已经足够了。况且斩首示众和灭族都是死罪，但以犯罪程度的轻重而论，是有差别的。现在他偷宗庙的器物就诛灭他全族，万一有愚民盗掘了长陵，陛下又该用什么重刑来处罚他呢？"过了很久，文帝和薄太后说了这件事，才准许了廷尉的判决。当时，中尉条侯周亚夫和梁国相国山都侯王恬开都认为张释之执法公正，就与其成为亲密的朋友。由此张释之得到了天下人的称颂。

　　后来，文帝去世，景帝即位。张释之心中害怕，假托生病，想要辞官离去，又担心会有杀身之祸；想见到景帝后当面谢罪，又不知怎么办才好。他用了王生的计策,终于得以见到景帝当面道歉谢罪,景帝没有怪罪他。

　　王生是擅长黄老之道的处士。曾被召进朝廷,三公九卿全都站在那里,王生是老年人,说"我的袜带松了",回头又对张廷尉说:"给我系好袜带!"张释之就跪下为王生系好袜带。事后,有人问王生:"为什么您要在朝廷上羞辱廷尉,让他跪着给您系袜带?"王生说:"我年纪大了,又是个地位卑下的人。自己揣度最终不能带给张廷尉什么好处。张廷尉当今是天下名臣,我故意羞辱他,让他跪下系袜带,想用这种方法来加强他的名望。"诸位大臣们听说这件事后,都称颂王生的贤德,而且敬重张廷尉。

　　张廷尉侍奉了景帝一年多,被贬为淮南王相,还是因为以前得罪景帝的缘故。过了很久,张释之去世。他的儿子叫张挚,字长公,为官一直做到大夫,后来被免职。因为他不善于迎合当朝的权贵,因此终身没有再做官。

　　冯唐,他的祖父是赵国人。他的父亲迁居到代地。汉朝建立后,又迁居安陵。冯唐以孝行著称,被推举为中郎署长,侍奉文帝。一次文帝乘车路过冯唐的官署,问冯唐道:"您老人家怎么还做着郎官?家在哪里?"冯唐一一如实作答。文帝说:"我在代郡的时候,尚食监高祛曾多次跟我提起赵将李齐的才能,说他曾在钜鹿城下作战。现在每当我吃饭的时候,总会想起钜鹿之战。您老人家知道这个人的事迹吗?"冯唐答道:"他还比不上廉颇、李牧等将领。"孝文帝说:"何以见得?"冯唐说:"我的祖父在赵国的时候,担任过将领,和李牧交情很好。我父亲做过代相,与赵将李齐也是好朋友,所以了解他们的为人。"孝文帝听说了廉颇、李牧的为人,很高兴,拍着大腿说:"哎!偏偏我得不到廉颇、李牧这样的将军,如果有了这样的将军,我难道还会为匈奴而忧心吗?"冯唐说:"皇上啊,我想即使您得到廉颇、李牧这样的人,也不会任用他们的。"文帝大怒,起身回皇宫了。过了很久,才又召见冯唐,责备他道:"你为什么要当众侮辱我?难道就不能在没人的时候告诉我吗?"冯唐谢罪道:"我这个粗鄙的人不懂得忌讳。"

当时,匈奴人新近大举入侵朝那,杀死北地都尉孙卬。文帝正为此事忧虑,终于再去询问冯唐:"你怎么知道我不会任用廉颇、李牧这样的人呢?"冯唐答道:"我听说上古的君王派遣将军的时候,要跪着推车毂说道:'朝中的事我决断,外面的事由将军裁定。'军队中所有因功封爵行赏的事,都由将军决定,回来时再奏报朝廷。这不是虚话啊。我祖父说,李牧在守卫赵国边境的时候,把从军市征收的租税都自行用来犒赏部下,封赏全由将军在外决定,朝廷不介入干预。君王委托重任给他,而要求他成功,因此李牧才能够充分发挥他的才智。派遣精心选拔的战车一千三百辆,善于骑射的士卒一万三千人,能够建立战功的精兵十万人,因此能够在北方驱逐单于,击破东胡,消灭澹林,向西抑制强秦,向南支援韩、魏。当时赵国几乎称霸天下了。后来赶上赵王迁即位,他的母亲原是卖唱的女子。赵王迁一即位,就听信了郭开的谗言,最终杀害了李牧,换颜聚取代了李牧。因此军队溃败,被秦军消灭了。如今我听说魏尚担任云中郡郡守,他把军市上征收的税金全部拿来犒劳士兵,还拿出自己的财产,每五天杀一次牛,款待宾客、军吏和门客,因此匈奴人远远地躲开他,不敢靠近云中郡的要塞。匈奴入侵过一次,魏尚率军出击,杀死了很多敌人。那些士卒都是平常人家的子弟,从农家出来参军,哪里知道"尺籍"、"伍符"之类的法令呢?他们只知道整天拼死作战,消灭敌人,捕获俘虏,可是当他们向上报功的时候,只要有一句话不对的,法官就用法律来制裁他们。应得的赏赐不能兑现,而法官却一定要按法律惩处他们。我很愚蠢,认为陛下的法令过于严明,奖赏太轻,惩罚过重。况且云中郡郡守魏尚只因上报杀敌之数少了六个,陛下就将其交给法官治罪,削夺了他的爵位,判处一年的徒刑。由此说来,陛下即使是得到廉颇、李牧这样的人,也是不会重用的。我确实愚蠢,总是不避忌讳,该当死罪,该当死罪!"文帝听后很高兴,当天就派冯唐持节出使赦免魏尚,让他重新担任云中郡郡守,并且任命冯唐为车骑都尉,统领中尉和各郡国的车战士兵。

孝文帝后元七年,孝景帝即位,任命冯唐做楚国丞相,不久后被免职。汉武帝即位的时候,访求贤良之士,大家都举荐冯唐。冯唐当时已有九十多岁,不能再做官了,于是武帝任命他的儿子冯遂为郎官。冯遂字王孙,也是一个奇才,和我关系很好。

太史公说:张释之有关忠厚长者的一番话与他严守法度而不迎合皇帝心意之事,以及冯公谈论任用将领率军作战之事,真是有意思啊!有意思啊!常言道:"不了解某个人,看看他结交的朋友就能了解了。"两位先生所说的有关长者将帅的话,应该标著在朝廷上。《尚书》中说:"不偏私不结党,王道才会宽广;不结党不偏私,王道才能平坦。"张季与冯公接近于这种不偏私、不结党的标准了。

扁鹊仓公列传

扁鹊是勃海郡郑地人,姓秦,名越人。年轻时在一家客店做主管。客人长桑君到客店来,只有扁鹊把他当成一个奇人看待,时常恭敬谨慎地接待他。长桑君也知道扁鹊不是一个普通人,他来客店有十多年了,一天他招呼扁鹊和自己坐坐,悄悄对扁鹊说:"我有秘方,我老了,想要把它传给你,你不要将其泄露出去。"扁鹊说:"是。"于是长桑君从怀中掏出一种药给扁鹊,并说道:"用未落地的露水送服这种药下肚,三十天后你就能了悟许多事情。"接着又把他所有的秘方都给了扁鹊。忽然之间他就消失了，大概他不是凡人吧。扁鹊按照他所说的，服药三十天，就能看得见墙另一边的人。因此用这个功能给别人看病时，能看到五脏内所有的病变部位，只是表面上还以为病人切脉为名。他有时在齐国行医，有时是在赵国。在赵国时名为扁鹊。

晋昭公时，诸多大夫的势力强大而国君的力量衰弱，赵简子是大夫，却专断国事。赵简子生病了，五天不省人事，大夫们都感到害怕，于是把扁鹊召来。扁鹊进去诊断后走出来，董安于向他询问赵简子的病情，扁鹊答道："他的血脉正常，你们大惊小怪什么！从前秦穆公也曾出现过这种情形，昏迷了七天后才醒。醒来当天，告诉公孙支和子舆：'我在天帝那里非常快乐。之所以去那么久，是因为正好碰上天帝要告诉我一些事。天帝对我说'晋国将要大乱，五代不能安宁。之后将有人成为霸主，他称霸不久就会死去。霸主的儿子将使你们国家的男女淫乱"。'公孙支把这些话记录并且收藏起来，后来秦国的史书上记载的这些事就发生在晋国了。晋献公时的大乱，晋文公的称霸，及晋襄公在殽山打败秦军后，回朝便放纵淫乱，这些你都是知道的。如今你们主君的病和秦穆公的相同，不出三天就会痊愈，然后必定也会说一些话。"

过了两天半后，赵简子醒了，告诉众大夫："我去天帝那儿后非常快乐，与百神在天的中央游玩，那里有各种乐器，奏出许多乐曲，跳着各式舞蹈，不像三代时的乐舞，乐声令人心动。有一只熊想要抓我，天帝命令我将其射杀，我射中了熊，熊死了。有一只罴过来了，我又射它，射中了，罴也死了。天帝非常开心，赐给我两个竹笥，里边都装有副品。我看见我的儿子在天帝身旁，天帝托付给我一只翟犬，并说：'等到你儿长大成人时赏赐给他。'天帝告诉我：'晋国将会一代比一代衰微，过了七代就会灭亡。秦国人将在范魁之西大败周人，但他们也不能拥有那里。'董安于听完这些话后，将这些话记录并收藏了。人们将扁鹊的话告诉赵简子,赵简子赐给扁鹊四万亩田地。

　　后来扁鹊路经虢国。虢太子死了,扁鹊到虢国王宫门前,问一位喜好方术的中庶子道:"太子得了什么病,为什么在京城举行祭祀的事超过了其他所有的事?"中庶子说:"太子的病是血气没有按照规律运行,阴阳交会错乱而无法疏泄,猛烈地在体表发作后,就造成了内脏受到伤害。人体内的正气不能制止病邪之气,邪气积聚在体内而不能疏泄,因此阳脉弛缓阴脉迫急,所以突然昏厥至死。"扁鹊问:"他是什么时候死的?"中庶子答道:"从鸡鸣到现在。"扁鹊又问:"收殓了吗?"答道:"还没有,太子离世还不到半天。""请禀告虢君,我是勃海郡的秦越人,家在郑地,还没有机会仰望到君王的神采,拜见并侍奉他。听说太子不幸去世了,我有办法使他复活。"中庶子说:"先生该不是在胡说吧?怎么说太子能再活过来呢!我听说上古时有个叫俞跗的医生,他治病不用汤剂、药酒、镵针、砭石、导引、按摩、药熨等方法,而是一诊视就发现疾病的所在,顺着五脏的腧穴,割开皮肤,剖开肌肉,疏通经脉,结扎筋腱,按摩脑髓,触动膏肓,疏理横膈膜,清洗肠胃,洗涤五脏,修练精气,改变形体,先生的医术若能如此,那么太子就能死而复生了;如果无法做到像那样,却想要使太子复活,简直不能把这样的话告诉刚会笑的孩子。"过了整整一天,扁鹊才仰天叹息道:"您说的那些治疗方法,就像用竹管来看天,从缝隙中观察花纹。我用的治疗方法,不必切脉、看面色、听声音、观察体态神情,就能说出疾病之所在。知道病人外在的表现,就能推知内在发病的原因;知道疾病内在的原因,就能论知它外在的症状。人体内的疾病会从体表显现出来,不需远行千里,我诊断病人的方法很多,不应只从一个角度看事物。你如果认为我不够真实可靠,你可以进去试着诊视太子,应该会听到他耳朵鸣响、看到他鼻翼翕动,顺着两腿摸到他的阴部,那里应该还有余温。"

中庶子听了扁鹊的话，目眩眼花不能眨动，舌头翘着说不出话，后来就进去把扁鹊的话禀告虢君。虢君听后非常惊讶，走出内廷到宫廷的中门接见扁鹊，对他说："我私下听说您的高风亮节已经很长时间了，然而一直没机会拜见您。这次先生路经我们小国，若有幸得到您的救助，那我这个偏远国家的君主真是太幸运了。有先生在，我的儿子就能活过来；没有先生，他就只有被抛尸野外并填埋沟壑了，永远死去不得复活。"话没说完，他就悲伤抽泣，精神恍惚，不停流泪，悲哀得无法自制，容貌神情都变了样。扁鹊说："太子得的病，就是所谓的'尸蹶'。由于阳气陷入阴脉，脉气缠绕冲了胃，经脉受到损伤而脉络被阻，分别注入下焦、膀胱，所以阳脉下坠，阴气上升，阴阳两气交会，闭塞不通。阴气又逆而上行，而阳气只好在内部运行，阳气徒然在身体下部和内部鼓动却不能上升，在上、在外的阳气被阻绝而不能被阴气遣使，身体上部有隔绝了阳气的脉络，下部有破坏了阴气的枢纽，这样阴气破坏、阳气断绝，所以人的容颜失色，血脉混乱，因此人就会形体安静，像死去的样子。太子实际上并没有死。因为阳气入袭阴气阻隔了脏气的，便能治愈；阴气入袭阳气而阻绝脏气的，必定会死。这几种情形，都会在五脏厥逆的时候突然发作。医术精良的医生可以治愈这种病，拙劣的医生就会困惑了。"

扁鹊便叫他的弟子子阳磨砺针和砭石，在三阳五会穴下针。过了一会儿，太子醒过来了。扁鹊又让弟子子豹准备五分剂量的药熨，再用八减方的药剂混合煎煮，交替熨敷在两胁下面。于是太子能坐起来了。又进一步调和阴阳，仅仅口服汤剂二十天就使身体恢复得和从前一样了。因此天下人都认为扁鹊能使人死而复生。扁鹊却说："不是我能使人死而复生啊，这是他自己能够活下去，我只是促进他恢复健康罢了。"

扁鹊路过齐国，齐桓侯将他当作客人来招待。他进入朝廷拜见桓侯时说："您的皮肤和肌肉之间有疾病，不治恐怕会深入体内。"桓侯说：

"寡人没有病。"扁鹊出去后,桓侯对身边的人说:"医生喜好功利,想把没病的人说成是自己治好的,以争功。"五天后,扁鹊再去拜见桓侯,说:"您的病已到了血脉里,不治恐怕会加重。"桓侯说:"我没病。"扁鹊出去了,桓侯不高兴。又过了五天,扁鹊再次拜见桓侯,说:"您的病已到了肠胃间,不治将更深入体内。"桓侯不搭理他。扁鹊出去后,桓侯不高兴。五天之后,扁鹊又去,看见桓侯就退出去跑了。桓侯派人问他逃跑的原因。扁鹊说:"疾病在皮肉间,靠汤剂、熨药的效力就能治病;疾病在血脉中,靠针扎、砭石的效力就能治病;疾病在肠胃中,药酒的效力就能治病;疾病到了骨髓,就是司命之神也无可奈何了。现在疾病已在骨髓中,我因此不再为他治病了。"过了五天后,桓侯身染重病,派人去召扁鹊,扁鹊已逃离了齐国。于是桓侯就病死了。

假若桓侯能预知没有显露的病的征兆,能够让好的医生及早治疗,那么疾病就能治愈,性命就可以保住。人们担忧的是生的病太多,医生担忧的是治病的方法太少。所以有六种疾病不能医治:为人骄狂放纵不讲道理,是一不可治;轻视身体看重财物,是二不可治;衣着饮食不适应时节变化,是三不可治;阴阳错乱,五脏功能不稳定,是四不可治;形体羸弱而不能服药,是五不可治;迷信巫术而不相信医术,是六不可治。有其中的一种情形,就很难医治了。

扁鹊的名声传遍天下。他路过邯郸时,听说当地人尊重妇女,就做了治妇科病的医生;路过洛阳时,闻知周人对老人恭敬,就做了专治耳、眼、四肢痹病的医生;到咸阳来,听说秦人喜爱孩子,就做了治小儿病的医生;他随着各地的习俗来变化他的行医范围。秦国的太医令李醯知道自己的医术不如扁鹊,就派人刺杀了扁鹊。到现在,天下谈论脉学的人,都还是遵从扁鹊的理论和实践。

太仓公是在齐国都城管理粮仓的官员,他是临淄人,姓淳于,名意。年少的时候喜好医术。汉吕后八年,又拜了同郡元里的公乘阳庆为师学习医术。这时阳庆已有七十多岁了,没有后代,就让淳于意把他从前学的医方统统丢掉,然后把自己的秘方全交给他了,并传授给他黄帝、扁鹊的脉书,教给他通过观察面部不同颜色来治病的方法,使他能预知病人的生死,决断疑难杂症,判断可否治疗,还教给他药剂的理论,都非常精辟。淳于意学了三年后,为人治病,预断死生,很多都能应验。然而他到各诸侯国去行医、游学时,不拿齐国的家当家,有时又不肯替人治病,因此有许多病人怨恨他。

孝文帝四年,有人上书控告他,按照刑律论罪,要用传车将其押解到长安。淳于意有五个女儿,跟在他的后面哭泣。他发怒而后骂道:"生孩子不生男孩,结果到紧要关头时就没有能派上用场的人!"当时最小的女儿缇萦听到了父亲的话后很感伤,就跟随父亲西行去了长安。她上书朝廷道:"我父亲做官,齐国人都称赞他的清廉公正,现在他犯法被判刑。我非常痛心受刑死去的人不能再生,受刑致残的人也无法复原,即便想要改过自新,也无路可走,终究不能如愿。我情愿进官府做奴婢,来为父亲赎罪,希望能给父亲争取一个改过自新的机会。"孝文帝看到缇萦的上书后,怜悯她的心意于是赦免了淳于意,并且于这一年废除了肉刑。

淳于意回到家里,皇帝下诏问他在所治疗的病例中,决断死生的有多少人灵验,他们都叫什么名字。诏书中问前太仓淳于意:"有什么专长的医术?能治什么病?有没有医书?都是从哪里学到的?学了几年?曾治愈哪些人?他们是哪里人?得的什么病?医治用药之后,病情怎样?全部详细作答。"淳于意答道:"我年轻的时候,就喜好医药的学问,用学到的医术试着给人看病,大多没有应验。到了吕后八年,我有机会拜临淄元里的公乘阳庆为师。当时阳庆七十多岁,我得到侍奉他的机会。他对我说:'把你以前学过的医书全部丢掉,那些都不对。我有古代先辈医家传下来的黄帝、扁鹊的诊脉书,以及通过观察面部不同的颜色来诊病的方法,使你能预知病人的生死,决断疑难杂症,判定可否医治,还有论述药剂理论的书籍,都非常精当。我家中富足,只因我打心底里喜欢你,才想要把自己收藏的所有秘方和书全交给你。'我说:'我太荣幸了,这些不是我所敢奢望的。'说完我就离开座席,再次拜谢了老师。我学了他传授的脉书上下经、脸色诊病术、听诊术、揆度阴阳外变术、医药理论、砭石神术、接阴阳等秘书和医术,在学习的过程中注意解析、体验,这样用了大约一年的时间。第二年,我试着行医,虽有效,还不够精妙。我跟着我的老师学习三年,就已经为人看病决断生死,都很灵验,已达到精妙的程度。现在阳庆已经死了十多年,我跟着他学了三年,现在我三十九岁了。"

魏其武安侯列传

　　魏其侯窦婴,是孝文帝皇后的堂兄的儿子。他的父辈世代是观津人。他喜好结交宾客。孝文帝时,窦婴任吴国相国,因病免职。孝景帝刚刚即位的时候,他担任詹事。

　　梁孝王是孝景帝的弟弟,他的母亲窦太后非常疼爱他。有一次梁孝王入朝觐见,景帝以兄弟的身份跟他喝酒,这时景帝还没立太子。酒兴正浓之时,景帝随口说道:"等我死之后,就把帝位传给梁王。"窦太后听了这话非常高兴。窦婴拿过一杯酒献给皇上,说道:"这天下是高祖打下来的天下,帝位应父子相传,此为汉朝的制度,皇上怎能擅自将帝位传给梁王!"窦太后因此事而憎恨窦婴。窦婴也将官位看得很轻,以生病为借口辞职了。窦太后开除了窦婴出入宫门的名籍,不准他入朝。

孝景帝三年，吴、楚等七国谋反，皇上考察了皇族众人和窦姓成员，没有谁比窦婴贤能了，于是召见窦婴。窦婴入宫朝见，坚决推辞，称有病不能胜任。窦太后也为此感到惭愧。于是皇上说："天下正遭遇急难，你怎么能推辞呢？"便任命窦婴为大将军，赏赐他黄金千斤。窦婴提到袁盎、栾布等诸多名将贤士都退职赋闲在家，便向皇上推荐他们。皇上赏给他的黄金，都被窦婴摆列在走廊穿堂里，属下经过时，就命令他们酌量取用，皇帝赏的黄金一点儿都没有拿回家。窦婴驻守荥阳，监视齐国和赵国两路人马，等到七国的叛军全部被击败之后，皇上就封窦婴为魏其侯。诸多辩士、宾客都争相归附魏其侯。景帝时，每次众人在朝廷上讨论军政大事，没有哪个列侯敢与条侯周亚夫、魏其侯窦婴争论抗衡。

孝景帝四年，立栗太子，让魏其侯担任太子傅。孝景帝七年，栗太子被废，魏其侯多次劝谏无效，就推说有病，在蓝田县南山下隐居了好几个月，诸多宾客、辩士都去劝说他，但没有谁能说服他回京城。梁地人高遂就劝魏其侯："能使将军富贵的人是皇上，能使将军成为朝廷亲信的人是太后。现在将军担任太子傅，太子被废黜却无法力争，力争后又不能奏效，又不能殉职。自己托病引退，拥着赵国来的美女，隐退闲居而不参加朝会。把前后这些情况比照来看，这表明了您要张扬皇上的过失。假如皇上和太后都恼恨将军，那您的妻子儿女都会被诛杀。"魏其侯觉得他说得很对，于是出山回朝，像过去一样参加朝见。

桃侯被免去丞相官职时，窦太后多次向皇上推荐魏其侯做丞相。景帝说："太后难道认为我有所吝惜，而不让魏其侯担任丞相吗？魏其侯这个人自满轻浮，难以担当丞相一职的重任。"最终没有任用他，而是让建陵侯卫绾当了丞相。

武安侯田蚡，是孝景帝皇后的同母异父弟弟，出生于长陵。当时魏其侯已经是大将军了，正当地位显赫之时，田蚡只是个郎官，没有显贵,往来于魏其侯家中,陪侍魏其侯喝酒,跪拜起立就像魏其侯的儿孙一样。等到景帝晚年,田蚡也日益显贵,受到宠信,官至太中大夫。田蚡能言善辩,学过《盘盂》之类的书,王太后认为他有贤能。孝景帝驾崩,当天太子登基,王太后摄政,她用在全国的镇压、安抚百姓的行动,大都采用的是田蚡门下宾客的计策。田蚡和他弟弟田胜,两人都因为是王太后弟弟的缘故,在孝景帝后元三年,分别被封为武安侯和周阳侯。

武安侯新近掌权便想当丞相,所以对待宾客非常谦卑,推荐赋闲在家的名士出来做官,让他们显贵,想以此方法来压倒魏其侯等大臣的势力。建元元年,丞相卫绾因病被免职,皇上与众臣商议任命丞相和太尉。籍福劝武安侯道:"魏其侯已经显贵很久了,天下才俊一向归附于他。现在将军您刚刚发迹,不能与魏其侯相比,就是皇上让您做丞相,您也一定要将官位让给魏其侯。若魏其侯做丞相,您一定会是太尉。太尉和丞相的地位是一样尊贵的,您还得到了让位给贤者的好名声。"于是武安侯就委婉地让太后暗示皇上,这样便任命魏其侯为丞相,武安侯做太尉。籍福去向魏其侯道喜时,又提醒他:"您天性喜欢好人憎恶坏人,当今好人都称赞您,所以您当上了丞相,然而您也憎恶坏人,坏人那么多,他们也会毁谤您的。如果您能好坏并容,那么就可以长久被宠信;如果您做不到的话,马上就会由于被毁谤而失势。"魏其侯不听他的话。

魏其侯和武安侯都爱好儒家学说,推荐赵绾担任御史大夫,王臧担任郎中令。他们把鲁申公迎到京师来,想要设立明堂,命令列侯们回到封国,废除关禁,按照古代礼法来规定服饰和制度,以这些措施来实现太平的政局。同时检举谴责窦氏宗族和皇族中品行不好的人,开除他们的族籍。那时诸外戚中的列侯大都娶公主为妻,都不想回封国,因此毁谤魏其侯等人的言论每天都能传到窦太皇太后的耳里。窦太皇太后喜欢黄老之道,而魏其侯、武安侯、赵绾、王臧等人极力推崇儒家学说,贬低道家学说,因此窦太皇太后更不喜欢魏其侯等人。等到建元二年,御史大夫赵绾请求皇上不要向东宫禀奏政事。窦太皇太后大怒,于是罢免并放逐了赵绾、王臧等人,还免去了丞相和太尉的职务,让柏至侯许昌当丞相,武彊侯庄青翟做御史大夫。自此魏其侯、武安侯以列侯的身份在家中闲居。

武安侯虽然不再担任官职了,但由于王太后的缘故,仍然得到皇上的宠信,多次参与政事讨论,建议大多奏效,天下那些趋炎附势的官吏士人,都离开了魏其侯而去归附武安侯。武安侯日益骄横。建元六年,窦太皇太后逝世,丞相许昌、御史大夫庄青翟因丧事办得不妥当,都被免职。皇上任用武安侯田蚡为丞相,任用大司农韩安国为御史大夫。天下的士人、郡守和诸侯,就更加依附于武安侯了。

武安侯其貌不扬,可是一生下来就很尊贵。他又觉得诸侯王都岁数大了,皇上即位时间不长,年纪尚轻,自己身为皇帝的心腹亲信,担任朝廷的丞相,如果不狠狠整顿那些不追随自己的人,用礼法使他们屈服,天下百姓就不会服帖。那时候丞相入朝奏事,往往一坐就坐到日影移位,他的话皇上都听,他推荐的人有的从平民一下子提拔到官至二千石级,就这样他把皇上的权力渐渐转移到自己的手上。甚至有时皇上要对他说:"你要任命的官吏都任命完了没有?我也想要任命几个人呢。"他曾经请求将考工官署的地盘划给他以扩建住宅,皇上生气地说道:"你怎么不干脆把武器库也取走呢!"从这之后他才收敛了一些。一次,武安侯请客人喝酒,让他的兄长盖侯面向南坐,自己却面向东坐,他认为汉朝丞相尊贵,不可以因为兄长的缘故就私下委屈自己。武安侯此后更加骄横,他修建住宅的豪华程度超过了所有贵族的府第。他的田地、园林都极其肥沃,他派去各郡县购买器物的车,在大道上来往运输络绎不绝。前堂摆着钟鼓,竖立着红色的曲柄长旗,后面寝宫里的姬妾数以百计。诸侯们送给他的金器、玉器、狗马和赏玩器物,数都数不清。

自从窦太皇太后去世，魏其侯更加被皇上疏远，不被重用，没有权势，诸位宾客渐渐自动离开他，甚至对他怠慢起来，唯独灌将军的态度一直没变。魏其侯整天闷闷不乐，只对灌将军格外厚待。

灌夫将军是颍阴人。灌夫的父亲张孟，曾是颍阴侯灌婴的家臣，受到灌婴宠信，因而灌婴便推荐他做官，官至二千石级，所以随了灌氏的姓叫灌孟。吴、楚叛乱时，颍阴侯灌何身为将军，是太尉周亚夫的属下，他向太尉推荐灌孟做校尉。灌夫率一千人与父亲同行。灌孟老了，颍阴侯勉强起用他，灌孟郁郁不得志，所以每逢作战之时，他常去攻击敌人的坚固阵地，因而战死于吴军中。按当时军法规定，父子一起参军，其中一个为国战死的话，未亡者可以护送灵柩回去。但灌夫不肯随父亲的灵柩回去。他慷慨激昂地说道："希望取到吴王或是吴国将军的头，替父亲报仇。"于是灌夫披上铠甲，拿着画戟，招募军中与他素来要好又愿意随他前去的勇士几十人同行。等到出军门后，却没有人敢再向前进。只有两个人和随从灌夫的奴仆共十几个骑兵飞奔冲进吴军中，到吴军的将旗之下，杀死杀伤吴军几十人。不能再继续向前进了，又飞马跑回汉军营地，他的奴仆全都战死了，只有他自己回来了。灌夫身上受了十多处重伤，幸好有名贵的良药医治，才得以不死。灌夫的伤稍有好转，又请求将军："我现在更加了解吴军军营的底细，请您让我再去。"将军认为他有胆量也有义气，担心灌夫战死，于是向太尉周亚夫报告，太尉坚决地阻止了灌夫。吴军被击败以后，灌夫也因此而名闻天下。

颍阴侯向皇上禀报了灌夫的事情，皇上任命灌夫为中郎将。过了几个月，灌夫因为犯法而被免职。后来在长安定居，长安城中的公卿没有不称赞他的。孝景帝时，灌夫做到代国相国的职务。景帝驾崩后，当今天子武帝刚即位，将淮阳视为天下的交通枢纽，必须驻扎大军加以防守，于是调任灌夫为淮阳太守。建元元年，又让灌夫入朝为太仆。建元二年，灌夫和长乐卫尉窦甫喝酒，灌夫酒醉，打了窦甫。窦甫是窦太后的兄弟。皇上担心窦太后会杀掉灌夫，便调派他担任了燕国相国。几年以后，灌夫又因犯法而被免职，闲居在长安家中。

灌夫为人刚烈爽直，爱耍酒疯，不喜欢当面对人阿谀奉承。对那些地位比自己高的皇亲国戚及有权势的人，他非但不对他们谦卑有礼，反而要想尽办法凌辱他们；对地位比自己低的许多士人，越是贫贱的，他越是敬重，平等相待。他会在大庭广众之下推荐夸奖地位卑下的人。士人们因此而厚爱他。

灌夫不喜欢文章学问，好打抱不平，答应了别人的事就一定要办到。凡与他交往的人，不是杰出人物便是大奸巨猾。他家中的资产累计数千万，每天的食客少则几十人，多则上百人。为了在居所里修筑堤塘来灌溉农田，他的族人和宾客滥用职权，在颍川一带横行无忌。颍川的儿童于是编了一首歌："颍水清澈，灌家安宁；颍水浑浊，灌氏灭族。"

灌夫闲居在家，尽管他很富有，但失去了权势，公卿、丞相、侍中及宾客逐渐疏远了他。等到魏其侯失去权势后，想依靠灌夫去报复那些原本仰慕自己后来又抛弃了自己的人。灌夫也想倚仗魏其侯去结交列侯、皇族以提高自己的声望。两人互相借重，他们的来往如同父子之间那样密切。彼此投合，没有嫌隙，只恨相知太晚。

灌夫在服丧期间，去拜访丞相，丞相随便地说道："我想和仲儒你一起去拜访魏其侯，却正赶上仲儒你现在有丧在身不便前往。"灌夫说："将军您竟肯屈驾光顾魏其侯，我灌夫怎敢以服丧为由而推辞呢！请让我告诉魏其侯置办酒席，希望您明天早点光临。"武安侯答应了。灌夫把他和武安侯的对话详细地告诉了魏其侯。魏其侯和他的夫人特地买了很多肉和酒，连夜打扫房子，早早准备酒宴用具，一直忙到天亮。天刚亮，就吩咐府中管事的人员在宅前迎接。等到中午，还不见丞相来。魏其侯对灌夫说："难道丞相把这件事忘了？"灌夫很不开心，说道："我灌夫有丧要服还应他的约，他应该来。"于是便驾车亲自去迎接丞相。丞相前一天不过是开玩笑似的答应了灌夫，其实没想来赴宴。等到灌夫来到他家门前时，丞相还在睡觉。于是灌夫进去见他，说："昨天将军赏脸答应拜访魏其侯，魏其侯夫妇备办了酒宴，从早上一直到现在，都没敢吃一点东西。"武安侯佯作惊讶地道歉："昨天我喝醉了，忘了跟仲儒说过的话。"于是驾车前往，却又走得很慢，灌夫更为恼怒。等到酒兴正酣的时候，灌夫起身跳舞，舞毕邀请丞相，丞相却不起身，灌夫便在酒宴上出言讽刺他。魏其侯立即扶着灌夫离去，并向丞相谢罪。丞相一直喝到天黑，尽欢后才离去。

　　丞相曾派籍福去向魏其侯索取魏其侯在城南的田地。魏其侯深怀怨恨地说道："我虽然失势，将军虽然显贵，但怎么可以仗势强夺我的田地呢！"魏其侯不答应。灌夫听说后也大怒，大骂籍福。籍福不愿丞相和他们有隔阂，就自己编了一些好话向丞相道歉："魏其侯年事已高，就要死了，您姑且忍一忍，等着吧！"不久后，武安侯听说魏其侯和灌夫其实是因为愤怒而不肯让出田地，也很生气地说道："魏其侯的儿子曾经杀人，是我救了他一命。我服侍魏其侯的时候从没有不听从他的话，为什么他竟吝惜这几顷田地呢？再说灌夫为什么要掺和呢？我不敢再索取这块田地了！"武安侯从此非常怨恨灌夫和魏其侯。

　　元光四年的春天，丞相向皇上进言，说灌夫家住颍川，横行霸道，百姓都深受其苦。请求朝廷查办。皇上说："这是丞相的职责，何必请示朝廷。"灌夫也掌握了丞相的秘事，比如采取非法手段谋利，接受了淮南王的金钱贿赂，并与其私下会谈。宾客们从中斡旋，双方才作罢，彼此和解。

　　那年夏天，丞相娶燕王的女儿为妻，王太后下诏，命令列侯和皇族都去祝贺。魏其侯去拜访灌夫，打算和他一起去。灌夫推辞："我屡次因酒醉失礼而得罪丞相，丞相近来与我正有嫌隙。"魏其侯说："已经和解了。"硬拉着他一道去。酒兴正酣时，武安侯起身敬酒，在座宾客都离开席位伏在地上,以示不敢当。后来魏其侯起身敬酒,只有魏其侯的那些老朋友离开席位,其余半数的人不过是半起跪在席间。灌夫不高兴。灌夫起身依次敬酒,敬到武安侯,武安侯却照常双膝跪在席上说:"我不能喝满杯。"灌夫火了,便假笑道:"将军您是贵人,就把这杯喝光了吧!"当时武安侯不肯答应。轮到敬酒给临汝侯,临汝侯正在与程不识耳语,又不离开席位。灌夫的怒气无处发泄,便骂临汝侯:"平时你把程不识诋毁得一文不值,今天长辈给你敬酒,你却学女子在那儿与程不识耳语!"武安侯对灌夫说:"程将军、李将军都是东西两宫的卫尉,现在您当众侮辱程将军,仲孺难道不给李将军留点余地吗?"灌夫说:"今天砍我的头,穿透我的胸,我都无所谓,还顾忌什么程将军、李将军!"在座的人便起身借口要上厕所,纷纷离去了。魏其侯也走了,挥手示意让灌夫一同出去。武安侯就大怒道:"这是我对灌夫放任的过错。"便命令骑士把灌夫扣留。灌夫想出去却出不去。籍福起身替灌夫谢罪,并按着灌夫的脖子让他低头认罪。灌夫越发生气,不肯认罪。武安侯便指使骑士们把灌夫绑起来押到客房,召来长史道:"今天请宗室来赴宴,是有诏令的。"于是针对灌夫在席上辱骂宾客,犯了不敬之罪而开始弹劾灌夫,并把他囚禁在室内。此外还追查他以前犯过的事儿,派小吏分头追捕灌氏所有的分支亲属,都判了斩首示众之罪。魏其侯非常惭愧,出钱让宾客向武安侯求情也无法使灌夫获释,因为他的属下都是武安侯的耳目,灌家所有人都逃跑、躲藏了起来,灌夫也被拘禁,于是无人可以告发武安侯的秘事。

　　魏其侯为营救灌夫挺身而出。他的夫人劝他道:"灌将军得罪了丞相,这是在和太后家的人作对,怎么可能救得出来呢?"魏其侯说:"侯爵这个位子是我得的,现在让我把它丢掉,也没有什么可惜的。再说总不能让灌仲孺一个人去死,而我独自活着。"于是背着家人,私自上书给皇上。皇上立刻将其召进宫,魏其侯向皇上说明了灌夫因为醉酒而失言的详细情况，认为他罪不至死。皇上也觉得他说得对，赏赐魏其侯进餐，对他说道："去东宫公开辩论这件事。"

魏其侯到东宫去后，极力称道灌夫的长处，说这是他酗酒后犯的过错，而丞相却拿其他事来诬陷灌夫给他加罪。武安侯则是竭力诋毁灌夫的骄横放纵，犯下大逆不道之罪。魏其侯估计着没有别的办法对付武安侯，便攻击他身为丞相的短处。武安侯说："幸而天下太平无事，我才有机会成为皇上的心腹，所喜好的无非是音乐、狗马和田宅。我不过是钟爱娼妓、优伶、巧匠这类人，不像魏其侯和灌夫，整天招揽天下的豪杰壮士，不分昼夜地商讨国事，对朝廷深怀不满，不是抬头观测天象，就是低头在地上画，在东、西两宫之间窥测，盼着天下发生变故，好让他们立大功成大事。我倒真是不明白魏其侯等人到底在做什么。"于是皇上问在朝的大臣们："他们两人谁的话是对的？"御史大夫韩安国说道："魏其侯说灌夫的父亲为国捐躯，灌夫手持画戟冲到安危难料的吴军之中，身受重伤几十处，在全军中声名赫赫，这是天下的勇士，他并没有犯下特别大的罪过，只是因为多喝了几杯酒而引起了口舌之争，是不应该加上其他的罪状来判处他死罪的。魏其侯的话不错。丞相说灌夫同奸猾之徒结交，欺凌平民百姓，家产累计达亿万，横行颍川一带，欺辱皇族，这就是所谓的'树枝比树根大，小腿比大腿粗'，其后果若不是折断就是分裂。丞相的话也不错。希望英明的皇上自己裁决这件事吧。"主爵都尉汲黯支持魏其侯。内史郑当时也觉得魏其侯说得对，但后来不敢坚定地回答皇上。其他人都不敢回答。皇上怒斥内史道："你平日多次议论魏其侯、武安侯的长处还有短处，现在当廷辩论，你却像驾在车辕下畏首畏尾的小马，我将把你们这些人一并杀掉。"马上起身结束朝会，入宫侍奉太后进餐。太后也已经派人去朝廷探听消息，他们已将廷辩的情况详细地向太后报告了。太后大怒，不肯吃饭，并对皇上说："现在我还活着，别人就敢这样作践我的弟弟，等我死之后，他就会被当作鱼肉一样任人宰割了。况且皇上怎么能像石头人一样呢！现在皇帝还在，这班大臣就应声附和，假使你死了以后，这些人中还有可信赖的吗？"皇上向太后道歉："只因这两人都是皇室的外戚，所以才当朝辩论有关他们的事。不然的话，这不过是一个狱吏就可以解决的问题。"当时郎中令石建向皇上分别谈了魏其侯、武安侯两个人的事情。

武安侯退朝后，出了停车门，招呼御史大夫韩安国一同乘车，生气地说："我和长孺你共同对付一个老家伙，你为什么首尾两端？"御史大夫过了好长时间才对丞相说："您怎么这么不自爱自重？魏其侯毁谤您，您应当脱帽解印，辞职回家，对皇上说：'我因为是皇上的心腹，侥幸当了丞相，本来就是不称职的，魏其侯说得都对。'您这样做的话，皇上必定会赞许您有谦让的美德，不会让您辞职。而魏其侯一定会因为内心惭愧，闭门咬舌自尽。现在人家诋毁您，您也毁谤人家，这样互骂好比与商人或是女人吵架，多么不识大体啊！"武安侯认错道："争辩的时候太性急了，我没有想到应该这么做。"

因此皇上派御史按照文书记载，追查灌夫的罪行，结果与魏其侯所说的有颇多不相符的地方，因此魏其侯犯了欺君之罪。他被弹劾，然后被拘禁在都司空里。

孝景帝时，魏其侯曾收到遗诏，遗诏上面写道："假如你遇到不便的事情，可以不按常规，把你的意见呈报给皇上。"到此时，魏其侯被拘禁，灌夫将要被灭族，情况一天比一天紧急，但大臣们谁也不敢再向皇帝进谏。魏其侯便让侄子上书禀告遗诏的事，希望能再次被皇上召见。文书呈送皇上，可是查遍了尚书保管的档案，并没有景帝的遗诏。这道诏书只收藏在魏其侯家中，由其家臣盖印加封。于是又弹劾魏其侯伪造先帝遗诏，论罪应该被斩首示众。元光五年十月间，灌夫及其家属全部被处决了。魏其侯很久以后才听说这个消息，悲愤万分，患了中风病，准备绝食至死。后来有人听说皇上并没有杀魏其侯的意思，魏其侯又恢复饮食了，医治疾病，决定不寻死了。此后又有恶毒诽谤魏其侯的流言蜚语传到皇上耳中，因此于当年十二月的最后一天，在渭城大街上将魏其侯斩首示众。

这年春天，武安侯病倒了，总是叫喊着服罪认错的话。让能看到鬼的巫师来给他看病，巫师说看见魏其侯和灌夫两个鬼魂守着武安侯，要杀死他。武安侯死了。他的儿子田恬继承了爵位。元朔三年，武安侯田恬因穿短衣入宫，犯下不敬之罪，封国被废。

淮南王刘安图谋反叛的事泄露了，被治罪。淮南王上次来朝廷时，武安侯担任太尉，当时他去霸上迎接淮南王，对淮南王说："皇上没有太子，大王您是最贤明的，又是高祖的孙子，如果皇上驾崩，不是大王您继承皇位，还应该立谁呢！"淮南王听后十分欢喜，送给武安侯许多黄金财物。皇上自从魏其侯事发时就不觉得武安侯是对的，只是碍于王太后的缘故罢了。等到听说淮南王送给武安侯黄金财物的时候，皇上说："倘若武安侯还活着，该被灭族了吧。"

太史公说：魏其侯和武安侯都是靠着外戚的身份而身居显要官职，灌夫因为一时的冒险立功而于当时名声显赫。魏其侯是由于平定吴、楚七国叛乱而被重用；武安侯则是因利用了皇帝和王太后共同掌权的机会而得以显贵。然而魏其侯真是太不懂时势的变化，灌夫不学无术又不知谦逊，这两个人互相庇护，酿成了这场大祸。武安侯仗着显贵的地位而且喜好玩弄权术，为了一杯酒的怨愤，就陷害了两个有才能的人。唉，可悲啊！灌夫迁怒于别人，自己的性命也不长久。灌夫得不到百姓的拥戴，终究被恶言中伤。唉，可悲啊！灾祸就是这么来的啊！

李将军列传

　　李将军名叫李广，是陇西郡成纪县人。他的先祖是李信，是秦朝的将军，就是追击并俘获了燕太子丹的那一位将军。他家原来在槐里，后来迁居到成纪。李广家族世代传习射箭之术。孝文帝十四年，匈奴人大举入侵萧关，李广作为良家子弟参军抗击匈奴，因为他善于骑射，斩杀、俘虏了众多敌人，所以被任命为中郎。李广的堂弟李蔡，也被任命为中郎。他们两人又都担任武骑常侍，年俸八百石。李广曾跟随皇上出行，常冲锋陷阵、抗击敌人以及格杀猛兽，文帝说："可惜啊，你没遇到好机会！如果你生于高祖的时代，封个万户侯还在话下吗！"

　　到孝景帝刚即位时，李广担任陇西都尉，后又调任骑郎将。吴、楚七国叛乱的时候，李广任骁骑都尉，跟随太尉周亚夫攻打吴、楚叛军，他在昌邑城下夺了敌人的军旗，因此立功扬名。但因为梁孝王私自授给李广将军印，所以回朝后，没有受到朝廷的封赏。后调任上谷太守，匈奴人每天都来与其交战。典属国公孙昆邪哭着对皇上说："李广的才气，举世无双，他自恃有本领，屡次与敌人正面作战，我担心这员良将会牺牲。"于是他又被调任为上郡太守。以后李广历任边境各郡太守，又被调任为上郡太守。他曾担任过陇西、北地、雁门、代郡、云中等地太守，一直都以奋力作战而闻名。

　　匈奴人大举入侵上郡，天子派来一名受宠的宦官跟随李广领兵抗击匈奴。宦官带几十名骑兵纵马远驰，遇上三个匈奴人，就和他们交战，三个匈奴人转身放箭,将宦官射伤,几乎杀光了他手下的那些骑兵。宦官逃回去找李广,李广说:"那一定是匈奴的射雕手。"于是李广带上一百名骑兵去追赶那三个人。那三个人没有马,正在徒步前行。走了几十里路,李广命令他手下的骑兵左右散开,他亲自去射那三个人,射死了两个,生擒了一个,他们果然是匈奴的射雕手。把幸存者捆绑上马之后,远远望见有几千名匈奴骑兵在靠近。他们看到李广,以为是汉朝诱敌的骑兵,都非常吃惊,跑到山上去摆好了阵势。李广的一百名骑兵也都大为惶恐,想往回飞奔。李广说:"我们离大军有几十里地,照现在这种情形,我们只要一跑,匈奴大军必然要来追击射杀,很快我们就会被杀光的。现在如果我们停留不走,匈奴人一定以为我们是来诱敌的,必定不敢来攻击我们。"李广下令:"前进!"骑兵进到了离匈奴人的阵地大约还有二里的地方停下来,李广又下令道:"全体下马,解下马鞍!"骑兵们说:"敌军那么多人,并且又离得这么近,如果出现了紧急情况,我们怎么办?"李广说:"那些匈奴人原本以为我们会逃跑,现在我们全都把马鞍解下来,那就表示我们不逃,这样就能让他们更坚信我们是诱敌之兵了。"于是匈奴骑兵最终没敢来攻击。

有一名骑白马的匈奴将军出阵来监护他的士兵,李广上马带着十几名骑兵奔跑着射死了那个骑白马的匈奴将军,之后又返回自己的骑兵队,解下马鞍,让士兵们都把马放开,随便躺在地上。这时正值黄昏,匈奴军队始终觉得这件事奇怪,不敢上前攻击。到了半夜,匈奴人以为汉朝在附近有伏兵,想趁夜偷袭他们,于是匈奴大军便撤离了。第二天早晨,李广才带骑兵回到大军中,由于大军不知道李广去了哪里,所以没有前去接应。

过了很久,孝景帝去世,武帝即位,武帝的近臣都认为李广是一员名将,于是李广由上郡太守被调任为未央宫的卫尉,程不识也做了长乐宫的卫尉。程不识和李广过去都曾任边郡太守,领军屯驻在边境。等到出兵攻打匈奴之时，李广行军作战没有严格的行列阵势，而是靠近水草丰茂的地方屯兵，停宿时人人均可自便，夜里也不打更自卫，军中幕府的各种文书簿册都很简约，然而他也远远地设置了哨兵，所以从未遭到过危险。

程不识整饬队伍编制、行军队列以及驻营阵势，夜里打更自卫，文吏处理军中簿册要到天明，军队得不到充分的休息，但也不曾遭遇危险。程不识说："李广治兵过于随便，然而万一敌军突然进犯他，他就无法招架了。而他的手下倒也安逸快乐，都甘心为他拼命。我军虽然军务繁乱，但是敌人也没有办法来侵犯我军。"那时，汉朝边郡上的李广、程不识都是名将，然而匈奴人害怕李广的谋略，士兵也大多以跟随李广为乐而以跟随程不识为苦。程不识在孝景帝时由于屡次直言进谏而被封为太中大夫，他为人清廉，谨守法令。

后来汉朝以马邑城引诱单于，派大军埋伏在马邑城两旁的山谷中，让李广任骁骑将军，归护军将军韩安国统领。当时单于发觉了，便逃跑了，汉军都没有立下战功。

四年后，李广由卫尉升为将军，带兵出雁门关征讨匈奴。匈奴兵多，击败了李广的军队，生擒了李广。单于向来听说李广才能非凡，下令道："俘获李广后一定要把活人送来。"匈奴的骑兵俘获了李广，李广当时受伤生病，他们就把李广放在两匹马之间，用绳编成网兜让他躺在里面。走了十多里地，李广装死，斜眼看到他身旁的一个匈奴少年骑了一匹好马，李广突然纵身跳上那少年的马，顺势把少年推下去，夺走了他的弓，策马向南飞奔数十里，重又遇到他的残余部队，于是带着他们进了关塞。匈奴发动几百名骑兵来追捕他，李广边逃边拿起那少年的弓箭射杀追来的骑兵，因此才得以逃脱。于是他回到了汉朝，朝廷把李广交给执法官吏。法官判决李广损失、伤亡人马太多，他自己又曾被敌人活捉，罪当斩首，李广用钱赎了死罪，被贬为平民。

转眼间,李广已闲居在家数年,李广在家与已故颍阴侯灌婴的孙子灌强隐居在蓝田县,常去南山打猎。曾于一天夜里带着一个骑士外出,和别人在乡间饮酒。回来时到了霸陵亭,霸陵尉喝醉了,大声喝斥李广,禁止他们通行。李广的随从说:"这是前任李将军。"霸陵尉说:"现任将军尚且不得在夜间出行,更何况是前任呢!"便把李广扣留在霸陵亭下住了一宿。没过多久,匈奴人入侵杀死了辽西太守,打败了韩安国将军,韩将军被调到右北平。这时天子就召见李广,拜他为右北平太守。李广当即请求让霸陵尉随他赴任,到了军中后就把他杀了。

李广驻守右北平,匈奴人听说后,称他为"汉朝飞将军",躲了他好几年,始终不敢入侵右北平。

一次李广外出打猎,看见草中的一块石头,以为是老虎便向它射去,石头被射中了,箭头都钻进石头里了,过去一看,才发现是石头。接着再射,终究不能再射进石头里了。李广在各郡驻守时,听说哪里有老虎,常常亲自去射杀。等到他驻守右北平时,一次去射虎,老虎跳起来弄伤了李广,李广最终也把它射死了。

李广为官清廉,得到赏赐后就分给他的部下,他总与士兵在一起吃喝。李广一生做二千石俸禄的官达四十多年,家中并没有多余的财产,也始终不提置办家产的事。

李广身材高大,长臂如猿,善于射箭是他的天性,即便是他的子孙或别人跟他学习,也没人能赶得上他。李广口拙少言,与别人在一起时就在地上画军阵,比试箭术的疏密、准确,输了的人罚酒。他专以射箭为消遣,一直到死。

李广带兵,遇到缺粮断水的时候,看到有水了,不是所有士兵都喝到水,李广不靠近水;不是所有士兵全吃上饭,李广不吃一口饭。李广对人宽厚和缓,从不苛刻,因此士兵们都爱戴他,乐于为他效力。李广射箭的方法是:一看到敌人急速逼近,如果不在数十步之内,他估计射不中就不会射箭。只要一发射，敌人立即应声倒地。正因为如此，他领兵时有好几次被困受辱，射杀猛兽时也曾被猛兽所伤。

过了不久，石建死了，这时皇上召见了李广，让他接替石建担任郎中令。元朔六年，李广又被封为后将军，随大将军卫青的军队从定襄发兵，征伐匈奴。许多将领杀死、俘虏敌人符合规定数额，因战功而被封侯，可是李广的军队却没有立下战功。过了两年，李广作为郎中令率四千骑兵从右北平发兵，博望侯张骞率一万骑兵与李广一同出征，分道而行。行军约有几百里，匈奴左贤王率四万骑兵包围了李广，李广的士兵都非常惊恐，于是李广派他的儿子李敢骑马向匈奴军中飞奔前进。李敢独自带几十名骑兵直捣匈奴骑兵阵，从敌军的左右两翼杀出，回来向李广报告："匈奴人很容易对付啊！"士兵们这才安心。李广摆成面向外面的圆形兵阵，匈奴对他们进行猛攻，箭如雨下。汉军死掉大半，箭也快用光了。李广就命令将士们拉满弓，不要放箭，而他亲自用大黄弩射杀匈奴的副将，杀死了好几个人，匈奴军队才渐渐散开。恰逢天色已晚，官兵都面无人色，可是李广却神态自若，更加注意整顿好军队。军中上下从此都更是佩服他的勇气。第二天，又继续奋力作战，博望侯的军队也赶来了，匈奴军队这才撤离。博望侯的军队非常疲惫，所以也没能去追击。当时李广的军队几乎全军覆没，就收兵回朝。依照汉朝法律，博望侯行军迟缓，耽误行程，罪当处死，他用钱赎罪，被降为平民。李广的军队功过相抵，没有封赏。

当初，李广的堂弟李蔡与李广一起侍奉孝文帝。到景帝时，李蔡累积功劳已官至年俸二千石。武帝时，做到了代国的相国。元朔五年，被任为轻车将军，随大将军卫青攻打匈奴的右贤王，立下战功，达到封赏的标准，被封为乐安侯。元狩二年，李蔡代替公孙弘任丞相。李蔡的才干在下等的中间，声名和李广差得很远，然而李广却得不到爵位和封地，官位也没超过九卿，可是李蔡却位居列侯，官位达到三公之列。李广属下的军官和士卒们，也有人被封侯。李广曾与星象家王朔私下闲谈："自打汉朝进击匈奴以来，我没有一次不在汉军之中。可是各军中校尉以下的军官，他们的才能还不如普通人，然而因攻打匈奴而立下军功被封侯的有几十个人。我李广不比别人差，但是没立下一点功劳来得到封邑，这是什么原因呢？难道是我的骨相不配当封侯吗？还是命该如此呢？"王朔说："请将军自己回想一下，难道您曾经做过什么值得悔恨的事吗？"李广说："我曾担任陇西太守，有一次羌人反叛，我诱骗他们投降，有八百多人投降，我用欺诈的手段在同一天内把他们都杀害了。至今以来只有这件事是我最大的悔恨。"王朔说："没有比杀害已投降的人罪过更大的了，这就是将军您不能被封侯的原因。"

又过了两年，大将军和骠骑将军率大军出征匈奴，李广屡次主动请求随行。天子认为他年事已高，没有答应；好久之后才准许他前去，任命他为前将军。这一年是元狩四年。

李广随大将军卫青出征匈奴，出塞以后，卫青通过捕获的俘虏，知道了单于的居所，就自己带精兵去追逐单于，而命令李广的军队并入右将军的军队，从东路出兵。东路稍微有些迂回绕远，而且大军行经水草缺少的地方，势必不能聚集行进。李广就自动请求说："我身为前将军，如今大将军却让我改从东路出兵，况且我从年少时就与匈奴作战，到今天才得以与单于对阵，我愿做前锋，先去与单于决一死战。"大将军卫青曾暗中被皇上告诫过，认为李广老了，屡屡不走运，不要让他与单于对阵交锋，恐怕他不能俘获单于。那时公孙敖新近丢掉了侯爵之位，任中将军，随大将军出征，大将军也想和公孙敖一起与单于对阵，所以故意调开前将军李广。李广当时知道内情之后，坚决请求大将军收回调令。大将军不听，命令长史下文书到李广的幕府，并对他说："赶快去右将军军部，照文书行事。"李广没有向大将军告辞就起程了，非常恼怒地赶往右将军军部，与右将军赵食其会合后从东路出兵。大军没有向导，有时就会迷失道路，结果落在大将军后面。大将军与单于交锋，单于逃跑了，汉军没有追上只好回去。大将军向南行越过沙漠，遇上了前将军和右将军的部队。李广见过大将军之后，便回到自己军中。大将军派长史拿着干粮和酒送给李广，顺便询问李广和赵食其迷路的情况，卫青想要给天子上书报告行军的曲折原委。李广没有作答，大将军派长史马上责令李广的幕府人员前去受审。李广说："各位校尉没有罪，是我自己迷了路，我现在就去大将军幕府受审。"

到了大将军幕府后，李广对他的手下说："我从年少时起与匈奴打过大小七十多次仗，如今有幸随大将军出征，同单于的军队交锋，可是大将军又调我的军队走迂回绕远的路，偏偏又迷路，这难道不是天意吗！况且我都六十多岁了，终究不能再被那些刀笔吏侮辱。"于是他就拔刀自刎了。李广军中将士无不痛哭。百姓听说这件事后，不论认识他的还是不认识他的，也不论老的还是少的，都为李广落泪。右将军赵食其独自被交给执法官吏，被判为死罪，他用钱赎罪，被降为平民。

李广有三个儿子，名叫李当户、李椒、李敢，都担任郎官。一次天子在和韩嫣戏耍，韩嫣有些放肆的举动，李当户就打了韩嫣，韩嫣逃跑了，因为这样天子认为李当户很勇敢。李当户死得早，皇上便任命李椒为代郡太守，这两个儿子都比李广先死。当户有个遗腹子名为李陵。李广死在军中之时，李敢正在骠骑将军霍去病手下做事。

李广死后第二年，李蔡身为丞相，因侵占了孝景帝陵园前大路两旁的空地而获罪，应送交执法官吏查办，李蔡不愿受审，也自杀了，他的封国被废。

李敢身为校尉，跟随骠骑将军出击匈奴的左贤王，他奋力作战，夺得左贤王的战鼓和帅旗，斩杀了很多敌人，因而被封为关内侯，封给他食邑二百户，接替李广担任郎中令。没过不久，李敢怨恨大将军使他父亲抱恨死去，就把大将军打伤了，大将军把这件事隐瞒了下来。又过了没多久，李敢随皇上去雍县到甘泉宫打猎。霍去病和卫青是亲戚，就把李敢射死了。霍去病当时很受宠，正当显贵，皇上隐瞒了真相，说李敢是被鹿撞死的。又过了一年多，霍去病去世。李敢有个女儿做了太子的侍妾，受到宠爱，李敢的儿子李禹也受到太子宠爱，但他贪财好利，李氏家族就日渐败落了。

李陵成年后，被选任为建章监，监管各处骑兵。他善于射箭，爱护士卒，天子认为李家世代为将，就派李陵统领八百骑兵。李陵曾深入到匈奴境内两千多里，穿过居延视察地形，没发现有敌人就回来了。后来被封为骑都尉，统率丹阳的五千名楚兵，到酒泉、张掖去教习将士们射箭，屯驻在那儿防备匈奴入侵。

几年后，到了天汉二年秋天，贰师将军李广利率三万骑兵去祁连山进攻匈奴右贤王，武帝派李陵率领他的五千名射手步兵，出兵到居延以北大约一千里之处，想以此分散敌人的兵力，使他们无法专门对付贰师将军。李陵已到约定期限就要回师，而此时单于用八万大军围攻李陵的军队。李陵的军队只有五千人，箭都射光了，士兵也死了大半，但他们也杀伤了一万多名匈奴兵。李陵率军边撤退边战斗，接连打了八天，往回撤到离居延还有一百多里之处，匈奴人堵住狭窄的通道，截断了他们的归路。李陵的军队粮草缺乏，救兵又不到，敌人加紧进击，并劝诱李陵投降。李陵说："我没有脸面去回报陛下了！"于是就投降了匈奴。他全军覆没，余下逃散得以回到汉朝的只有四百多人。

单于得到李陵之后，因向来知道李陵家的名声，作战时又很勇敢，于是就把女儿嫁给李陵，使他显贵起来。汉朝知道这件事后，就杀了李陵的母亲、妻子和儿女。自此后，李家名声败落，曾做过李氏门客的陇西一带的士人，都以此为耻。

太史公说：《论语》中说："为官的人自身行为端正，不用下命令人们也会执行；为官的自身行为不正，即使下命令也没人会听从。"这难道说的就是李将军么！我见李将军老实厚道，像个乡下人般不善讲话，可在他死的那一天，天下人不论是认识他的还是不认识他的，都为他极尽悲哀。他那忠厚诚实的品格确实得到了士大夫们的信赖呀！谚语道："桃树、李树不会开口讲话，树下却自然而然地被人踩出一条小路。"这话虽然浅显，但却可以用来说明大道理呀。

匈奴列传

　　头曼单于的太子叫冒顿，后来头曼宠爱的阏氏生了个小儿子，头曼便想废冒顿而立小儿子为太子，于是派冒顿去月氏当人质。冒顿到月氏当了人质后，头曼却紧攻月氏。月氏人欲杀冒顿，冒顿偷了月氏人的一匹良马，逃回匈奴。头曼认为他很勇猛，就让他统领一万骑兵。冒顿制造出了响箭，就训练他的部下骑马射箭，下令说："凡是我的响箭所射的，如果有谁敢不跟着我全力去射，就立即斩首。"首先率人在外射猎鸟兽，遇到不射响箭所射的目标的人，就立即杀了。不久，冒顿以响箭射自己的良马，左右侍从有不敢射击的，冒顿立即杀了他们。过了段时间，冒顿又用响箭射自己宠爱的妻子，左右侍从有感到害怕而不敢射击的，冒顿又把他们杀了。又过些日子，冒顿出外打猎，用响箭射单于的良马，左右侍从都跟着射。于是冒顿知道他左右侍从都是可以任用的人。他跟随父亲单于头曼去打猎，用响箭射头曼的头，他左右侍从也都跟着响箭把单于头曼射死了，于是又把他的后母、弟弟以及不服从的大臣杀尽。冒顿自立为单于。

　　冒顿当上单于后，当时东胡强盛，听说冒顿杀父自立为单于，就派使者告诉冒顿,想得到头曼的千里马。冒顿询问群臣,群臣都答道:"千里马是匈奴人的宝马,不要送出去。"冒顿说:"同人家邻国而居,怎能吝惜一匹马呢?"于是就把千里马送给了东胡王。过了不久,东胡王以为冒顿怕他们,就派使者告诉冒顿,想要单于的一位阏氏。冒顿又询问左右侍从,众人皆发怒道:"东胡人放肆,竟敢索要我们的阏氏,请您出兵攻打他们。"冒顿说:"同人家邻国而居,怎么能吝惜一个女人呢?"于是就把自己心爱的一位阏氏送给了东胡王。东胡王愈来愈骄狂,向西侵犯匈奴。东胡与匈奴之间有一块荒地,没有人居住,这片土地方圆一千多里,双方各自在边境修起屯守的据点。东胡派使者对冒顿说:"匈奴与我们交界的据点以外的荒地,你们不能去,我们想要占据那里。"冒顿去询问群臣的意见,有人说:"这是荒地,给他们也可以,不给也可以。"这时冒顿大怒道:"土地,是国家的根本,怎么能给他们!"于是诸臣中说要给东胡土地的人都被杀了。冒顿上马,下令全国如有后退者就斩首,于是向东袭击东胡。东胡人最初轻视冒顿,因此没有戒备。等到冒顿大军杀来,大败东胡,杀死了东胡王,而且掳走了那里的百姓,掠夺了牲畜、财产。匈奴冒顿回师后,又向西打跑了月氏,向南吞并了楼烦和白羊河南王。并将秦朝派蒙恬夺去的土地全部收复了,与汉朝以原先的河南塞为界,兵至朝那和肤施两地,于是便入侵燕国和代地。那时汉军正与项羽大军对峙,中原地区的人民疲于征战,因此冒顿才能独自强大,拥有三十多万能拉弓射箭的士卒。

从淳维到头曼一千多年,匈奴的势力时大时小,忽散忽离,因为经历时间太久,所以他们的世系传承已经不能依次排序。然而到了冒顿当单于时,匈奴的势力达到最强,这使北方夷狄完全臣服于他的统治,在南面与中原成为敌国,此后他们的世系传国以及官位名号才被记述了下来。

匈奴设置了左、右贤王,左、右谷蠡王,左、右大将,左、右大都尉、左、右大当户、左、右骨都侯。匈奴人把"贤明"称为"屠耆",因此常会让太子做左屠耆王。从左、右贤王以下到当户,官大的有万名骑兵,官小的也有数千骑兵,总共有二十四位长官,称号为"万骑"。诸位大臣都是世袭官位。呼衍氏、兰氏,以及后来的须卜氏,这三个姓是他们中的贵族。左方各王、将居住在东方,面对上谷以东的地区,东边与秽貊、朝鲜接界。右方各王、将居住在西方,面对上郡以西的地区,与月氏、氐还有羌接壤。而单于的王庭一直延伸到代、云中两郡。各人有各自的领地,随水草而迁徙住地。左、右贤王与左、右谷蠡王是官职最大的,左、右骨都侯辅佐政事。二十四长官也各自设置千长、百长、什长、裨小王、相、将、都尉、当户、且渠等类官员。

每年正月,各位长官都在单于的王庭小聚,举行春祭。五月,在龙城有大的集会,祭祀他们的祖先、天地神和鬼神。秋天,等到马匹肥壮之时,在蹛林举行大的集会,核算人口和牲畜的数目。匈奴法律规定,将刀拔出刀鞘一尺的就被处死,犯盗窃罪的人没收他的家产;犯小罪的人判轧碎骨节的刑罚,犯大罪的人被处死。入狱最久不超过十天,全国的犯人不过几个人。单于清晨时要走出营地,朝拜初升的太阳,傍晚要朝拜月亮。他们就坐时,年长的人在左边,面向北方。他们崇尚戊日和己日。他们给死者送葬时有棺椁、金银和衣裘,却没有坟冢以及丧服礼仪。单于死后,为他殉葬的他所宠幸的大臣及妻妾,多达数百人或上千人。匈奴人准备打仗时,要先观察星星和月亮,如果月圆就去攻伐,月缺就退兵。匈奴人在征战时,谁斩杀或是俘虏敌人,都会得到一壶酒的赏赐,所缴获的物品也归他,捕获的人也给他们当奴婢。所以打仗的时候,每个人都自动上前寻求利益,善于用诱敌之兵突然袭击敌人。所以他们一见到敌军,便上前追逐利益,如同飞鸟云集。遇到危难的情况,队伍就会土崩瓦解,如同云雾消散。作战中谁能将战死者的尸体运回来归葬,就可获得死者的全部家财。

后来，冒顿又向北征服了浑庾、屈射、丁零、鬲昆、薪犁等国。这时，匈奴的贵族、大臣都佩服冒顿，认为冒顿单于真是贤能。

卫将军骠骑列传

元狩四年春天，皇上命令大将军卫青和骠骑将军霍去病各领五万骑兵，随后还有几十万步兵和转运物资的运输队，而那些敢于奋战深入的士兵都跟着骠骑将军。骠骑将军开始时要从定襄出兵，攻击单于。后来捕获的匈奴俘虏说单于向东走了，于是朝廷就改派骠骑将军从代郡出兵，派大将军卫青从定襄出兵。郎中令李广担任前将军，太仆公孙贺担任左将军，主爵赵食其担任右将军，平阳侯曹襄担任后将军，他们都归大将军调遣。随即汉军越过沙漠，共有五万骑兵同骠骑将军的人马一起攻打单于。赵信为单于出谋划策道："汉军已经越过沙漠，人马困乏，匈奴人可以坐取汉军俘虏了。"于是单于把他们的辎重全都运到遥远的北方，把精锐部队全都安排在大漠以北以等待汉军。恰逢大将军卫青的军队出塞一千多里，望见单于的军队列阵在那里等着，这时大将军下令用武刚车围成环形军营，又命令五千骑兵前去抵挡匈奴。匈奴也派了大约一万名骑兵。恰巧太阳要落山，大风刮起来了，沙石扑打在人们脸上，两军都看不见对方，汉军又分成左右两翼包抄单于的军队。单于看汉军很多，而且人马的战斗力很强，交战的话对匈奴不利。因此，傍晚时分，单于便乘上六头骡子拉的车子，率大约几百名精壮骑兵，径直冲出汉军包围，向西北方向奔去。这时天色已晚，汉军和匈奴人厮杀起来，死伤人数大概相同。汉军左校尉抓到的匈奴俘虏说，单于在天没黑的时候就已离去，于是汉军派轻骑兵连夜追击，大将军的军队跟在后面。匈奴兵四散而逃。直到天快亮的时候，汉军已追了二百余里，没有追到单于，但俘虏和斩杀敌兵一万多人，到了窴颜山赵信城，缴获匈奴积存的粮草以供给大军之用。汉军驻留一日后返回，把城中余下的粮草全部烧掉后才归来。

正当大将军卫青与单于会战时，前将军李广、右将军赵食其率领军队从东路发兵，由于迷了路，误了与单于交战的时机。直到大将军领兵回来路过大漠以南时，才遇上前将军和右将军。大将军想派使者回朝报告天子，令长史按文书中所列罪状去审问前将军李广，李广自杀了。右将军回到京城后，被交给执法官吏，他用钱赎了死罪，被贬为平民。大将军领军进入边塞，此次作战共斩获敌兵一万九千人。当时匈奴人十多天没有单于的消息，右谷蠡王就自立为单于。后来单于又找到了他的部众，右谷蠡王这才去掉了自立的单于称号。

骠骑将军也率五万骑兵，所带的军需辎重与大将军卫青的也一样，但他没有副将。他全是任用李敢等人为大校，以充当副将，从代郡、右北平发兵走了一千余里，遇到左贤王的军队，他们斩获敌兵之功已远远超过大将军。他的大军归来时，武帝说："骠骑将军率大军出征，又亲自指挥所俘虏的匈奴士兵，携带很少的军需物资，越过了大沙漠，渡河捕获了章渠，诛杀比车耆，转而再攻击匈奴左大将，斩杀敌人，夺取军旗和战鼓，翻越离侯山。渡过弓闾河，捕获了匈奴屯头王、韩王等三人，以及将军、相国、当户、都尉等共八十三人。然后在狼居胥山祭天，于姑衍山祭地，登高远望翰海。共俘获并杀敌七万零四百四十三人，汉军大概减员十分之三，他们从敌军那里取得粮草，所以能够出征到极远的地方而粮草不绝。划定五千八百户食邑增封给骠骑将军。"右北平太守路博德归骠骑将军管，他和骠骑将军在与城会师，没有贻误军期，跟随骠骑将军去梼余山，俘获并斩杀匈奴二千七百人，划一千六百户食邑给路博德，封其为符离侯。北地都尉邢山随骠骑将军生擒匈奴王，划一千二百户食邑给邢山，封其为义阳侯。原先归顺汉朝的匈奴因淳王复陆支、楼专王伊即靬都跟随骠骑将军攻打匈奴立下战功，划一千三百户食邑给复陆支，封其为壮侯，划一千八百户食邑给伊即靬，封其为众利侯。从骠侯赵破奴、昌武侯赵安稽都随骠骑将军攻打匈奴立下功，各增封三百户食邑。校尉李敢夺下了军旗和战鼓，被封为关内侯，赐食邑二百户。校尉徐自为被赐封大庶长的爵位。另外，骠骑将军手下的官兵，封官和受赏的人很多。而大将军没能得到加封，属下的官兵也没有被封侯的。

当卫青和霍去病所率的两支大军出塞时，曾在边塞上阅兵，当时官府马匹和私家马匹共十四万匹，而当他们入塞之时，所剩战马已不足三万匹。于是朝廷就增设大司马官位，大将军和骠骑将军都担任大司马。而且朝廷制订法令，骠骑将军的官阶、俸禄和大将军相等。此后，大将军的权势日益减退，而骠骑将军的地位日益显贵。大将军的老友和门客，多半离开他去侍奉骠骑将军了，这些人都得到了官职和爵位，只有任安不肯这么做。

骠骑将军为人寡言少语，不露声色，任气敢为。皇上曾想教他孙子、吴起的兵法，他回答道："打仗只要看谋略如何就够了，不用学习古代兵法。"皇上给他建造府第，让他去看看，他答道："还没有消灭匈奴，无心考虑家事。"此后，武帝更加看重和喜爱他。但是，霍去病从少年时起，就在皇上身边侍奉，富贵惯了，不知道体恤士卒。他率军出征时，天子派太官送给他几十车军需品，等他回来时，运输车上丢弃着许多剩余的米和肉，而他还有忍饥挨饿的士兵。他在塞外时，士兵没有粮食吃，有的人饿得都动不了，而骠骑将军还在划球场踢球玩。诸如此类的事还有很多。大将军卫青却为人仁爱、善良、忍让，以宽和柔顺取悦于皇上，只是天下没有人称赞他。

太史公自序

　　过去颛顼统治天下的时候,让南正重掌管天文,北正黎主管地理。唐虞统治之时,让重、黎的后代继续职掌天文、地理,直到夏商时期。因此重黎氏世代掌管天文地理。周朝统治时期,程伯休甫便是他们的后裔。周宣王的时候,重黎氏因失去掌管天文地理的职守而成为司马氏。司马氏世代职掌周史。周惠王与周襄王统治期间,司马氏离开周都,去了晋国。后来,晋国的中军元帅随会逃往秦国,司马氏也迁居少梁。

　　自从司马氏离开周都到了晋国之后,司马氏族人分散各地,有在卫国的,有在赵国的,有在秦国的。在卫国的一支中,有人做了中山国的相。在赵国的一支中,有人以传授剑术而名声显扬于世,蒯聩就是这一支的后代。在秦国的一支有叫司马错的,曾与张仪争论国事,于是秦惠王派他率兵攻打蜀国,攻取蜀国后,就做了蜀地郡守。司马错的孙子司马靳,侍奉武安君白起。少梁当时已更名为夏阳。司马靳与武安君坑杀赵国在长平的士兵,回国后他与武安君一起被赐死在杜邮,葬于华池。司马靳的孙子司马昌,是秦国主管冶铁的官员,生活在秦始皇的时代。蒯聩的玄孙司马卬,曾做过武安君的部将,并率军攻占朝歌。诸侯分封为王的时候,司马卬被项羽封为殷王。汉王刘邦攻打项羽之际,司马卬归降汉王,汉朝廷将殷地改置为河内郡。司马昌的儿子是司马无泽,司马无泽担任汉朝的市长。司马无泽的儿子是司马喜,司马喜担任五大夫,他们死后都葬在高门。司马喜的儿子是司马谈,司马谈做了太史公。

太史公拜唐都为师学习天文,拜杨何为师学习《易经》,拜黄子为师学习道家学说。太史公于建元至元封年间为官,他担心学者不能通晓各学派的要义而固执谬论,于是论述阴阳、儒、墨、名、法、道六家的要义:

《周易·系辞》中说:"天下人的追求相同,而具体的思虑却多种多样;实现的目标相同,而采取的手段却大相径庭。"阴阳家、儒家、墨家、名家、法家和道家,都致力于如何治世,只是各家的说法不同,有明白的,也有的不明白的地方罢了。我曾私下研究过阴阳家的方术,发现它夸大吉凶祸福的预兆,有很多的禁忌避讳,使人感到拘束并多有所畏惧,但阴阳家关于四季运行顺序的论述,是不可丢弃的。儒家的学说广博但缺少纲领,劳力却很少有功效,因此该派的主张难以全部遵从;然而它所制定的君臣父子之礼,明确的夫妇长幼之别,是不可改变的。墨家学说俭啬而难以遵从,因此该派的主张不能全部照办,但它关于加强农业生产,节省财政支出的主张,是不可废弃的。法家主张严刑酷法却刻薄少恩,但它确定君臣上下名分的主张,是不可更改的。名家使人感到拘束而容易失去真实性;但它弄清了名与实的关系,是不能不认真考察的。道家使人精神专一,行动合乎无形的规律,使万物得以自足。道家是依据阴阳家有关四季运行顺序的学说,吸收儒、墨两家的长处,撮取名、法两家的精要,随着时势转移而转移,顺应事物的变化,树立良好的风俗,处事立世无不适宜,意旨简约扼要又容易把握,办事少而功效多。儒家则不同。他们将君主视为天下人的表率,君主倡导而臣下应和,君主先行而臣下随从。这样就使得君主劳苦而臣下却安逸。再说大道的要旨是舍弃刚强和贪欲，不耍花招，将这些放在一边而用儒术治理天下。过于劳神就会精神衰竭，过度劳力就会身体疲惫，身心过于劳累，不得安宁，却想要与天地共存，那是不可能的事。

阴阳家觉得四时、八位、十二度、二十四节气各有宜、忌的规定，顺应规定就会昌盛，违背规定不死则亡。这未必是正确的，所以说阴阳家"使人感到拘束而多有所畏惧"。春季萌生、夏季成长、秋季收获、冬季储藏，这是自然界的重要法则，不顺应这个法则就无法制定天下纲纪，因此说"四时运行的顺序是不能丢弃的"。

儒家以《诗》、《书》、《礼》、《易》、《乐》、《春秋》这"六艺"为准则，而"六艺"的本文以及释传数以千万计，几代相继也不能弄通其中的学问，有生之年也无法穷究其礼仪，所以说儒家"广博但缺少纲领，劳力却很少有功效"。至于制定了君臣父子之礼，明确了夫妇长幼之别，是哪一家都不能改变它的。

墨家亦崇尚尧舜之道，谈论到尧舜的品德行为时说："堂口只有三尺高，堂下土阶只有三级，用茅草搭房顶而不加修剪，采栎木做椽子而不经刮削。用土簋盛饭吃，用陶铏盛汤喝，吃的是粗饭，喝的是藜藿做的野菜汤。夏天穿葛衣，冬天穿鹿裘。"墨家的人为死者送葬，只用一副只有三寸厚的桐木棺材，送葬者哭丧却不能过于哀痛。教给人民这样的丧礼，必定将此视作给万民做表率。假使天下人都照这么做，那就没有贵贱尊卑的区别了。时代不同了，时势变化了，人们的事业必定不会相同，所以说墨家"俭啬而难以遵从"。墨家学说的要旨是加强农业生产，节省财政支出，这的确是使得人给家足的办法。这是墨家学说的长处，是哪一家都不能废弃它的。

法家不分亲疏远近，不别贵贱尊卑，凡事一律依照法令来决断，这样就把亲近亲属、尊敬长辈的伦理断绝了。这些手段可当作一时之计来施行，却不能长期使用，所以说法家"严酷而刻薄少恩"。至于法家使主尊贵，使臣卑下，使上下职责明确，不得互相逾越的主张，是哪一家也不能更改它的。

名家苛细烦琐，纠缠不清，不识大体，使人不能反思其真实内容，一切取决于名称，却舍弃了一般常理，所以说它"使人感到拘束而容易失去真实性"。至于按照名称来考察实际内容，为求名实相符而对名与实进行比较验证，这是不能不认真考察的。

道家主张"无为"，又说"无不为"，其主张容易施行，其文辞却难懂。其学说以虚无为根本，以顺应自然为原则。道家学说认为事物没有一成不变之势，没有固定不变之形，所以能够探究万物的情理。不抢在物情之先，也不落在物情之后，所以能够当万物的主宰。有法而不任法，要随着时势而定；有度而不恃度，要随着万物而合。所以说"圣人的思想和功业之所以不朽，就在于牢牢守着顺应时势变化的原则。虚无是道的永恒规律，顺应自然是国君治国的总纲"。群臣就位，君主应让他们各尽其才。实与名相符者，叫做"端"；实与名不符者，叫做"窾"。不听信空话，就不会产生奸邪之事，也自然分得清贤与不肖，看得出黑与白。关键就在于运用了，只要肯运用，什么事都能办得成。这样就合乎大道的一派混混沌沌的境界。光耀天下，重又返归无名。举凡人之所以活着，是因为有精神，精神则寄托于形体之中。过于劳神就会精神衰竭，过度劳力就会身体疲惫，形、神脱离就会死亡。死了的人不能复生，是因为形、神脱离后便不能复合了，所以圣人重视这一点。由此看来，精神是生命的根本，形体是生命的依托。不先让自己的精神和身体安定下来，却奢谈"我有办法治理天下"，怎么能做到呢？

太史公职掌天文，不治理民间的事务。太史公有个儿子名叫司马迁。

司马迁在龙门出生，曾于黄河的北边、龙门山的南边过着耕田畜牧的生活。他十岁时便能诵读古文了。从二十岁开始南游江、淮一带，登会稽山，探禹穴，观九疑山，泛舟于沅水、湘水之上；北渡汶水、泗水，于齐、鲁两地的都会讲学，考察孔子遗风，在邹县、峄山参加乡射之礼；在鄱、薛、彭城遭到困厄，路过梁、楚之地回到家乡。这时司马迁出仕做郎中，奉命出使向西征讨巴蜀以南的地区，往南攻略邛、筰、昆明等地，之后回来向朝廷复命。

这一年，天子开始举办汉朝的封禅大礼，而太史公此时滞留在洛阳，不能亲身参与整个过程，所以心中愤懑，发病将死。他的儿子司马迁正好出使归来，在黄河、洛水之间与父亲相见。太史公握着司马迁的手低声哭道："我们的先祖是周朝的太史。远在上古虞夏之际便显功扬名，职掌天文。后世中道衰落，如今将会断绝在我手上吗？如果你能继续做太史，就接续了我们的祖业。现在天子继承汉朝千年的大业，在泰山举行封禅大礼，而我不偏偏能随行，这是命啊，是命啊！我死之后，你一定要做太史，做了太史后，不要忘记我想要完成的著述啊。再说孝道是从奉养双亲开始，进而侍奉君主，最终落实在立身扬名。靠扬名后世来使父母显耀，这是最重要的孝道。天下人都称颂周公，说他能论述并歌颂文王、武王的功德，宣扬周公、召公的风尚，表达太王、王季的思虑，乃至于再推到公刘的功业，并尊崇周族的始祖后稷。周幽王、周厉王之后，王道衰败，礼乐衰微，孔子编辑整理了旧典籍，修复振兴了被破坏、被废弃的礼乐，论述《诗》、《书》，写《春秋》，学者至今都在效法他。自鲁哀公十四年有人捕获麒麟以来至今四百余年，诸侯国相互兼并，各国史书丢弃散尽。方今汉朝兴起，四海统一，明主、贤君、忠臣、为道义而死之士辈出，我身为太史都没有对这些人加以论评记载，废弃了天下的修史传统，对此我深感惶恐，你可要记住啊！"司马迁低头流着泪说："儿子虽然驽笨，但我会详细论撰先人所整理的史料旧闻，不敢有缺漏。"

太史公去世三年后，司马迁任太史令，开始连缀汇集国家的藏书。司马迁任太史令五年后，正值汉太初元年，十一月初一日冬至，汉朝开始改用夏正（即以农历一月为正月），天子在明堂宣布实施新历法，诸神接受太初历。

太史公司马迁说："先父说过：'自周公去世后五百年而有孔子。孔子去世后到现在又有五百年了，有能继承清明盛世，整理《易传》，接续《春秋》，论述《诗》、《书》、《礼》、《乐》本义的人吗？'意思就在此时，在此时吧！我又怎么敢推辞呢。"

上大夫壶遂问道："过去孔子为什么要写《春秋》呢？"太史公说："我听董仲舒先生讲：'周朝王道衰退废弛后，孔子担任鲁国司寇，诸侯讨厌他，卿大夫阻挠他。孔子知道其政治主张不能被采纳，道义无法实行，便在《春秋》中褒贬评定了发生在二百四十二年间的事情，想以此作为天下人评判是非的准则，贬抑无道的天子，斥责昏乱的诸侯，声讨为祸的大夫，为达成王道而已。'孔子说：'我与其记载论述那些空洞的说教，不如举出史实，这样说明就更加深切透彻了。'《春秋》这部书，往上阐明三王的治道，向下辨别人事的纪纲，明辨嫌疑，判断是非，论决犹豫不定的事，褒扬善的贬斥恶的，尊重贤才，鄙视不肖之人，使灭亡的国家得以保存，断绝了的世系得以继续，补救衰敝的事业，振兴废弛的一切，这是最重要的王道。《易》记载论述了天地、阴阳、四时、五行，所以长于说明变化；《礼》规范人伦，所以长于教人行事；《书》记述先王的事迹，所以长于辅佐政治；《诗》记录了山川溪谷、禽兽草木、牝牡雌雄，所以长于描述风俗；《乐》是论述音乐创作的经典，所以长于论述和谐；《春秋》论辩是非，所以长于处理人事。由此可见，《礼》是用来规范人的言行的，《乐》是用来启发人心平和的,《书》是用来述说往昔政事的,《诗》是用来表达人间情意的,《易》是用来讲述万物变化的,《春秋》是用来阐明人间道义的。平定乱世,使其复归正道,没有什么著作能比《春秋》更切实有效。《春秋》不过数万字,而其中要旨就有数千条。万物的聚散离合都在《春秋》里面。在《春秋》一书中,记载了弑君事件三十六起,被灭掉的国家五十二个,诸侯出奔逃亡不能保住自己国家的数不胜数。考察其中原因,都是因为他们丢掉了立国立身的根本。所以《易》中说'失之毫厘,差以千里'。说'臣弑君,子弑父,并非一朝一夕的缘故,它的发展渐进已有很久了'。因此,国君不可不知《春秋》,否则就会连谗佞小人站在面前也看不见,奸臣贼子紧跟在后面也发觉不了。大臣不可不知《春秋》,否则就只会固守常规却不懂得因事制宜,遭遇变故时不知如何灵活处理。做人的主君、父亲若不通晓《春秋》大义,必定会蒙受最恶的名声。做人的臣子、儿子若不通晓《春秋》大义,必定会陷于因篡位杀上的罪恶而被杀的境地,蒙受死罪的名声。其实他们都认为自己做的是好事,只因为不通晓《春秋》大义,所以蒙受众人的无端谴责却不敢推卸罪名。不明白礼与义的要旨,就会弄到君不像君,臣不像臣,父不像父,子不像子的地步。君不像君就会被臣子冒犯,臣不像臣就会被诛杀,父不像父就会昏聩无道,子不像子就会忤逆不孝。这四种行为,是天下最大的罪行。把天下最大的罪名加在谁身上,就只能接受而不敢推卸。因此《春秋》这部书,是礼与义的根本之所在。礼是在没发生之前禁绝坏事,法是在坏事发生之后施行制裁;法起到的作用显而易见,但礼禁绝的作用却隐而难知。"

壶遂说:"孔子所处的时代,上没有圣明的君主,下得不到任用,所以他才撰写《春秋》,流传下一部空洞的史文来裁断礼与义,被视为帝王的法典。现在先生您上遇到圣明的天子,下能当官任职,万事俱备,而且全都各得其所,先生所要撰述的、阐明的是什么呢?"

太史公说:"嗯嗯,不不,不全然是这么回事。我听先父说过:'伏羲最为纯朴忠厚,创造了八卦。尧、舜统治时期国力强盛,《尚书》中有所记载,礼乐是从那时兴起的。商汤、周武统治时期国运昌隆,诗人便作了很多歌颂的诗。《春秋》褒善贬恶,推崇夏、商、周三代的盛德,褒扬周王室,并不仅仅是讽刺讥斥。'汉朝兴建以来,到当今英明的天子得到祥瑞征兆,举行了封禅大礼,改订历法,更换服色,受天命泽被苍生,海外不同风俗的国家,辗转几重来到中国边关,请求进献礼品、朝见天子的外国使臣不可胜数。我与百官们竭力颂扬圣德,仍不能完全表达自己的心意。再说人才贤能而不被任用,是国君的耻辱;国君圣明而功德得不到广泛传扬,是有关官员的罪过。况且若我在担任太史令时,放弃天子的圣明盛德而不予记载,将功臣、世家、贤大夫们的功业埋没而不予著述,那就是违背先父的遗言,罪过实在太大了。况且我只是缀述旧事,整理世代相传的资料,并非所谓的著作呀,而您把这个与《春秋》相比,那就错了。"

于是太史公开始论述编写所得的文献和资料。到了第七年,太史公遭李陵之祸,被囚于狱中。于是喟然而叹:"这是我的罪过啊!是我的罪过啊!身体毁伤了没有用了。"于是退而深思:"《诗》、《书》含义隐晦而言辞简约的原因,是作者想要表达心中的思虑。过去周文王被拘禁在羑里,推演出了《周易》;孔子在陈、蔡遭遇困厄,作了《春秋》;屈原被放逐,著成了《离骚》;左丘明双目失明,才编了《国语》;孙子受了膑刑,而论述了兵法;吕不韦被流放蜀郡,世上才流传《吕览》;韩非子被囚禁在秦国,才写下《说难》、《孤愤》;《诗》三百篇,大都是圣人贤士为抒发愤懑而作的。这些人都是心中郁结,没有通畅表达的渠道,因而才追述往事,思考未来。"于是终于下决心叙述陶唐以来直至武帝获得麒麟那一年的历史,一切从黄帝开始。

缅怀以前黄帝以天地为纲纪,颛顼、帝喾、尧、舜四位圣明的帝王前后相继，各自制定法度；唐尧让位给虞舜，虞舜也不以此自居；赞美这些帝王的丰功伟绩，使其万世流传。作《五帝本纪》第一。

大禹治水的功劳，九州同享其成，光耀唐虞，恩德留给后世子孙；夏桀荒淫骄横，所以被放逐鸣条。作《夏本纪》第二。

契建立商朝，传位到成汤时立国；太甲被放逐桐宫，他能改过从善，是阿衡伊尹功德无量；武丁有傅说辅佐，才被称为高宗；纣王无道，诸侯就不再朝见他。作《殷本纪》第三。

弃发明了种谷，西伯姬昌时功德无量；武王在牧野伐纣一战，安抚了天下百姓；幽王、厉王昏乱暴虐，丧失了酆、镐二京；王室日益衰微，直至赧王，周室宗庙的祭祀在洛邑断绝了。作《周本纪》第四。

秦人的先祖伯翳，曾辅佐过大禹；秦穆公思义，祭悼秦国在殽山一战中死去的将士；秦穆公死后用活人殉葬，国人写了《黄鸟》一诗诉说了替殉葬者惋惜的哀伤之情；昭襄王开创了帝业。作《秦本纪》第五。

秦始皇即位，将六国兼并，销毁兵器，将其铸为钟镰，希望消止战争，尊号为始皇帝，他靠着暴力耀武扬威，二世承受国运的时间不长，子婴投降成了俘虏。作《始皇本纪》第六。

秦朝无道，豪杰纷纷起来造反；项梁出兵反秦，项羽接续；项羽把宋义杀了，解救了赵国，得到诸侯拥护；可他诛杀了子婴，背弃怀王，遭到天下人的责难。作《项羽本纪》第七。

项羽暴虐，汉王建功立德；在蜀、汉地区发愤，率军北还平定三秦；诛灭项羽，奠定帝业，天下安定后，又改革制度，移风易俗。作《高祖本纪》第八。

惠帝早逝，吕氏众人施政使百姓不悦；吕后不断加强吕禄、吕产等人的权力，诸侯密谋要把他们拿下；吕后杀害了赵隐王，又囚杀赵幽王，朝中大臣惶恐，终于发生吕氏宗族覆灭之祸。作《吕太后本纪》第九。

汉朝初立，惠帝死后帝位由谁继承无法明了，众臣迎立代王刘恒，天下人心服；文帝废除了肉刑，开通了水陆要道，广施恩惠，死后被尊称为太宗。作《孝文本纪》第十。

诸侯王骄纵放肆，吴王率先起兵叛乱，朝廷平叛，七国先后服罪，于是天下安定，太平富裕。作《孝景本纪》第十一。

汉朝兴起五世，在建元年间最为兴隆，天子外攘夷狄，内修法度，行封禅大礼，修订历法，改变服色。作《孝武本纪》第十二。

夏、商、周太久远了，具体年代已不可考，大致根据谱牒和古代文献，进而大略地推断，作《三代世表》第一。

周幽王、厉王之后，周朝王道衰落，诸侯各自为政，《春秋》记载不全；而谱牒只记概要，五霸又更替盛衰，为了解周朝各诸侯国的先后关系情况，作《十二诸侯年表》第二。

春秋以后，诸侯国的陪臣执政，强国的国君竞相称王，到了秦王嬴政，终于吞并各诸侯国，收回了六国的封地，独享尊号。作《六国年表》第三。

秦皇暴虐，楚人陈胜发难，项氏自乱反秦阵营，于是汉王仗义征伐。八年之间天下三易其主，事情繁乱，发生了很多变故，因此详著《秦楚之际月表》第四。

自从汉朝兴建，直到太初一百年间，诸侯废立封削的情况，当时的谱录记载不明，主管官员也无法继续记下去，但可根据其世系推知其强弱的原因。作《汉兴已来诸侯年表》第五。

高祖刚取得天下的时候，辅佐他创业的开国元勋，都得到剖符封爵，子孙后代得以世袭官职，有的已经分不出嫡庶，也有的竟至被杀、被废而失爵绝祀。作《高祖功臣侯者年表》第六。

惠帝、景帝年间，对功臣、宗属增封爵位和食邑。作《惠景间侯者年表》第七。

向北面攻打强大的匈奴，向南面诛讨勇猛的越人，因为征伐四方蛮夷，所以不少人因军功而封侯。作《建元以来侯者年表》第八。

诸侯国日益强大，吴、楚等七国合纵，诸侯子弟众多，无爵位封邑，朝廷下令推行恩义，分封子弟为侯，致使各国势力日益削弱，而德义都归于朝廷。作《王子侯者年表》第九。

国家有贤相良将，可做民众的表率。我曾看到汉朝兴起以来各将相名臣的年表，对贤者则记其政绩，对不贤者则明其恶迹。作《汉兴以来将相名臣年表》第十。

夏、商、周三代之礼，有所增减而各有不同，但总体来说，都以使礼贴近于人的情性、通于王道为准则，所以礼根据人情而加以节制，减掉那些繁文缛节，又顺应了古今之变。作《礼书》第一。

音乐是用来移风易俗的。从《雅》、《颂》之乐兴起时，人们就已喜爱郑、卫之音，郑、卫之音由来已久。人情被音乐所感发，那远方异俗之人也会来归附。模仿已有的《乐书》来历述自古以来音乐的兴衰，作《乐书》第二。

没有军队国家就不能强大，不施德政国家就不会昌盛，黄帝、商汤、周武王因为明白这个道理而兴，夏桀、商纣、秦二世因为不明白这个道理而亡，对此怎能不慎重呢？《司马法》传世已经很久了，姜太公、孙武、吴起、王子成甫都能继承而有所发扬，切合近世的需要，极尽人事的变化。作《律书》第三。

律处于阴而治阳，历处于阳而治阴，律历紧密联系交替相治，其间不允许有丝毫差错。原有的黄帝、颛顼、夏、商、周五家的历书各有不同，只以太初元年所颁发的历法为是。作《历书》第四。

占星望气的书，混杂了许多吉凶福灾的内容，荒诞不经；推究它的文辞，考察它的应验程度，并没有什么特别的地方。综合历来的史实，并依次验证天体运行的轨度而加以论述。作《天官书》第五。

承受天命而做了帝王了，就不可轻易举行封禅大礼这样的符瑞之事，如果举行的话，那一切神灵都要祭祀到。追溯对名山大川诸神的祭祀之礼，作《封禅书》第六。

大禹疏通河川，九川都得以安宁；等到建立宣防宫的时候，沟渠更被疏浚。作《河渠书》第七。

钱币的发行，是为促进农商之间的贸易；但物极必反，竟发生了玩弄智巧、兼并膨胀、争相投机牟利、舍本逐末的事情，以至于放弃农业生产而去经商。作《平准书》来观察时事的变化发展，这是第八。

太伯为能让季历继位，逃到江南蛮夷之地避居，文王、武王才得以兴起，发展古公亶父的王业。阖闾杀了吴王僚而自立，降服楚国；夫差将齐国打败，逼杀伍子胥并以革囊盛他的尸体；夫差还听信伯嚭的话而亲近越国，最终被越国所灭。赞美太伯让位的美德，作《吴世家》第一。

原来被封在申地的吕氏日益衰弱，起初尚父微贱，终于投奔西伯，当了文王、武王的老师；他的功劳居群臣之首，长于变化莫测的韬略；当他头发已经斑白的时候，受封于齐地，以营丘为都，成为齐国始祖。齐桓公不违背与鲁国在柯地所订的盟约，事业因此昌盛，多次以霸主身份会合诸侯，功绩显赫。田恒与阚止争宠后，姜姓齐国便瓦解灭亡了。赞美尚父的宏伟韬略，作《齐太公世家》第二。

诸侯和部属无论对周朝是依顺的，还是违抗的，周公都对这些人施以安抚；他致力于礼乐教化，天下人都响应附和；辅佐成王，使诸侯听命于周室。隐公、桓公之际争权夺位的事却屡屡发生，这是什么风气呢？只因三桓争强，鲁国也因此而衰败了。赞美周公旦作《金縢》的高贵品质，作《周公世家》第三。

武王灭掉商纣后，天下尚未安定他便去世了。成王当时年幼，管叔、蔡叔担心周公篡位，淮夷也起兵反叛，于是召公以其高德的感召率先支持周公，维持了王室的团结安定，确保了周公东征的胜利，使东方安宁。由于燕王哙禅位，才造成祸乱。为赞赏《甘棠》诗篇的思想内容，作《燕世家》第四。

管叔、蔡叔辅佐武庚，想要使商朝旧地安定下来；周公旦摄政，管叔、蔡叔不服，周公便杀了管叔鲜，流放蔡叔度，周公立誓要为成王效忠，文王的妃子太任生育了十个儿子，周室因宗族繁盛而强大。为赞许蔡仲悔过，作《管蔡世家》第五。

先王后嗣延继不绝，舜、禹为此而愉悦；他们的德行美好清明，后嗣得以继承其功业。历代享受祭祀典礼，到了周朝时，封给舜、禹的后裔陈国、杞国，后被楚国所灭。后裔田氏又在齐国兴起，舜是一位多么了不起的人啊！作《陈杞世家》第六。

从收容殷朝的遗民起，康叔开始得到卫国封邑。周公为了让他吸取殷商亡国的教训，写了《酒诰》、《梓材》等辞来劝诫他。到卫公子朔出生的时候，卫国开始不安宁；南子憎恶卫太子蒯聩，结果造成儿子与父亲的名分颠倒。周朝日益衰微，各诸侯国日渐强大，卫国因为弱小，国君角反而是最后亡国的。赞美《康诰》这篇文章，作《卫世家》第七。

可叹啊，箕子！可叹啊，箕子！你正确的意见得不到采纳，反而被迫害，于是装疯为奴。武庚死后，周天子封微子于宋地。宋襄公在泓水之战中受伤，他的行为又能得到哪位君子称道？宋景公有自谦爱民的品德，因此荧惑（即火星，荧惑守心的天象在古代被视为大凶之兆，因心宿二象征帝王，若火星在心宿二附近停下或是逆行，则被视为侵犯帝王，占星学指其为"大人易政，主去其宫"，帝王恐有亡故之灾）也退行了。剔成暴虐无道，宋国灭亡。赞美微子向太师求教，作《宋世家》第八。

武王去世之后，叔虞在唐地封邑。有君子讥讽晋穆公为儿子取名不当之事，终于晋朝让曲沃武公继承了。献公宠爱骊姬，结果酿成祸乱殃及五世；重耳不得志而发愤图强，最终威震诸侯。后来六卿专权，从此晋国衰亡。赞美文公因立下功劳而得到天子赏赐的珪玉鬯酒，作《晋世家》第九。

重黎创业，吴回继承；到了殷朝末年，有记载鬻子为楚国始祖的谱牒出现。周成王将熊绎封为楚子，后来王位由熊渠继承。楚庄王贤明，又使陈国复国了。赦免了郑伯的罪过，又因华元的话而从宋国退兵。楚怀王客死于秦，子兰怨恨屈原，由于楚君喜欢阿谀奉承，相信谗言，终于被秦吞并。赞美楚庄王的德义，作《楚世家》第十。

少康的儿子被封在遥远的南海，他文身断发，成日与鼋鳝相处，守在封禺山，主持大禹的祭祀。句践被夫差所困，受到夫差的侮辱，于是对文种、范蠡信任重用。赞美句践虽为夷蛮之族，却能修养自己的德行，消灭强大的吴国而尊奉周室，作《越王句践世家》第十一。

桓公东迁，是听了太史的建议。等到庄公派兵侵犯周土，收割周人的庄稼，便受到周天子与臣民的非议。权臣祭仲被宋国胁迫着乱立国君，造成郑国长期的内乱。子产施行仁政，后世人都称赞他的贤明。三晋都来侵犯征伐，郑国终于被韩国吞并。赞美郑厉公救驾周惠王，作《郑世家》第十二。

能养良马使得造父扬名。赵夙侍奉晋献公，赵衰继承他的事业，辅佐晋文公，终于成为晋国辅臣。赵襄子被困受辱，却生擒了智伯。主父被臣子围困，掏雀充饥，最后竟活活饿死。赵王迁邪恶淫乱，贬斥迫害良将。赞美赵鞅子平定周王室之乱，作《赵世家》第十三。

毕万在魏国封爵，卜官早就推算出来他的后代必会昌盛。等到魏绛羞辱杨干的时候，戎翟也跑来与魏国求和。文侯对仁义甚是仰慕，便拜子夏为师。惠王骄傲自大，结果被齐国、秦国两国征伐。安釐王怀疑信陵君，因此诸侯国疏远魏国。魏国最终被秦国所灭，魏王假沦为小厮。赞美魏武子辅佐晋文公成就霸业，作《魏世家》第十四。

韩厥常积阴德，才得以保护孤儿赵武，使他重振亡国，使被废的人得以再立，晋人尊崇他。韩昭侯显名于诸侯，他重用申不害。韩王怀疑韩非而不重用他，秦国便攻袭韩国。赞美韩厥辅佐晋君，匡正周室之赋，作《韩世家》第十五。

田完子为避难出逃到齐国，相继五世暗施恩惠于齐国百姓，齐国人都歌颂他的事迹。田成子夺取齐国政权，田和成为齐侯。齐王建听信奸计，将齐国迁于共。赞美齐威王、齐宣王能拯救乱世而独尊崇周天子，作《田敬仲完世家》第十六。

周王室已然衰落，诸侯恣意自行。仲尼痛感礼崩乐废，因而努力钻研经术，以重建王道，匡正乱世，使之重返盛世，孔子在著述中，为天下人制定礼仪和法度。使"六艺"的纲纪流传于后世。作《孔子世家》第十七。

桀、纣无道而汤、武兴起，周朝无道而《春秋》一书问世。秦朝无道，陈涉首先发起反秦义举，诸侯相继起义，各路军队风起云涌，终于秦国被灭。天下人亡秦之端，始于陈涉发难。作《陈涉世家》第十八。

汉王登上成皋台，才使薄氏有幸得到宠幸。窦太后被迫去了代国，窦氏家族才得到荣华富贵。栗姬仗势骄横，王氏才得以顺达显贵而当上皇后。陈皇后过于娇贵终至失宠，卫子夫被另立为皇后。赞美卫子夫美好的德行，作《外戚世家》第十九。

汉高祖用诡计在陈地抓住韩信；越、楚一带的百姓剽悍轻捷，于是高祖封其弟刘交当楚王，建都彭城，以加强对淮、泗地区的统治，使其成为汉朝的宗属国。楚王刘戊因与人合谋反叛的阴谋败露而自杀，刘礼接了他的班，继续做楚王。赞美刘交辅佐高祖，作《楚元王世家》第二十。

高祖起兵反秦，刘贾加入他的行列，后来被英布袭击，丢掉了他的荆、吴之地。营陵侯刘泽派人游说吕后，后被封为琅邪王；他被祝午诱骗，轻信了齐王的话，前往齐国结果不得归还，便用计离开齐国，西入关中，又遇上迎立孝文帝这件事，于是获封燕王。当天下尚未安定的时候，刘贾、刘泽因为是高祖的同族兄弟，而成了汉朝的藩王，皇上的辅佐之臣。作《荆燕世家》第二十一。

　　天下太平后，高祖的亲属所剩无几。齐悼惠王先长大成人，被封为王，镇守东部国土。齐哀王擅自兴兵，是因为对吕氏众人把持朝政感到愤怒，由于其母舅驷钧粗暴乖戾，朝中大臣不拥立其为帝。厉王和姐姐私通，因主父偃追查，厉王被迫自杀。赞美悼惠王刘肥是天子的左膀右臂，作《齐悼惠王世家》第二十二。

　　楚军围汉军于荥阳，双方相持三年；萧何镇守山西，推算着人口，向前方输送兵员，不断供给粮食，使百姓爱戴汉王，而不愿为楚王效力。作《萧相国世家》第二十三。

　　与韩信一起将魏地平定，又打败赵国，攻占齐地，削弱了楚的势力。继萧何之后担任汉相国，凡事不作变革，百姓得以安宁。为赞赏曹参不夸耀功劳和才华，作《曹相国世家》第二十四。

　　运筹决策于帷幄之中，无形之中制胜于敌，子房谋划军事，没有机巧之名，没有勇武之功，致力于从易处着手解决难事，从小处着手成就大事。作《留侯世家》第二十五。

　　高祖采用了他的六出奇计，使诸侯归附于汉；消灭吕氏众人之事，陈平是主谋，终于使王室安定，国家太平。作《陈丞相世家》第二十六。

　　吕氏众人勾结，阴谋削弱皇室，周勃在铲除吕氏众人的问题上，背离常规而深通权变之道；吴、楚七国谋反，周亚夫驻军于昌邑，以控制齐、赵之军，放弃了求救的梁王来牵制吴、楚。作《绛侯世家》第二十七。

吴、楚七国谋反，同姓王中只有梁孝王保卫汉室，抵御敌国；但他自恃受宠夸耀功劳，几乎遭到杀身之祸。赞美他能抵抗吴、楚叛军，作《梁孝王世家》第二十八。

五宗封王以后，皇亲们融洽和睦，或大或小的诸侯皆为京师的屏藩，各得其所，僭位而自立为天子的事逐渐减少。作《五宗世家》第二十九。

本朝天子的三位皇子被封为王，个个文辞典雅可观。作《三王世家》第三十。

生于末世的人大都争权夺利，而伯夷、叔齐两兄弟却崇尚仁义，让出君位，双双饿死，天下人称赞他们的美德。作《伯夷列传》第一。

晏子节俭，管仲则奢侈；齐桓公因得到管仲的辅佐而称霸，齐景公因得到晏子的辅佐而兴国。作《管晏列传》第二。

李耳主张无为使百姓自化于善，清净使百姓自归于正。韩非揣度人情物理，遵循事物发展的规律。作《老子韩非列传》第三。

自古以来帝王都有《司马法》，穰苴能够使其发扬光大。作《司马穰苴列传》第四。

没有信、廉、仁、勇这四项品格，就不能传授兵法、讨论剑术，兵法、剑术与道相符，对内可以修身，对外可以应变，君子认为这就是兵家之德。作《孙子吴起列传》第五。

楚平王的太子建遇到谗毁，祸及伍奢，长子伍尚为救父而死，次子伍员被迫逃往吴国。作《伍子胥列传》第六。

孔子传述文德，三千弟子振兴其业，后来都成为师傅，教导世人尊仁行义。作《仲尼弟子列传》第七。

商鞅离开卫国到了秦国，能施展他的治国之术，使秦孝公强大称霸，后世还继续遵循其法度。作《商君列传》第八。

天下人都担忧如果连横，秦国将贪得无厌，而苏秦能保存诸侯的利益，约定用合纵来抑制秦国的贪婪强横。作《苏秦列传》第九。

六国已经合纵，而张仪通晓合纵的主张，所以懂得针锋相对，瓦解了已经联合起来的诸侯的合纵。作《张仪列传》第十。

秦国之所以能够向东扩张，称雄于诸侯，是由于樗里、甘茂献上良策。作《樗里甘茂列传》第十一。

席卷山河，围困大梁，使诸侯拱手臣服于秦王，是魏冉的功劳。作《穰侯列传》第十二。

南面攻占楚国的鄢、郢，北面摧毁赵国的长平守军，进而包围赵都邯郸，武安君白起是统帅；击败楚国，灭掉赵国，是因为采用了王翦的计谋。作《白起王翦列传》第十三。

涉猎儒家、墨家的著作，阐明礼义的纲纪，断绝梁惠王逐利的念头，论述往世兴衰的原委。作《孟子荀卿列传》第十四。

喜爱招待门客、贤士，士人纷纷来到薛地，为齐抵御楚、魏。作《孟尝君列传》第十五。

听信冯亭之言为一时之利而争上党之地，为解邯郸之围亲自赴楚救赵，使赵王得以再次称雄于诸侯。作《平原君虞卿列传》第十六。

身为富贵者而能尊重贫贱者，身为贤能者而能屈就不肖者，只有信陵君能够做到如此。作《魏公子列传》第十七。

冒着性命危险，终于救其主逃离强秦，使游说之士向南投奔楚国，这是由于黄歇的忠义所致。作《春申君列传》第十八。

能忍受魏齐的侮辱，却扬威于强秦，让出相位给贤能的人，范雎、蔡泽都有这样的美德。作《范雎蔡泽列传》第十九。

身为主将能施展自己的谋略，联合五国军队，为弱小的燕国报了曾受强大的齐国侵凌之仇，洗雪了燕国先君的耻辱。作《乐毅列传》第二十。

能在强横的秦朝廷上直抒己意，又能对廉颇忍让谦恭，以效忠其君，将相二人不计个人得失，名声重于诸侯。作《廉颇蔺相如列传》第二十一。

齐湣王丢掉临淄后逃到了莒邑，只有田单以即墨为据点打败敌军驱逐燕将骑劫，才保住齐国的江山。作《田单列传》第二十二。

能以巧妙的说辞解除邯郸围城之患，轻视爵位利禄，却以能尽自己的志趣为乐。作《鲁仲连邹阳列传》第二十三。

创作文辞来对君主进行讽谏，用连类比附来伸张正义，《离骚》体现了这样的主题思想。作《屈原贾生列传》第二十四。

与子楚交好，使各诸侯国的士人争相为秦效力。作《吕不韦列传》第二十五。

曹沫用匕首胁迫齐桓公，使鲁国收回失去的土地，也给了齐国表现其守信的机会；豫让守义，一心为主人智伯报仇而无二心。作《刺客列传》第二十六。

能够制定明确的计划，顺应时势促进秦国的发展，终于使秦国得志于海内，统一天下建立帝国，李斯实为主谋。作《李斯列传》第二十七。

为秦国开拓疆域，增聚民众，在北面击败匈奴，据黄河充当要塞，依山岭修筑长城，巩固边防，建榆中。作《蒙恬列传》第二十八。

平定赵国，保常山以扩张河内，削弱项王的势力，在天下树立起汉王的威信。作《张耳陈馀列传》第二十九。

魏豹收拢西河、上党的军队，跟随高祖直到彭城；彭越在梁地扰乱楚军后方以困扰项羽。作《魏豹彭越列传》第三十。

黥布占据着淮南之地而叛楚归汉，汉王通过他劝说楚大司马周殷前来投降，最终在垓下打败项羽。作《黥布列传》第三十一。

楚军逼困汉军于京、索，韩信攻下魏、赵，平定燕、齐，三分天下,汉占二分,奠定了消灭项羽的基础。作《淮阴侯列传》第三十二。

楚汉两军相持于巩、洛,而韩信为汉镇守颍川,卢绾又断绝了楚军的粮饷。作《韩信卢绾列传》第三十三。

诸侯背叛项王,齐军在城阳牵制项羽,使汉王得以乘机攻入彭城。作《田儋列传》第三十四。

攻城野战,获功回报,樊哙、郦商是最卖力的战将,他们不仅随时听从汉王的差遣,还常救汉王于危难之中。作《樊郦列传》第三十五。

汉朝天下初定的时候,文治还没有体统,张苍担任主管,统一度量衡,编定律历。作《张丞相列传》第三十六。

游说通使,联络诸侯;使诸侯都来亲附于汉朝,做汉室的藩属辅臣。作《郦生陆贾列传》第三十七。

详细了解秦楚之间的事情的,只有经常跟随高祖出征平定诸侯的周緤。作《傅靳蒯成列传》第三十八。

迁徙豪强大族,定都关中,与匈奴和亲;制定朝廷礼仪,接下来是宗庙仪法。作《刘敬叔孙通列传》第三十九。

季布能改其刚戾为柔顺,终于成为汉朝的一代名臣;栾布不因威势所迫而背叛死者。作《季布栾布列传》第四十。

尽管冒犯君威也敢于强谏,为使主上言行合乎道义,而不顾自身安危,为国家设计长远的方案。作《袁盎朝错列传》第四十一。

遵循法律不失大节,称道古代贤人,以增长君主之英明。作《张释之冯唐列传》第四十二。

为人诚朴宽厚,仁慈孝顺,不善言辞,敏于行事,一生谦恭,堪为君子长者。作《万石张叔列传》第四十三。

恪守节操,恳切耿直,义气足以称得上清廉,行为足以激励贤能的人,担任要职而不徇私舞弊。作《田叔列传》第四十四。

扁鹊行医,为医家所尊奉,他的医术精细高明,后世人继承了他的医术，不能改易，而仓公的医术可谓接近扁鹊之术了。作《扁鹊仓公列传》第四十五。

刘仲被削夺王爵，其子刘濞被封为吴王，正逢汉朝初定天下，命他镇抚江淮一带。作《吴王濞列传》第四十六。

吴、楚叛乱的时候，皇亲贵族中只有窦婴有贤能且喜好士人，因此士人们都去投奔他，他率军守在荥阳以抵抗叛军。作《魏其武安侯列传》第四十七。

智谋足以应付近世的事变，宽厚足以得到人民的好感。作《韩长孺列传》第四十八。

勇于抗敌，爱护士卒，号令简易，将士们衷心地服从于他。作《李将军列传》第四十九。

自夏、商、周以来，匈奴常成为中原的祸害，为了解他们强弱的情况，设防或是征讨，作《匈奴列传》第五十。

出兵偏僻的边塞，收复河南之地，攻破祁连山，打通了去往西域各国的道路，摧败北方匈奴。作《卫将军骠骑列传》第五十一。

大臣和刘氏宗室在奢侈浪费方面争高低，只有公孙弘以节衣缩食为百官做出表率。作《平津侯列传》第五十二。

汉朝平定中原以后，赵佗使杨越安定，保卫南方，向汉朝纳贡称臣。作《南越列传》第五十三。

吴国叛乱的时候，东瓯人斩杀了刘濞，守住封禺山，终为汉朝的臣民。作《东越列传》第五十四。

燕太子丹的旧部败散于辽东地区，朝鲜王满收容了这些逃亡百姓，把他们聚集在海东，以安定真藩等部，他们保卫边塞而成为汉朝的外臣。作《朝鲜列传》第五十五。

唐蒙出使西南，经过夜郎，邛、笮之地的君主请求成为汉朝内臣，并接受朝廷派来的官吏。作《西南夷列传》第五十六。

《子虚赋》之事、《大人赋》之话，深得君主喜欢，虽然文辞华丽浮夸，但其旨意在于讽谏，倾向于无为而治。作《司马相如列传》第五十七。

黥布叛逆，高祖封少子刘长为淮南王，镇守江、淮之南，安抚剽悍的楚地百姓。作《淮南衡山列传》第五十八。

遵奉法律、依理办事的官吏，不夸功逞能，百姓对他们没什么称赞的地方，他们也没什么过失行为。作《循吏列传》第五十九。

只要他端正衣冠立于朝廷，群臣中没人敢虚言浮夸，汲长孺刚正庄重；郑庄喜好举荐贤人，被人称为长者，为人慷慨有节操。作《汲郑列传》第六十。

自孔子去世后，即便在京师，也没有人重视学校教育，只有建元至元狩年间，文教事业兴盛。作《儒林列传》第六十一。

人们多不务农桑而行巧诈之术，作奸犯科，玩弄法律，善人无法感化他们，只有一律依法严厉惩治才能使他们收心，老实遵守社会秩序。作《酷吏列传》第六十二。

汉与大夏通使之后，西方极远处的蛮族，伸长脖子向内地望着，想观瞻中国文明。作《大宛列传》第六十三。

救人于危难之中，济人于贫困之中，这是仁者的美德；为人不失信用，不背诺言，这是可取的义者行为。作《游侠列传》第六十四。

侍奉君主能使其耳目欢愉，脸色和悦，同时能得到君主的亲近，这不仅是因为他们的美色招人喜爱，也由于他们在技能上各有所长。作《佞幸列传》第六十五。

不流于世俗，不争夺权势，上下都没有羁绊，没有人能加害他们，是由于他们善于用道。作《滑稽列传》第六十六。

齐、楚、秦、赵的占卜者，根据不同的风俗而施展各自的技能。想要总览他们的要旨，作《日者列传》第六十七。

夏、商、周三代君主占卜的方式各有不同，四方蛮夷卜筮风俗也是各异，但都是以卜筮来判断吉凶祸福。大略考察了卜筮的要点，作《龟策列传》第六十八。

一个普普通通的人，不妨害政令，也不妨害其他人，选择时机做买卖以求增加财富，智者也能从他们身上得到一些启发。作《货殖列传》第六十九。

大汉王朝承继五帝的遗风，接续中断了三代的大业。周朝王道衰微之后，秦朝毁弃古代文化典籍，烧毁《诗》、《书》，所以在明堂的石室金匮里的玉版书籍都散失了。汉朝兴起之后，萧何修订法律，韩信著述军法，张苍制定章程，叔孙通确定礼仪，于是文质兼优的人逐渐被起用。《诗》、《书》不断地在各地被重新发现。自曹参举荐了专讲黄老之道的盖公后，贾生、晁错发扬申不害、商鞅的学说，公孙弘因懂得儒术而显贵，百年之间，天下已发现的遗文、旧事无不汇集于太史府。太史公父子相继执掌了这个职务。先父说："呜呼！我想到先人曾职掌此事，扬名于唐虞时代，直到周朝，再次职掌此事，所以司马氏世代主持天官之事。难道要中止在我这儿吗？敬记在心，敬记在心啊！"于是我网罗搜集天下散失的旧闻，对帝王兴起的事迹刨根究底，了解兴盛衰亡的转变之内在关联，研讨考察其各代君王所行之事，简略推断三代，详细记载秦汉，上记轩辕，下至今世，著十二本纪，已按类别排列顺序了。有的处于同一时期，却是不同世系，年代差误不明，作十表。对礼乐的增减，对律历的改易，对兵法的研究，对山川的改造，对鬼神的敬畏，以及天与人的关系，趁其衰败时实行变革，作八书。二十八宿环绕北极星，三十根车辐同集于一个车毂，运转无穷，辅弼之臣与此相似，他们忠信不渝，恪守臣道，以侍奉主上，作三十世家。有些人匡扶正义，倜傥不羁，抓住时机使自己立功扬名于天下，作七十列传。总计一百三十篇，五十二万六千五百字，称为《太史公书》。作序略以拾遗，弥补阙漏，成为一家之言，协调《六经》异传，整理百家杂语，将正本藏于名山，副本留在京都，供后世圣人君子观览。作《太史公自序》第七十。

太史公说：我撰述自黄帝以来至太初年为止的史事，共一百三十篇。

附录

梁启超读《史记》

《史记》作者之略历及其年代

《史记》百三十篇,汉太史令司马迁所作。迁字子长(见扬雄《法言》及王充《论衡》),左冯翊夏阳人(据《自序》"司马氏人少梁"语案推汉地),今陕西之同乡韩城县也。司马氏世典周史,迁父谈,以汉武帝建元元封间仕为太史令。谈卒,迁袭官。迁生卒年不见于《太史公自序》及《汉书·司马迁传》,惟据《自序》云:"为太史令五年而当太初元年。"张守节《正义》云:"案迁年四十二岁。"以此推算,知迁生于景帝中五年(西纪前一四五年)。父谈,学天官于唐都,受《易》于杨何,习道论于黄子。迁皆传其学。迁又受业孔安国治《尚书》,闻《春秋》于董仲舒。喜游历,足迹遍天下,其所经行之地见于本书者如下:

《五帝本纪》:"余常西至空桐,北过涿鹿,东渐于海,南浮江淮矣。"

《河渠书》:"余南登庐山,观禹疏九江,遂至于会稽,大湟,上姑苏,望五湖。东窥洛汭大邳,迎河行淮泗,济漯洛渠。西瞻蜀之岷山及离碓。北自龙门至于朔方。"

《齐太公世家》:"吾适齐,自泰山属之琅邪,北被于海,膏壤二千余里。"

《魏世家》:"吾适故大梁之墟。"

《孔子世家》:"余适鲁,观仲尼庙堂。"

《伯夷列传》:"余登箕山,其上盖有许由冢云。"

《孟尝君列传》:"吾尝过薛,其俗闾里率多暴桀子弟,与邹、鲁殊。"

《信陵君列传》:"吾国大梁之墟,求问其所谓夷门。夷门者,城之东门也。"

《春申君列传》:"吾适楚,观春申君故城宫室,盛矣哉!"

《屈原贾生列传》:"余适长沙,观屈原所自沉渊。"

《蒙恬列传》:"吾适北边,自直道归,行观蒙恬取为秦筑长城亭障。"

《淮阴侯列传》:"吾如淮阴,淮阴人为余言韩信。……余视其母冢。"

《樊郦滕灌列传》:"吾适丰沛,问其遗老,观故萧、曹、樊哙、滕公之冢。"

《太史公自序》:"二十而南游江、淮,上会稽,探禹穴,窥九疑,浮于沅、湘。北涉汶、泗,讲业齐、鲁之都,观孔子遗风,乡射邹、峄。厄困鄱、薛、彭城,过梁、楚以归。……奉使西征巴、蜀以南,南略邛、笮、昆明。"

吾侪试取一地图,按今地,施朱线,以考迁游踪,则知当时全汉版图,除朝鲜、河西、岭南诸新开郡外,所历殆遍矣。

《史记》之名称及其原料

本书中"史记"之名凡八见:(一)《周本纪》云:"太史伯阳读史记。"(二)《十二诸侯年表》云:"孔子论史记旧闻。"(三)《十二诸侯年表》:"左丘明因孔子史记具论其语。"(四)《六国表》云:"秦烧天下书,诸侯史记尤甚。"(五)《六国表》云:"史记独藏周室。"(六)《天官书》云:"余观史记考事。"(七)《孔子世家》云:"乃因鲁史记作《春秋》。"(八)《太史公自序》云:"䌷史记石室金匮之书。"皆指古史也。"史记"之名,盖起于魏、晋间,实"太史公记"之省称耳。

《史记》所据之原料,据班彪《略论》,则(一)《左传》,(二)《国语》,(三)《世本》,(四)《战国策》,(五)陆贾《楚汉春秋》。今考本书中自述其取材者如下:

《五帝本纪》:"予观《春秋》、《国语》。"

《殷本纪》:"自成汤以来,采子《诗》、《书》。"

《秦始皇本纪》:"吾读秦记。"

《孝武本纪》:"余究观方士、祠官之言。"

《三代世表》:"余读牒记,稽其历谱。"

《十二诸侯年表》:"太史公读《春秋历谱牒》。……秦记不载日月,其文略不具。……余于是因秦记,踵《春秋》之后……著诸所闻兴坏之端。"

《吴太伯世家》:"余读《春秋》古文。"

《卫康叔世家》:"余读世家言。"

《伯夷列传》:"学者载籍极博,犹考信于六艺。"

《管晏列传》:"吾读管氏《牧民》、《山高》、《乘马》、《轻重》、《九府》及《晏子春秋》。"

《司马穰苴列传》："余读《司马兵法》。"

《孙吴列传》："《孙子》十三篇，《吴起兵法》世多有。"

《仲尼弟子列传》："悉取《论语》弟子问并次为篇。"

《孟子荀卿列传》："余读孟子书。……自如孟子至于吁子，世多有其书。"

《商君列传》："余尝读商君开塞耕战书。"

《屈原贾生列传》："余尝读《离骚》、《天问》、《招魂》、《哀郢》。"

《郦生陆贾列传》："余读陆生《新语》书。"

《儒林列传》："余读功令。"

大抵除班彪所举五书外，史公所采主要材料：（一）六艺，（二）秦史记，（三）牒记（或即《世本》），（四）诸子著书现存者，（五）功令官书，（六）方士言。而秦火后"诸侯史记"之湮灭，则史公最感苦痛者也。

史公史料，多就地采访，观前条所列游踪可见。各篇中尚有明著其所亲见闻者如下：

《项羽本纪》："吾闻之周生。"

《赵世家》："吾闻冯王孙。"

《魏世家》："吾适故大梁之墟，墟中人言曰。"

《淮阴侯列传》："吾如淮阴，淮阴人为余言。"

《樊郦滕灌列传》："余与他广通，为言高祖功臣之兴时若此云。"

《张释之冯唐列传》："唐子遂与余善。"

《韩长孺列传》："余与壶遂定律历，观韩长孺之义。"

《李将军列传》："余睹李将军悛悛如鄙人。"

《卫将军骠骑列传》："苏建语余曰。"

《游侠列传》:"吾观郭解,状貌不如中人。"

凡此皆《史记》资料多取诸载籍以外之证也。

《史记》著述之旨趣

　　《史记》自是中国第一部史书,但吾侪最当注意者,"为作史而作史"。不过近世史学家之观念,从前史家作史,大率别有一"超史的"目的,而借史事为其手段。此在各国旧史皆然,而中国为尤甚也。孔子所作《春秋》,表面上像一部二百四十年的史,然其中实孕含无数"微言大义",故后世学者不谓之史而谓之经。司马迁实当时春秋家大师董仲舒之受业弟子,其作《史记》盖窃比《春秋》,故其《自序》首引仲舒所述孔子之言曰:"我欲载之空言,不如见之于行事之深切著明也。"其意若曰:吾本有种种理想,将以觉民而救世,但凭空发议论,难以警切,不如借现成的历史上事实做个题目,使读者更为亲切有味云尔。《春秋》旨趣既如此,则窃比《春秋》之《史记》可知。故迁《报任安书》云:"欲以究天人之际,通古今之变,成一家之言。"《自序》亦云:"略以拾遗补艺,成一家之言,厥协六经异传,整齐百家杂语。藏诸名山,副在京师,俟后世圣人君子。"由此观之,其著书最大目的,乃在发表司马氏"一家之言",与荀卿著《荀子》,董生著《春秋繁露》,性质正同。不过其"一家之言",乃借史的形式以发表耳。故仅以近世史的观念读《史记》,非能知《史记》者也。

《史记》之史的价值

　　史家惟一职务,即在"整齐其世传"。"整齐"即史家之创作也。能否"整齐",则视乎其人之学识及天才。太史公知整齐之必要,又知所以整齐，又能使其整齐理想实现，故太史公为史界第一创作家也。

《史记》创造之要点，以余所见者如下：一、以人物为中心。二、历史之整个的观念。此二项就理想方面论。三、组织之复杂及其联络。四、叙列之扼要而美妙。此二项就技术方面论。

《史记》成书年代及后人补续窜乱之部分

现存古书，十有九非本来面目，非加一番别择整理工夫而贸然轻信，殊足以误人。然别择整理之难，殆未有甚于《史记》者。今欲从事研究，盖有先决问题二：一为《史记》是否已成书之问题；二为史记记事最终年限问题。

所论关于《史记》真本之种种考证，多采自近人著作而略断以己意。其言颇繁重，或为读者所厌。吾所以不惮烦为此者，欲学者知今本《史记》非尽原文而已。着手读《史记》以前，必须认定此事实，否则必至处处捍格难通也。

读《史记》法之一

读《史记》有二法。一，常识的读法，二，专究的读法。两种读法，有共同之入门准备。

一、先读《太史公自序》及《汉书·司马迁传》，求明了作者年代、性行、经历及全书大概。

二、读《汉书·叙传》论《史记》之部，刘知几《史通》之《六家篇》、《二体篇》、《正史篇》，郑樵《通志总序》论《史记》之部，《隋书·经籍志》及《四库提要》之史部正史类关于记述《史记》之部分，求略识本书在史学界之位置及价值。

今先论常识的读法。《史记》为正史之祖，为有组织有宗旨之第一部古史书，文章又极优美。二千年来学者家弦户诵，形成国民常识之一部，其地位与六经诸子相并。故凡属学人，必须一读，无可疑者。惟全篇卷帙颇繁，卒业不易。今为节啬日力计，先剟出以下各部分：

一　十《表》但阅序文，表中内容不必详究。但浏览其体例，略比较各表编次方法之异同便得。

一　八《书》本为极重要之部分，惟今所传似非原本。与其读此，不如读《汉书》各志，故可全部从省。

一　《世家》中吴、齐、鲁、管蔡、陈杞、卫、宋、晋、楚、越、郑各篇，原料十九采自《左传》。既读《左传》，则此可省。但战国一部分之《世家》仍须读，因《战国策》太无系统故。

一　《武帝纪》、《日者传》、《龟策传》等，已证明为伪书，且芜杂浅俚，自可不读。《扁鹊仓公传》等，似是长编，非定本，一涉猎便足。

以上所甄别，约当全书三分之一，所省精力已不少。其余各部分之读法略举如下。

第一，以研究著述体例及宗旨为目的而读之。《史记》以极复杂之体裁混合组织，而配置极完善，前既言之矣。专就《列传》一部分论，其对于社会文化确能面面顾及。政治方面代表之人物无论矣，学问、艺术方面，亦滴水不漏。试以刘向《七略》比附之：如《仲尼弟子》、《老庄申韩》、《孟子荀子》等传，于先秦学派纲罗略具，《儒林传》于秦、汉间学派渊源叙述特详，则《六艺略》、《诸子略》之属也；如《司马穰苴》、《孙子吴起》等传，则《兵书略》之属也；如《屈原贾生》、《司马相如》等传，则《诗赋略》之属也；如《扁鹊仓公传》，则《方技略》之属也；如《龟策》、《日者》两传，则《术数略》之属也。又如《货殖传》之注重社会经济，《外戚》、《佞幸》两传暗示汉代政治祸机所伏，处处皆具特识。又其篇目排列，亦似有微意。如《本纪》首唐、虞，《世家》

首吴泰伯，《列传》首伯夷，皆含有表章让德之意味。此等事前人多已论列，不尽穿凿附会也。

若以此项目的读《史记》，宜提高眼光，鸟瞰全书，不可徒拘拘于寻行数墨，庶几所谓"一家之言"者，可以看出。

第二，以研究古代史迹为目的而读之。《史记》既为最古之通史，欲知古代史迹，总应以之为研究基础。为此项目的而读，宜先用"观大略"的读法，将全篇一气呵成浏览一过。再用自己眼光寻出每个时代之关键要点所在，便专向几个要点有关系之事项，注意精读。如此方能钩元提要，不至泛滥无归。

第三，以研究文章技术为目的而读之。《史记》文章之价值，无论何人当不能否认。且二千年来相承诵习，其语调字法，早已形成文学常识之一部。故专为学文计，亦不能不以此书为基础。学者如以此项目的读《史记》，则宜择其尤为杰作之十数篇精读之。孰为杰作，此凭各人赏会，本难有确定标准。吾生平所最爱读者则以下各篇：

《项羽本纪》、《信陵君列传》、《廉颇蔺相如列传》、《鲁仲连邹阳列传》、《淮阴侯列传》、《魏其武安侯列传》、《李将军列传》、《匈奴列传》、《货殖列传》、《太史公自序》。

右诸篇皆肃括宏深，实叙事文永远之模范。班叔皮称史公："善序述事理，辩而不华，质而不俚，文质相称，良史之才。"如诸篇者，洵足当之矣。学者宜精读多次，或务成诵，自能契其神味，辞远鄙倍。至如明、清选家最乐道之《伯夷列传》、《管晏列传》、《屈原贾生列传》等，以吾论之，反是篇中第二等文字耳。

读《史记》法之二

今当继论专究的读法。《史记》为千古不朽之名著，本宜人人共读。徒以去今太远，文义或佶屈难晓；郡国名物等事，世嬗称易，或不审所指；加以传写讹舛，窜乱纷纭，时或使人因疑生蔑。后辈诵习渐希，盖此之由。谓宜悉心整理一番，俾此书尽人乐读。吾夙有志，未能逮也。谨述所怀条理以质当世，有好学者或独力或合作以成之，亦不朽之盛事也。

一、《史记》确有后人续补窜乱之部分，既如前述。宜略以前文所论列为标准，严密考证。凡可疑者，以朱线围之，俾勿与原本相混，庶几渐还史公之真面目。学者欲从事此种研究，可以崔适《史记探源》为主要参考书，而以自己忠实研究的结果下最后之判断。

二、吾辈之重视《史记》，实在其所纪先秦古事。因秦、汉以后事，有完备之《汉书》可读。唐虞三代春秋战国之事，有组织的著述，未或能过《史记》也。而不幸《史记》关于此点，殊不足以餍吾辈所期。后人窜乱之部分无论矣，即其确出史公手者，其所述古史可信之程度，亦远在所述汉事下。此事原不能专怪史公。因远古之史，皆含有半神话的性质，极难辨别，此各国所同，不独我国为然矣。近古——如春秋、战国，资料本尚不少，而秦焚一役，"诸侯史记"荡尽，凭藉缺如，此亦无可如何者。顾吾辈所致憾于史公，不在其搜采之不备，而在其别择之不精。善夫班叔皮之言也："迁之著作，采获古今，贯穿经传，至广博也。一人之精，文重思烦，故其书刊落不尽，尚有盈辞，多不齐一。"（《后汉书·班彪传》）试将《史记》古史之部分与现存先秦古籍相较，其中芜累诬诞之辞，盖实不少。即本书各篇互相矛盾者，亦所在而有，此非"文重思烦，刊落不尽"之明效耶？然居今日而治古史，则终不能不以《史记》为考证之聚光点。学者如诚忠于史公，谓宜将汉以前之本纪、世家、年表全部磨勘一度。从本书及他书搜集旁证反证，是正其讹谬而汰存其精粹，略用裴注《三国志》之义例，分注于各篇各段之下，庶几乎其有信史矣。学者欲从事此种研究，则梁玉绳《史记志疑》、崔述《考信录》实最重要之参考书；钱大昕《廿二史考异》、王鸣盛《十七史商榷》、赵翼《廿二史札记》三书中《史记》之部，次之；其余清儒札记、文集中，亦所在多有。然兹事既极繁重，且平决聚讼，殊大非易。成功与否，要视其人之学力及判断何如耳。然有志之青年，固不妨取书中一二篇为研究之尝试。纵令不能得满意之结果，其于治学之方法及德性，所裨已多矣。

三、《史记》之训诂名物，有非今之人所能骤解者，故注释不可少。然旧注非失之太简，即失之太繁，宜或删或补。最好以现今中学学生难了解者为标准，别作简明之注，再加以章节句读之符号，庶使尽人能读。

四、地理为史迹筋络，而古今地名殊称，直读或不知所在。故宜编一地名检目，古今对照。

五、我国以帝王纪年，极难记忆。春秋、战国间，各国各自纪年，益复杂不易理。宜于十表之外补一大事年表，贯通全书，以西历纪，而附注该事件所属之朝代或国邑，纪年于其下。其时代则从《十二诸侯年表》以共和元年起，盖前乎此者无征也。其事件则以载于本书者为限。

以上五项，为整理《史记》方法之纲要。学者如能循此致力，则可以《史记》之学名其家，而裨益于后进者且不赘矣。至如就《史记》内容分类研究，或比较政治组织，或观察社会状态，则问题甚多，取材各异，在学者自择也。

节选自《要籍解题及其读法》

鲁迅读《史记》

司马迁字子长,河内人,生于龙门,年十岁诵古文,二十而南游吴会,北涉汶泗,游邹鲁,过梁楚以归,仕为郎中。父谈,为太史令,元封初卒。迁继其业,天汉中李陵降匈奴,迁明陵无罪,遂下吏,指为诬上,家贫不能自赎,交游莫救,卒坐宫刑。被刑后为中书令,因益发愤,据《左氏》,《国语》;采《世本》,《战国策》;述《楚汉春秋》,终成《史记》一百三十篇,始于黄帝,中述陶唐,而至武帝获白麟止,盖自谓其书所以继《春秋》也。其友益州刺史任安,尝责以古贤臣之义,迁报书有云:

"……所以隐忍苟活,函粪土之中而不辞者,恨私心有所不尽,鄙没世而文采不表于后也。古者富贵而名摩灭不可胜记,惟倜傥非常之人称焉。盖西伯拘而演《周易》;仲尼厄而作《春秋》;屈原放逐,乃赋《离骚》;左丘失明,厥有《国语》;孙子髌脚,《兵法》修列。……《诗》三百篇,大抵贤圣发愤之所为作也。此人皆意有所郁结,不得通其道,故述往事,思来者。及如左丘明无目,孙子断足,终不可用,退论书策,以舒其愤,思垂空文以自见。仆窃不逊,近自托于无能之辞,网罗天下放失旧闻,考之行事,稽其成败兴衰之理,凡百三十篇。亦欲以究天人之际,通古今之变,成一家之言。草创未就,适会此祸,惜其不成,是以就极刑而无愠色。仆诚已著此书,藏之名山,传之其人,通邑大都,则仆偿前辱之责,虽万被戮,岂有悔哉？然此可为智者道，难为俗人言也！……"

迁死后，书乃渐出；宣帝时，其外孙杨恽祖述其书，遂宣布焉。班彪颇不满，以为"采经摭传，分散数家之事，甚多疏略，或有抵梧。亦其涉略者广博，贯穿经传，驰骋古今上下数千载间，斯以勤矣。又其是非颇缪于圣人：论大道则先黄老而后六经，序游侠则退处士而进奸雄，述货殖则崇埶利而羞贫贱，此其所蔽也。"汉兴，陆贾作《楚汉春秋》，是非虽多本于儒者，而太史职守，原出道家，其父谈亦崇尚黄老，则《史记》虽缪于儒术，固亦能远绍其旧业者矣。况发愤著书，意旨自激，其与任安书有云："仆之先人，非有剖符丹书之功，文史星历，近乎卜祝之间，固主上所戏弄，倡优畜之，流俗之所轻也。假令仆伏法受诛，若九牛亡一毛，与蝼蚁何异。"恨为弄臣，寄心楮墨，感身世之戮辱，传畸人于千秋，虽背《春秋》之义，固不失为史家之绝唱，无韵之《离骚》矣。惟不拘于史法，不囿于字句，发于情，肆于心而为文，故能如茅坤所言："读游侠传即欲轻生，读屈原，贾谊传即欲流涕，读庄周，鲁仲连传即欲遗世，读李广传即欲立斗，读石建传即欲俯躬，读信陵，平原君传即欲养士"也。

节选自《汉文学史纲要》